MICHAEL KRAUTZBERGER

Die Erfüllung öffentlicher Aufgaben durch Private

Schriften zum Öffentlichen Recht

Band 150

Die Erfüllung öffentlicher Aufgaben durch Private

Zum Begriff des staatlichen Bereichs

Von

Dr. Michael Krautzberger

DUNCKER & HUMBLOT / BERLIN

Gedruckt 1971 bei Alb. Sayffaerth, Berlin 61
Printed in Germany

ISBN 3 428 02404 4

Vorwort

Die vorliegende Arbeit wurde im SS 1970 von der Juristischen Fakultät der Universität München als Dissertation angenommen. Schrifttum und Rechtsprechung sind bis Sommer 1970 berücksichtigt.

Für seine großzügige und freundliche Betreuung der Dissertation danke ich Herrn Prof. Dr. Peter Lerche.

München, Januar 1971

Michael Krautzberger

Inhaltsverzeichnis

§ 1 Vorbereitender Teil

§ 2 Staatsaufgaben und Staatsbegriff

§ 3 Staatlicher und privater Bereich

§ 4 Die Staatsaufgaben nach dem Grundgesetz

§ 5 Erfüllung öffentlicher Aufgaben durch Private: „Einbau" in die Verfassungsordnung

§ 1 Vorbereitender Teil

A. Die Fragestellung

Die Frage nach den öffentlichen bzw. staatlichen Aufgaben ist die Frage nach dem staatlichen Bereich. Denn erst in seinen Aufgaben wird die Reichweite des Staates transparent.

Eine herkömmliche Betrachtungsweise sieht dem staatlichen einen gesellschaftlich-privaten Bereich gegenübergestellt, um aus solchem Dualismus[1] die Grenzen des Staates räumlich-dialektisch zu erfahren. Eingeschoben zwischen „Staat" und „Gesellschaft" wird neuerdings ein „öffentlicher Bereich" wahrgenommen[2]. Solch plastischer Vorstellung kommt das Bild einer dreistufigen Pyramide nahe mit der Basis: Gesellschaft, dem Überbau: Öffentlichkeit und der Spitze: Staat. Aufgaben werden nach der Stufe klassifiziert, auf der sie wahrgenommen werden[3]. Zwei erheblich divergierende Ansätze überwiegen, soweit nach den „öffentlichen Aufgaben" bzw. dem „staatlichen Bereich" gefragt wird[4]:

1. Der Aspekt der „Freiheit" von Gesellschaft bzw. Einzelmensch vom Staat und — damit korrespondierend[5] — der Aspekt der „Staatlichkeit",

---

[1] Ideengeschichtlich schon bei *G. Jellinek*, Allgemeine Staatslehre, S. 78 f. auf *Hegel* zurückgeführt; vgl. *Hegel*, Grundlinien der Philosophie des Rechts oder Naturrecht und Staatswissenschaft im Grundrisse, §§ 182 ff. Der naturrechtlichen Herkunft dieses Denkens ist vor allem *Ehmke* nachgegangen; vgl. *ders.*, „Staat" und „Gesellschaft" als verfassungstheoretisches Problem, S. 23 ff., 28 ff., 32 ff. Zum Ganzen auch unten sub § 3 D.

[2] Nach einem gerne zitierten Wort *A. Arndts* eine „juristische Entdeckung"; vgl. *ders.*, Das Öffentliche, NJW 1960, S. 424. *Bullinger*, Öffentliches Recht und Privatrecht, S. 80 f. spricht daher von einer „Dreigliederung" des Gemeinwesens in „Staat", „Öffentlichkeit" und „Gesellschaft".

[3] Vgl. z. B. *Ridder*, Zur verfassungsrechtlichen Stellung der Gewerkschaften, S. 14 ff.; *Scheuner*, Pressefreiheit, VVDStRL 22 (1965) S. 32; sowie — referierend — *Leisner*, Werbefernsehen und Öffentliches Recht, S. 22—26.

[4] Die Terminologie soll — vorerst — so unbestimmt bleiben, was schon der uneinheitliche Sprachgebrauch in Rechtsprechung und Publizistik rechtfertigt. Vgl. dazu unten in Anm. 25 sowie sub § 4 A.

[5] „Freiheitlichkeit" und „Staatlichkeit" gelten als die gleichermaßen zentralen Fragen der in der Nachkriegszeit im Banne *Ernst Forsthoffs* stehenden „liberalen Rechtsstaatstheorie" (kritisch zum Begriff z. B. *Scheuner*, Die neuere Entwicklung des Rechtsstaats in Deutschland, S. 465 Anm. 12). Vgl. einerseits z. B. *Forsthoff*, Begriff und Wesen des sozialen Rechtsstaats, S. 177 f., andererseits z. B. *ders.*, Verfassungsprobleme des Sozialstaats, S. 158 ff. Zum Fragenkreis auch unten § 4 B.

d. h. der Erhaltung von „Souveränität“[6], „Objektivität“[7] oder „Autorität“[8] des Staates gegenüber einer nicht-organisierten Gesellschaft, die als „interessen-zerrissen“, daher virulent anarchisch gilt[9] und deren Ansätze von Selbstorganisation als „neo-feudale“ Entmachtungen des Staates[10] eingestuft werden. Ein- und Ausgrenzungen von Aufgaben sollen staatlichen und privaten Bereich vor einander absichern.

2. Der Aspekt der Einbeziehung Privater mit „öffentlichen Funktionen“ in die Legitimationsprinzipien des Gesamtstaats[11, 12], wobei man den Akzent entweder auf die verfassungsrechtliche (positive) Einfassung außerrechtlicher Faktizitäten[13] oder auf mehr funktionale Betrachtungsweise des Gemeinwesens mit der „Zauberformel“[14]: Öffentlichkeit[15] gesetzt findet.

Gegenstand dieser Untersuchung ist zunächst, nach Maßstäben für die Bestimmung der staatlichen bzw. öffentlichen Aufgaben[16] zu suchen und dabei jene auszusondern, welchen, als bloßen Transformationen metajuristischer Vorstellungen, zumindest auf dem Boden des Rechts mit Reserve zu begegnen ist[17]. Das Verständnis der staatlichen Agenden wird dabei in die Perspektive der konkreten Verfaßtheit eines politischen Gemeinwesens zu rücken sein, wobei sich die Bestimmung des staatlichen Bereichs mehr als politischer Auftrag, denn als Deduktion aus abstrakten, apriorischen Vorstellungen vom Staat ergeben wird[18]. Von diesem Standort soll das herkömmliche Staatsbild mit der „Erfüllung öffentlicher Aufgaben durch Private“[19] konfrontiert und nach

---

[6] Dazu z. B. *Zippelius*, Kirche und Staat und die Einheit der Staatsgewalt, S. 321 f.; *ders.*, Allgemeine Staatslehre, S. 197 f.

[7] *Forsthoff*, Verfassungsprobleme, S. 162. So schon die Parlamentarismuskritik bei *C. Schmitt;* vgl. *ders.*, Die geistesgeschichtliche Lage des heutigen Parlamentarismus sowie Verfassungslehre, S. 303 ff.

[8] *Kaiser*, Die Repräsentation organisierter Interessen, S. 18; *W. Weber*, Spannung und Kräfte im westdeutschen Verfassungssystem, S. 162; *ders.*, Die Teilung der Gewalten als Gegenwartsproblem, S. 260 f.

[9] So wohl *Forsthoff*, Verfassungsprobleme, S. 158 ff.

[10] Vgl. z. B. *Dagtoglou*, Der Private in der Verwaltung als Fachmann und Interessenvertreter, S. 169 f.; *Goetz*, Recht der Wirtschaftssubventionen, S. 265; *W. Weber*, Spannungen und Kräfte, S. 50, 163.

[11] Nach *Hesse*, Die verfassungsrechtliche Stellung der politischen Parteien im modernen Staat, VVDStRL 17 (1959) S. 42 und Ls. III 3 b (S. 52).

[12] Dazu unten § 5 C.

[13] So z. B. *Kaiser*, Repräsentation, S. 349 ff.; *Loewenstein*, Verfassungslehre, S. 367 ff., 389 ff., 414 ff.

[14] *Martens*, Öffentlich als Rechtsbegriff, S. 135.

[15] Vgl. z. B. *Hesse*, a.a.O.; zuletzt *Häberle*, Öffentlichkeit und Verfassung, ZfP 1969, S. 273 ff., 275, 278.

[16] Vgl. oben in Anm. 4).

[17] Dazu insbes. unten sub § 3.

[18] Dazu unten sub §§ 3, 4.

[19] Zum Befund sub B.

Rückwirkungen auf den Status dieser Privaten[20] wie auf das Staatsbild[21] gefragt werden. Grundfragen der staatlichen Existenz werden dabei nur mit respektvoller Kürze zu berühren sein.

B. Der Befund

Ist die genauere Bezeichnung des staatlichen Bereichs schon durch den Wandel im staatlichen Erscheinungsbild verdunkelt[22], unzugehbar droht sie wegen zahlreicher „vergleichbarer" Funktionen Privater zu werden. Was an Status oder nur Zielsetzung an den Staat heranreicht, soll daher im weiteren die „Erfüllung öffentlicher Aufgaben durch Private" genannt werden.

Solchermaßen am Staat gemessen, werden sich Private entweder nach Status (rechtlich) oder nach Funktion (real) unterscheiden lassen. Methodisch scheint dieser Weg[23] sicherer, als der einer unmittelbaren „Typologie der Erfüllung öffentlicher Aufgaben durch Private"[24], solange nicht der Begriff der „öffentlichen Aufgaben" selbst definiert bzw. ein allgemeiner Konsens auch nicht im Ansatz wahrnehmbar ist[25, 25a].

---

[20] Vor allem unten sub § 5.

[21] Insbes. unten sub §§ 3 D, E, 5 B.

[22] An den Rechtsformen-Pluralismus ist zu erinnern, der es dem Staat — in den Grenzen des Formenmißbrauchs — erlaubt, sich nach Bedarf mit jedem rechtlichen Gewand zu kleiden. Vgl. z. B. *Forsthoff*, Lehrbuch des Verwaltungsrechts, S. 94, 170 bzw. S. 378 ff., 474 ff.; *Wolff*, Verwaltungsrecht I, § 23; sowie *Bullinger*, Vertrag und Verwaltungsakt; *Forsthoff*, Rechtsfragen der leistenden Verwaltung.

[23] Im Ansatz auch *Preuß*, Zum staatsrechtlichen Begriff des Öffentlichen, S. 39 ff.

[24] So aber *Martens*, a.a.O., S. 124 ff.

[25] A. Widersprüchlich vor allem die Begriffsverwendung in der Rechtsprechung, besonders auffallend bei der Unterscheidung der „staatlichen" von den „öffentlichen" Aufgaben. Dazu eingehend unten § 4 A. Eine Zusammenfassung auch bei *Leisner*, Werbefernsehen, S. 16 ff.

H. H. Klein nennt diese Begrifflichkeit „vielfach Ersatz der notwendigen Begründung" (Zum Begriff der öffentlichen Aufgabe, DÖV 1965, S. 757).

B. Sehr unterschiedlich auch die Begriffsbildung in der Lehre:

Zum Teil werden öffentliche Aufgaben ein, die staatlichen Aufgaben überwölbender Gesamtbegriff genannt, dessen Kernbestand die Wahrnehmung „öffentlichkeitsrelevanter" Aufgaben ist oder in der Verfolgung „öffentlicher Interessen" gesehen wird; vgl. z. B. *Leisner*, Werbefernsehen, S. 26 f.; *Peters*, „Öffentliche" und „staatliche" Aufgaben, S. 878. Andere sehen öffentliche Aufgaben überall dort erfüllt, wo „die politische Existenz der Gesamtbevölkerung" (*Preuß*, a.a.O., S. 79) begründet wird und rücken den Begriff damit in die Nähe aller gemeinwesen-relevanten oder politischen Aufgaben; vgl. *Altmann*, Das Problem der Öffentlichkeit und seine Bedeutung für die moderne Demokratie, S. 134; *J. Hirsch*, Die öffentlichen Funktionen der Gewerkschaften, S. 29 ff. Dazu (kritisch) neuerdings *Czajka*, Pressefreiheit und „öffentliche Aufgabe" der Presse, S. 134 ff., insbes. gegen Übernahme eines soziologischen Öffentlichkeitsbegriffs.

Vorbereitet durch die Lehre vom „beliehenen Unternehmer" und die dort seit *Vogel*, Öffentliche Wirtschaftseinheiten in privater Hand, insbes. S. 61 ff.,

I. Unterscheidung Privater nach Status

1. Private in der Staatsorganisation

Von Erfüllung staatlicher Aufgaben durch Private wird zuallererst bei Laienrichtern[26], Mandatsträgern in gesetzgebenden Versammlungen[27] und „Privaten in der Verwaltung"[28] zu reden sein, die — obwohl allesamt nicht öffentlicher Dienst[29, 30] — in staatliche Organe eingegliedert, „nach außen" Staat sind[31]. Ergibt sich eine Typologie der Privaten in Rechtsprechung und Gesetzgebung zwanglos, nämlich in Anlehnung an das Recht der Legislativorgane bzw. das kodifizierte Prozeßrecht, so entzieht sich die Mitwirkung Privater in der Exekutive übersichtlicher

63, wohl herrschende sog. „Rechtsstellungstheorie" (vgl. zuletzt *Steiner*, Der „beliehene Unternehmer", JuS 1969, S. 70 f.), wird der Begriff der öffentlichen bzw. staatlichen Aufgaben neuerdings weitgehend in Frage gestellt. Öffentliche Aufgaben „aus der Natur der Sache" heraus zu bestimmen (so aber noch *Ipsen*, Gesetzliche Indienstnahme Privater für Verwaltungsaufgaben, S. 157) wird — soweit ersichtlich — nicht mehr versucht. Soweit als öffentliche Aufgaben die Besorgung öffentlicher Interessen bezeichnet werden (z. B. *Martens*, Öffentlich als Rechtsbegriff, S. 99; *Peters*, a.a.O.), findet sich immer noch nähere, eigentliche Bestimmung: In Abgrenzungen zu den staatlichen Aufgaben (z. B. *Peters*, a.a.O., sowie passim. Die Maßstäbe sind formaler Natur, *Peters*, S. 878 f., oder werden im sog. „Subsidiaritätsprinzip" gefunden; vgl. *Peters*, a.a.O.; *Peters-Ossenbühl*, Die Übertragung von öffentlich-rechtlichen Befugnissen auf die Sozialpartner, S. 18 ff.) oder in der Relativierung des Begriffs durch Auflösung in jeweilige Inhalte nach Bedeutungszusammenhang (so *Martens*, a.a.O., S. 118 f., 124, 135). *H. H. Klein*, zuletzt, hält es nur noch für „eine Frage des terminologischen Geschmacks" (DÖV 1965, S. 758 Anm. 33), den Begriff definieren zu wollen und sieht in dessen Unbestimmtheit eher eine Gefährdung der Rechtsstaatlichkeit (DÖV 1965, S. 759; ähnlich *H. H. Rupp*, Das Grundrecht der Berufsfreiheit, NJW 1965, S. 995 f.).

[25a] Mitunter überrascht die Ausweitung des Kreises jener, von denen Erfüllung öffentlicher Aufgaben erwartet wird: vgl. Art. 4 Ziff. 2 des Bay-HundeabgabenG v. 5. 3. 1937 (BayBS I S. 560), wonach „abgabenfrei sind" „Hunde, die ... zur Erfüllung öffentlicher Aufgaben gehalten werden".

[26] Private in der Rechtsprechung finden sich in nahezu allen Gerichtszweigen. Die Bezeichnung wechselt (z. B. Schöffe, Geschworener, Arbeitsrichter, Handelsrichter, ehrenamtlicher Verwaltungsrichter); vgl. § 1 DRichterG; §§ 28, 76, 81, 105 ff. GVG; §§ 16, 35, 41 ArbGG; § 95 BRAO; §§ 19 ff. VwGO. Kritisch zum Laienrichteramt z. B. *Lent-Jauernig*, Zivilprozeßrecht, § 8 I, II. Zu den verfassungsmäßigen Grenzen (insbes. Art. 92 GG) privater Mitwirkung in staatlichen Gerichten zuletzt BVerfG, NJW 1969, S. 2192 ff.

[27] *Kelsen*, Hauptprobleme der Staatsrechtslehre, S. 410, will der Legislative (auch) deshalb die Eigenschaft als Staatsorgan aberkennen und sie statt dessen als „besondere Organisationsform der Gesellschaft" bezeichnen. Ähnlich m. E. *Dagtoglou*, Der Private in der Verwaltung, S. 144.

[28] *Dagtoglou*, op. cit.

[29] Zum Begriff des Privaten vgl. unten sub § 3 A.

[30] Der Bereich der Selbstverwaltung soll hierausgeklammert bleiben. Vgl. auch Anm. 34.

[31] Als Erscheinung übrigens weder neuartig (vgl. *Dagtoglou*, a.a.O., S. 28; *G. Jellinek*, System der subjektiven öffentlichen Rechte, S. 245 ff.), noch von hier einschlägiger Problematik.

Darstellung. Sukzessive haben sich vielmehr eine Reihe von Rechtsinstituten herausgebildet, die jeweils typische Erledigungen zusammenfassen wollen, deren „Zufälligkeit" jedoch einer umfassenden Dogmatik schwer zugänglich ist[32].

An folgende Typologie kann gedacht werden:

a) Private in Staatsorganen

Die ständige oder ad hoc-Mitwirkung Privater in *Exekutivorganen* erfolgt regelmäßig in „Ausschüssen", „Beiräten" u. ä.[33], in Kollegialorganen also. Beratende Funktionen überwiegen. Als Individualorgane haben Private — soweit ersichtlich — nur beratende, keine entscheidende Kompetenzen[34]. Da der Rechtscharakter eines Staatsorgans grundsätzlich unabhängig ist von der dienstrechtlichen Qualifizierung der Organwalter und nur auf die „anvertrauten Kompetenzen" abzustellen ist[35], sind die Akte der von Privaten ganz oder teilweise besetzten Organe stets Organakte[36], die wahrgenommenen Aufgaben stets „staatliche"[37].

Die Mitwirkung Privater in allen drei Staatsfunktionen läßt sich übrigens insoweit übereinstimmend kennzeichnen.

b) Abgabe von Staatsfunktionen an Private

Wahrnehmung staatlicher Verwaltungsfunktionen außerhalb der unmittelbaren Staatsverwaltung kennzeichnet die sogenannten „Beliehenen"[38]. Die Zuordnung zu den staatlichen Aufgaben ergibt sich auch

---

[32] Ähnlich *Ipsen*, Gesetzliche Indienstnahme, S. 142.

[33] Besonders ausgeprägt im anglo-amerikanischen Rechtskreis; vgl. *Wade-Philipps*, Constitutional Law, S. 52, wonach die Beratung durch Ausschüsse „an essential part of the legislative process" sei; sowie *Wheare*, Government by Commitee, passim. Für Österreich, zuletzt, *Kafka*, Beiräte in der österreichischen Verwaltung, Gedächtnisschrift Hans Peters, S. 168—186.

[34] Nach *Dagtoglou*, a.a.O., S. 65 ff., 69; *ders.*, a.a.O., und passim mit zahlreichen Beispielen. Wichtige Kollegialorgane mit Entscheidungskompetenzen sind die Verwaltungsräte von Bundesbahn und Bundespost; vgl. §§ 10 ff. BundesbahnG; §§ 5 ff. PostverwG. Vgl. auch §§ 8 ff. GjS! Die Selbstverwaltungseinrichtungen der mittelbaren Staatsverwaltung sind — schon ihres besonderen „körperschaftlichen" Charakters wegen — auszuklammern, wenn auch zum „staatlichen Bereich", im hier verwendeten Sinn, gehörig. Vgl. aber auch die Rundfunk- und Fernsehräte; dazu z. B. *Jank*, Die Rundfunkanstalten der Länder und des Bundes, insbes. S. 59 ff., 63 ff. Vgl. auch unten sub § 5 B.

[35] Vgl. z. B. *Forsthoff*, Lehrbuch des Verwaltungsrechts, S. 412.

[36] *Dagtoglou*, a.a.O., S. 119 f.

[37] Verfassungsrechtliche Problematik erwächst vor allem aus Art. 33 IV GG; vgl. BVerfGE, 9, 268, 282, 284.

[38] Vgl. z. B. *Herzog*, Art. Beliehener Unternehmer, EvStL Sp. 145 f.; *E. R. Huber*, Wirtschaftsverwaltungsrecht Bd. I, S. 533 ff.; *Mennacher*, Begriffsmerkmale und Rechtsstellung der mit öffentlicher Gewalt beliehenen Hoheits-

hier zwingend aus dem Status der Privaten — wie immer man den Begriff der Staatsaufgaben fassen wird: Mit der sogenannten „Aufgabentheorie“[39] als „Weitergabe“ von Staatsaufgaben; mit der sogenannten „Rechtsstellungstheorie“[40] als Partizipation an der staatlichen Sonderrechtsordnung[41], durch die der preisgegebene Staatsaufgabenbegriff substituiert werden soll; in jedem Fall deshalb, weil der Beliehene als Subjekt der öffentlichen Verwaltung schlecht andere als staatliche Aufgaben erfüllen wird[42, 43].

Eine vergleichbare Wahrnehmung staatlicher Jurisdiktions- und Legislativfunktionen durch Private wird dagegen für unzulässig gehalten. Sind der Ausgliederung der Rechtsprechung bereits durch Art. 92 GG eindeutige Grenzen gesetzt[44], so wird die Delegation von Rechtssetzungsbefugnissen nur in den engen Grenzen der Autonomie anerkannt[45], mitunter zur Tarifhoheit in Verbindung gesetzt[46], als Ermächtigung zum Erlaß allgemeinverbindlichen Rechts aber insgesamt nur de lege ferenda erwogen[47].

c) Private als „Hilfsorgane“ der Verwaltung

Private als „Hilfsorgane“ werden z. T. als „gelegentliche Staatsorgane“[48] mit nur punktueller Wahrnehmung von staatlichen Kompe-

träger des Privatrechts (Beliehene Private); *Steiner*, Der „beliehene Unternehmer“, JuS 1969, S. 69 ff.; *Vogel*, Öffentliche Wirtschaftseinheiten in privater Hand, insbes. S. 46—88; *Wolff*, Verwaltungsrecht II, § 104.

[39] Dazu *Vogel*, a.a.O., S. 60 ff.

[40] Dazu *Vogel*, a.a.O., S. 81 ff.

[41] Vgl. *Martens*, a.a.O., S. 132 ff.

[42] Z. B. *Wolff*, a.a.O., § 104 V a, sowie unten sub § 4 A.

[43] Nur *Reuss*, Die Organisation der Wirtschaft, S. 128 ff., hält solche Ausgliederungen für verfassungswidrig. Die entgegenstehende h. M. fassen z. B. *Peters-Ossenbühl*, a.a.O., S. 43, zusammen.

[44] Anders z. B. in Dänemark und Großbritannien, wo mit Rechtsprechung beliehene Ausschüsse Privater staatliche Verwaltungsakte nachprüfen können. So vor allem auf dem Gebiet des „Sozial“- (einschließlich Versicherungs-)rechts, der Mietkontrolle, aber auch im Enteignungsverfahren; vgl. die als „Administrative Tribunals“ bezeichneten „National Insurance Tribunals“; „Industrial Injuries Tribunals“; „Rent Tribunals“ (GB) bzw. den „Monopolklageausschuß“ dänischer Herkunft. Nachweise bei *Christensen*, Die Mitwirkung von Ausschüssen in der staatlichen Verwaltung — Dänemark und England, VerwArch 49 (1958) S. 312 ff., 316; sowie *Kaiser*, Repräsentation, S. 296 f. Freilich besteht in den genannten Ländern auch keine Verwaltungsgerichtsbarkeit i. e. S.

[45] So *Mennacher*, a.a.O., S. 99 ff., 103.

[46] Vgl. z. B. *Peters-Ossenbühl*, a.a.O., S. 60 ff.

[47] Vgl. z. B. *Peters-Ossenbühl*, a.a.O., S. 57. De lege lata werden gegen die Zulässigkeit vor allem die Gewaltenteilung (z. B. *Triepel*, Delegation und Mandat, S. 112; a. A. *Mennacher*, a.a.O., S. 93) und das demokratische Prinzip angeführt (z. B. *Peters-Ossenbühl*, a.a.O., S. 56 ff.). Vgl. aber andererseits unten sub II 1.

[48] So *G. Jellinek*, System der subjektiven öffentlichen Rechte, S. 247, der hierzu sogar die Ausübung des Notwehrrechts rechnet. Vgl. ebenda, S. 245 ff., 255 ff. mit weiteren Beispielen.

tenzen beschrieben; andere sehen sie in einer privatrechtlichen Mittlerstellung — mit Verfremdung „zum Öffentlichen hin“[49] — zwischen Staat und Dritten (Privaten) gekennzeichnet[50]. Anders als die Organwalter der unmittelbaren oder mittelbaren Staatsverwaltung[51] werden Hilfsorgane (im Außenverhältnis) jedenfalls nicht generell „als Staat“ anzusehen sein. Sie allgemein zu typisieren werden die unterschiedlichen, zweckorientierten Ausgestaltungen freilich ebensowenig zulassen, wie gelegentliche Zwitterstellungen[52, 53]. Man wird diesen Bereich eher als nicht-gefestigte Zwischen- oder Gleitzone kennzeichnen können, in die Private durch Teilhabe an der staatlichen Sonderrechtsordnung vorübergehend hineinwachsen, wobei Verfestigungen so wenig auszuschließen sind wie periphere Vermittlerfunktionen[54]. Die Bandbreite solcher Hilfsfunktionen wird deshalb auf die jeweilige prozessuale Fragestellung zusammenschrumpfen[55].

---

[49] *Zacher*, Verwaltung durch Subventionen, VVDStRL 25 (1967) S. 375; gemeint wohl i. S. von „öffentlich-rechtlich“!

[50] So *Ipsen*, Gesetzliche Indienstnahme Privater, S. 158 ff.

[51] *Wolff*, a.a.O., § 104 I d, bezeichnet Beliehene als der staatlichen Organisation „nur angegliedert“.

[52] So vor allem *Forsthoff*, Verwaltungsrecht, S. 172 f., der von einem „Rechtsvorgang sui generis“ (S. 173) spricht, da Hilfsorgane Dritten gegenüber oft auf privatrechtliches Vorgehen angewiesen sind, während haftungs- und strafrechtlich „ein öffentlich-rechtlicher Einschlag nicht ohne weiteres zu verneinen“ sei (a.a.O.).

[53] A. Beispiele bei *Ipsen*, a.a.O., S. 145—149 (z. B. Private als „Hilfsorgane der Steuerverwaltung“ im Lohnabzugsverfahren, S. 145) sowie *Forsthoff*, a.a.O. Vgl. auch entferntere Hilfsfunktionen z. B. des Roten Kreuzes nach § 2 I 3 StVG.

B. Eindrucksvoll für die unterschiedliche Bewertung ist der Streit um die Stellung der Technischen Überwachungsvereine, deren Aufgaben entweder als staatliche (z. B. *H. H. Rupp*, Privateigentum an Staatsfunktionen?, S. 19 ff.; *Wolff*, a.a.O., § 104 I b, sowie *Bachof*, Teilrechtsfähige Verbände des Öffentlichen Rechts, AöR 83 (1958) S. 233 Anm. 3, und *E. R. Huber*, Wirtschaftsverwaltungsrecht Bd. II, S. 801) oder nicht-staatliche (z. B. *Peters*, Öffentliche und staatliche Aufgaben, S. 883 ff.; *Siebert*, Rechtsstellung und Haftung der Technischen Überwachungsvereine im Kraftfahrzeugprüfungswesen, S. 44), deren Funktionen als privatrechtliche (z. B. *Forsthoff*, Verwaltungsrecht, S. 458 Anm. 3; *Siebert*, a.a.O.) oder hoheitsrechtliche (*E. R. Huber*, a.a.O.; BGH, NJW 1968, S. 443 ff.) bezeichnet werden.

C. Neuerdings ist eine Kontroverse um die Stellung der Banken als sog. „Subventionsvermittler“ entstanden. Den status quo scheint *Zacher*, a.a.O., S. 371 ff., 379 m. w. N., in die Nähe des Formenmißbrauchs zu rücken. Dazu auch BVerwGE 13, 307, 310 f., wonach ein- und dieselbe Rückzahlung eines Subventionsdarlehens von der Verwaltung öffentlich-rechtlich, von der Bank privatrechtlich gefordert und durchgesetzt werden kann.

[54] Vgl. einerseits den TüV, andererseits die Beispiele bei *Ipsen*, a.a.O., S. 145 ff., 149 ff.!

[55] Davon bleibt die Frage unberührt, inwieweit die jeweiligen Ausgestaltungen noch zulässig sind. Dazu z. B. *Zacher*, a.a.O.

d) Zusammenfassung

Aufgaben, die Private „im Staat" erfüllen, genauer: die der Staat durch Private für sich erfüllen läßt, bedürfen allein deswegen keiner besonderen Kennzeichnung: Wie der Begriff der Staatsaufgaben auch zu fassen ist, werden diese Aufgaben stets „staatliche" sein.

2. *Die sog. „staatlich gebundenen Berufe"*[56]

Die Erfüllung staatlicher Aufgaben[57] durch Private ist in der Rechtsprechung von BVerfG und BVerwG zum Angelpunkt für entweder Einschränkbarkeit[58] oder Unanwendbarkeit[59] des Grundrechts aus Art. 12 I GG (Berufsfreiheit) geworden. Ob sich ein Typus „staatlich gebundene Berufe" auf diese Weise finden läßt, erscheint freilich zweifelhaft[60], gibt es doch kaum noch Berufe, die nicht staatlichen Bestimmungen und Auflagen unterliegen, so daß erst noch Kriterien dafür gefunden werden müßten, ab wann staatliche Reglementierung private in staatliche Aufgaben umschlagen läßt. Umgekehrt anerkennt aber auch das BVerfG keineswegs eine Automatik zwischen Erfüllung staatlicher Aufgaben und Einschränkung der Berufsfreiheit[61], weshalb verschiedentlich Zweifel angemeldet wurden, ob nicht die Rechtsprechung die Eigenschaft der erfüllten („öffentlichen") Aufgabe nur vorschiebt, anstatt die Grenzen gesetzgeberischen Ermessens sowohl wie die Schranken des Grundrechts gründlicher auszuloten[62] — um damit die Frage nach der

---

[56] Zum Begriff vgl. BVerfGE 7, 377, 398 sowie *Burger*, Art. 33 GG und die sog. staatlich gebundenen Berufe, passim; *Leisner*, Öffentliches Amt und Berufsfreiheit, AöR 93 (1968) S. 197 ff.

[57] Daß in der Rechtsprechung des BVerfG zwischen den Attributen „staatlich" und „öffentlich" — terminologisch — ein kaum erklärbares Verhältnis besteht, wurde schon oben in Anm. 25 bemerkt. Vgl. nur BVerfGE 17, 371, 376 und 377 (Notar-Entscheidung)!

[58] Seit BVerfGE 7, 377, 398. Vgl. aber schon BVerfGE 6, 246, 252, das die ärztliche Betreuung der Bevölkerung eine „staatliche Aufgabe" nannte. Der Intensität von inhärenter Staatlichkeit einer Aufgabe folgend, soll der Schutzbereich von Art. 12 I GG hinter das Sonderrecht nach Art. 33 GG zurücktreten. Maßstab für die Staatlichkeit soll die Nähe zum öffentlichen Dienst wegen öffentlich-rechtlicher „Bindungen und Auflagen" sein. Vgl. den Rspr.-Überblick bei *H. H. Rupp*, Das Grundrecht der Berufsfreiheit in der Rechtsprechung des Bundesverfassungsgerichts, AöR 92 (1967) S. 212 ff.

[59] Seit BVerwGE 2, 85, 86; 4, 250, 254; vgl. auch BVerwGE 5, 286; 6, 13; 6, 72. Seit BVerwGE 9, 334 nähern sich Rspr. von BVerwG und BVerfG.

[60] *Burger*, a.a.O., S. 57 ff.; *Herzog*, Art. Berufsfreiheit, EvStL Sp. 158; *Leisner*, a.a.O., S. 198.

[61] Insbes. BVerfGE 11, 30, 39 ff. (Kassenarzt-Entscheidung), wobei freilich auf „öffentliche" Aufgaben abgestellt ist; vgl. aber oben bei Anm. 57. Dazu auch *Martens*, a.a.O., S. 130 f.

[62] Vgl. *Burger*, a.a.O; *Herzog*, a.a.O., Sp. 159; *H. H. Klein*, DÖV 1965, S. 757; *Martens*, a.a.O.; *H. H. Rupp*, NJW 1965, S. 995 f. *Leisner*, a.a.O., S. 162 ff., 181 ff., zwar mit ähnlichem Ergebnis, an der Tendenz der Rspr. will *Leisner* aber — axiomatisch — festhalten; vgl. S. 188. Zum Ganzen auch unten sub § 4 D.

Zulässigkeit staatlicher Reglementierung gegen die nach dem „Inhalt" eines Tätigkeitsbereichs auszutauschen.

Festzuhalten ist, daß die Unsicherheit bei der Qualifizierung einer Aufgabe als staatliche beginnt, sobald der Rückzug auf Staatsorganisation oder Geltungsbereich des öffentlichen Rechts verwehrt ist; verläßliche Indizien will es nur im Ausstrahlungsbereich der staatlichen Herrschaft geben.

3. *Aufgaben und Status der Kirchen*

Der angedeutete Zusammenhang zwischen Staatlichkeit (einer Aufgabe) und Teilhabe an der staatlichen Sonderrechtsordnung scheint freilich schon bei den Kirchen[63] durchbrochen. Wie unterschiedlich auch deren Status gerechtfertigt wird[64], besteht doch Einigkeit darüber, daß er nicht Rahmen für Erfüllung staatlicher Aufgaben sein kann[65]. Die kirchlichen Aufgaben werden vielmehr überwiegend als „öffentliche"[66] ausgewiesen, wenn das auch weder den öffentlich-rechtlichen Status begründet[67], noch Folgerungen hinsichtlich der kirchlichen Rechtsakte zuläßt. Denn der vordergründige Gesamtstatus der Kirchen teilt sich in

---

[63] Art. 140 GG, 136—139, 141 WRV.

[64] A. Insbes. *Peters* (z. B. Die Gegenwartslage des Staatskirchenrechts, VVDStRL 11 (1954) S. 187) leitet den öffentlich-rechtlichen Status der Kirchen aus eigenem, vom Staat vorgefundenen und nur anerkannten Recht ab. Dazu kritisch z. B. *Mikat*, Das Verhältnis von Kirche und Staat in der Bundesrepublik, S. 17 f.

B. Im Anschluß an *Smend* wird der Status als positive Anerkennung „der Bedeutung der Kirchen für das soziale Leben und den Staat" bezeichnet. Vgl. *Smend*, Zur Gewährung der Rechte einer Körperschaft des öffentlichen Rechtes an Religionsgesellschaften gemäß Art. 137 WRV, ZevKR 2 (1952/53) S. 375 f.; *Hesse*, Der Rechtsschutz durch staatliche Gerichte im kirchlichen Bereich, S. 60, 66 f.; *ders.*, Art. Kirche und Staat, EvStL Sp. 992 f. Kritisch zum Versuch, aus einem „über"staatlichen Öffentlichkeitsstatus auf einen des öffentlichen Rechts zu folgern, z. B. *H. Weber*, Die Religionsgemeinschaften als Körperschaften des öffentlichen Rechts, S. 56 ff., 59 ff., 70; vgl. auch oben Anm. 26 sowie unten Anm. 75 sowie sub § 3 D.

C. Z. T. wird auf andere als historische Rechtfertigung überhaupt verzichtet, der Status als heute sinnentleert bezeichnet. Vgl. *Pirson*, Die freie Kirche in der freiheitlichen Verfassungsordnung des Grundgesetzes S. 88 ff., 98 f.

[65] Weshalb die Kirchen auch nicht zur mittelbaren Staatsverwaltung zählen. Vgl. z. B. BVerfGE 18, 385, 386 f.; 19, 129, 133 f.; *Mikat*, a.a.O., S. 20 ff.; *Pirson*, a.a.O.; *H. Weber*, a.a.O.; *Häberle*, Entscheidungsanm., DVBl. 1966, S. 216, dagegen will in der Argumentation des BVerfG, a.a.O., das Bild: mittelbare Staatsverwaltung erkennen.

[66] Für viele *Hesse*, EvStL Sp. 923 f.

[67] A. A. vor allem die in Anm. 64 sub B zit. Autoren. Mißverständlich, im Ergebnis aber wie hier BVerfGE 19, 129, 133. Vgl. auch Anm. 68.

Zum Verhältnis von „öffentlicher Aufgabe" und „öffentlich-rechtlichem Status" (allgemein) vor allem *Forsthoff*, Verwaltungsrecht, S. 458, sowie *Scheuner*, Voraussetzungen und Form der Errichtung öffentlicher Körperschaften (außerhalb des Kommunalrechts), S. 804 ff., der freilich hinsichtlich der Kirchen auf der Linie der in Anm. 64 sub B zit. Autoren liegt; vgl. a.a.O., S. 802 f. Anm. 21.

den prozessualen Fragestellungen auf und stellt sich dann entweder als Bereich kirchen-internen Sonderrechts dar oder ist als Emanation „öffentlicher Gewalt" bzw. verliehener staatlicher Hoheitsbefugnisse Teilhabe an der staatlichen Sonderrechtsordnung[68, 69].

Mag der Rechtsstatus der Kirchen auch von zu unterschiedlichen Quellen gespeist sein[70], um sich in der Ausübung von verliehenen Hoheitsbefugnissen[71] erschöpfen zu können, so ist doch — insoweit — eine Parallele zwischen „staatlichen" und „kirchlichen" Aufgaben nicht zu übersehen: Der oben (sub 2) angedeuteten Wechselwirkung zwischen Staatsaufgaben und staatlichem „Herrschaftsbereich" bzw. staatlicher Sonderrechtsordnung entspricht auch im kirchlichen Bereich eine Interdependenz von hoheitlich wahrgenommenen Aufgaben und Verleihung eines Sonderrechts-Status. Wenn man die hoheitlich[72] erfüllten kirchlichen Aufgaben deswegen auch nicht als „staatliche" bezeichnen wird[73], prozessual lassen sie sich von diesen gleichwohl nicht unterscheiden[74, 75].

---

[68] Sehr umstr. A: Ob damit bereits der öffentlich-rechtliche Gesamtstatus der Kirchen (h. M.; vgl. Übersicht bei *Marré-Schlief*, Der öffentlich-rechtliche Gesamtstatus der Kirchen, NJW 1965, S. 1514 ff.) in Frage gestellt ist, mag offen bleiben. So aber *Mikat*, a.a.O., S. 19 ff., sowie zuletzt *Martens*, a.a.O., S. 145. *H. Weber*, Grundprobleme des Staatskirchenrechts, JuS 1967, S. 441 m. w. N., räumt der Frage nur noch periphere Bedeutung ein.

B: In der Rspr. des BVerfG findet die o. a. Differenzierung zunehmend Raum; vgl. insbes. die Kirchensteuerentscheidungen BVerfGE 19, 206; 19, 226; 19, 248; 19, 268. Zum Begriff der kirchlichen als (u. U.) öffentlichen Gewalt vgl. z. B. BVerfGE 18, 385 ff. Zur mißverständlichen Terminologie des BVerfG kritisch *Häberle*, Entscheidungsanm., DVBl. 1966, S. 216 ff. Vgl. auch *v. Campenhausen*, Der Rechtsschutz der kirchlichen Bediensteten, S. 262 ff. mit Rspr.-Übersicht.

C: Angesichts solcher Aufspaltung will z. B. *Martens*, a.a.O., S. 146 ff., 152, dem Attribut „öffentlich" im Staatskirchenrecht (z. B. kirchliche als öffentliche Gewalt; kirchlicher als öffentlicher Dienst; kirchliche als öffentliche Aufgaben) Rechtsrelevanz absprechen und nur auf jeweilige Zuordnung kirchlicher Rechtsakte zur staatlichen Sonderrechtsordnung abstellen.

[69] Im „weltlichen" Bereich schließlich sind die Kirchen nicht anders als die übrigen Rechtssubjekte an die staatliche Rechtsordnung gebunden. Statt vieler *H. Weber*, JuS 1967, S. 442.

[70] Vgl. oben Anm. 64.

[71] Beispiele bei *Mikat*, a.a.O., S. 20.

[72] Zu unterscheiden von der „kircheninternen" Gewalt; vgl. z. B. BVerfGE 18, 385 ff.

[73] Mit der kirchlichen Autonomie (Art. 137 III WRV) wäre das unvereinbar, jedenfalls solange am „Gesamtstatus" der Kirchen festgehalten wird (vgl. Anm. 68) — vom fortwirkenden laizistischen Pathos (vgl. Art. 137 I WRV) ganz abgesehen.

[74] Vgl. BVerfGE 19, 206, 216 ff.; 19, 226, 236; 19, 288 f.

[75] Solche Betrachtung kann nur als „aktuelle Rechtfertigung" des kirchlichen Status gelten. Da sie „un-historisch" ist, vermag sie die Diskrepanz zwischen Status und überwiegenden Aufgaben der Kirchen nicht zu erklären. Die Diskrepanz leugnen freilich z. B. *Hesse*, a.a.O., und *Smend*, a.a.O. Wie hier z. B. *Pirson*, a.a.O. Als Modell für „Einbau extra-konstitutioneller Mächte" in die Verfassung sind öffentlich-rechtliche „Gesamt-Lösungen" jedoch nur wenig geeignet; dazu unten sub § 5 B.

4. *Aufgaben und Status der politischen Parteien*

Parteien werden „Verfassungsorgane“[76], „beliehene Unternehmer“[77], „teilrechtsfähige Verbände des öffentlichen Rechts“[78] oder nur „privatrechtliche Vereinigungen“[79] genannt; verortet werden sie in den Bereich der „staatlichen Herrschaftsapparatur“[80] oder der Zwischenzone: „Öffentlichkeit“[81] ebenso wie in den der nicht-staatlichen Gesellschaft[82]. Das „Parteienfinanzierungsurteil“[83] zumal hat dem Streit um den Status der politischen Parteien nicht geschlichtet, sondern neu provoziert[84]. Nach den Aufgaben der Parteien wird demgegenüber wenig gefragt. Die Konzentrierung auf deren „Gesamtstatus“ vermag den Zugang zur „Natur“ ihrer Aufgaben auch kaum erleichtern, weil deren Verschiedenartigkeit[85] nur vordergründige Globalbezeichnung[86] oder Einseitiges zuläßt[87]. Auch das Parteiengesetz zieht sich deshalb gerne auf den in seiner Unverbindlichkeit verläßlichen Begriff der „öffentlichen Aufgabe“ zurück[88]. Dabei braucht es die ohnehin unbestreitbare politisch-soziale Homogenität der Parteien nicht beeinträchtigen, wenn ihr Gesamtstatus (rechtlich) auf jeweilige Funktionen hin präzisiert wird. Ihre Rolle bei der „dauernden Mitwirkung an der politischen Willensbildung des Volkes“, § 1 Abs. 1 S. 1 ParteienG, aufgipfelnd in der privile-

[76] BVerfGE 1, 208, 225; 4, 27, 30 f.; 5, 85, 134; 6, 367, 372, 375; 12, 276, 280. Auch *Leibholz*, Strukturprobleme der modernen Demokratie, S. 90 ff. BVerfGE 20, 56, 100, 107 spricht in Anlehnung an *G. Jellinek*, Allgemeine Staatslehre, S. 545 f., von „Kreationsorganen“.

[77] *Menger*, Zur verfassungsrechtlichen Stellung der deutschen politischen Parteien, AöR 78 (1952/53) S. 161.

[78] *Bachof*, Teilrechtsfähige Verbände des öffentlichen Rechts, AöR 83 (1958) S. 274 Anm. 88.

[79] *Martens*, a.a.O., S. 156.

[80] *Kaiser*, Repräsentation, S. 379.

[81] *Häberle*, Unmittelbare Parteifinanzierung unter dem Grundgesetz — BVerfGE 20, 56, Jus 1967, S. 73; *Hesse*, Die verfassungsrechtliche Stellung der politischen Parteien im modernen Staat, VVDStRL 17 (1959) S. 41 ff., 44 ff.

[82] BVerfGE 20, 56, 98 ff., 101 f.; *Henke*, Das Recht der politischen Parteien, S. 1 ff., 10 ff.

[83] BVerfGE 20, 56.

[84] Besonders *Häberle*, a.a.O.; *Leibholz-Rinck*, Grundgesetz (Nachtrag), Anm. 9 zu Art. 21 (N. 108 ff.); *Martens*, a.a.O., S. 152 ff.; *Menzel*, Staatliche Parteifinanzierung und moderner Parteienstaat, DÖV 1966, S. 585 ff.; *Rinck*, Der verfassungsrechtliche Status der politischen Parteien in der Bundesrepublik, S. 305 ff.

[85] Vgl. §§ 1, 2 ParteienG; *Hesse*, Grundzüge des Verfassungsrechts der Bundesrepublik Deutschland, S. 68.

[86] Besonders, wenn der Status in gleicher Weise auch für andere, z. B. Kirchen, Presse, Gewerkschaften, beansprucht wird. So z. B. *Scheffler*, Zum öffentlichen Status der Gewerkschaften, NJW 1965, S. 849 ff.

[87] Weshalb sich BVerfGE 20, 56, 100 ff., 103 von der eigenen Statusbezeichnung: Verfassungsorgan distanzieren muß!

[88] § 1 I 2 ParteienG.

gierten Stellung bei den politischen Wahlen[89], die Überlagerung von Staatsorganen (in Parlament und Regierung) usw. dürfen solch differenzierende Bewertung von Teilfunktionen nicht schon dem Vorwurf „schizophrener" Betrachtungsweise aussetzen[90].

a) In Staatsorganen

Schon bei der personellen und programmatischen Metamorphose in Staatsorgane, ist die Nähe zu „staatlichen" (i. S. „staatlicherseits erfüllter") Aufgaben unübersehbar, wenn auch die Grenzziehung (organisationsrechtlich) noch leichtfällt[91].

b) Als „Wahlvorbereitungsorganisationen"

Anders schon bei den Parteien als Wahlvorbereitungsorganisationen[92]: Abhaltung und Durchführung von politischen Wahlen sind unstreitig „Staatsaufgabe"[93]. Die Parteien haben dabei (vereinfacht) jenes Vakuum auszufüllen, das sich bilden muß, weil Durchführung von Wahlen zwar Aufgabe des Staates ist, dieser die Wahlbewerber aber nicht selbst benennen darf, weshalb Verfassung und Wahlgesetze die Teil-Aufgabe den Parteien überantworten. Die Nähe zur Staatlichkeit dieser Aufgabe zeigt sich weiter, wenn die Wahlvorschläge der Parteien staatlich „geprüft" und „anerkannt" werden und damit das Auswahlrecht der Wähler verbindlich beschränkt wird[94].

Qualitativ wird sich diese Aufgabe der Parteien ebensowenig von den „staatlichen" unterscheiden lassen, wie diese von den staatlich beliehenen Hoheitsbefugnissen der Kirchen[95], wenngleich anstelle „Beleihung" verfassungsrechtlich vorgesehene und konkret verwirklichte staatliche Anerkennung stattfindet[96]. Dieses Ergebnis kann sich — wiederum prozessual — immerhin auf eine ständige Rechtsprechung des BVerfG[97]

[89] Insbes. das Quasi-Monopol bei der Kandidatennominierung, z. B. § 19 BWahlG.

[90] Vgl. aber *Häberle*, a.a.O., S. 73.

[91] Permeabel aber z. B. die „Koalitionsverträge"! Dazu z. B. *Maunz-Dürig-Herzog*, Grundgesetz, Art. 21 Rdnr. 98. Wohl (noch) unvergleichbar die Rechtslage in Österreich; vgl. z. B. *Kafka*, Die verfassungsrechtliche Stellung der politischen Parteien im modernen Staat, VVDStRL 17 (1959) S. 53 ff., 85 ff., 96 ff.

[92] Zum Begriff z. B. BVerfGE 8, 51, 63; 12, 276, 280; 20, 56, 113.

[93] Für viele *Häberle*, a.a.O. BVerfGE 20, 56, 113 spricht zwar von „öffentlicher" Aufgabe, will damit aber diejenigen Aufgaben bezeichnen, „deren Durchführung den Staatsorganen obliegt"!

[94] Vgl. z. B. §§ 19, 27, 35 BWahlG. Wie hier z. B. *Ridder*, Zur verfassungsrechtlichen Stellung der Gewerkschaften, S. 21.

[95] Vgl. oben bei 3.

[96] Das übersieht z. B. *Martens*, a.a.O., S. 153 ff., der Staatlichkeit außerhalb des Staates nur im Falle der Beleihung anerkennt.

[97] Freilich stets umstritten. Vgl. z. B. *Ehmke*, VVDStRL 24 (1966) S. 95 (Diskussionsbeitrag); *Forsthoff*, Zur neueren Rechtsprechung des Bundesverfassungsgerichts, DÖV 1956, S. 513; *Hesse*, a.a.O., S. 40; *Martens*, a.a.O., S. 152.

stützen: Parteien als Wahlvorbereitungsorganisationen sind bei verfassungsrechtlichen Streitigkeiten auf den Weg des Organstreitverfahrens[98] verwiesen[99].

c) „Öffentliche Aufgaben“

„Öffentliche Aufgaben“ sollen Parteien schließlich im verbleibenden Bereich der politischen Willensbildung des Volkes erfüllen[100]. Die übereinstimmende Etikettierung lenkt freilich nur von divergierenden Vorstellungen ab: An dieser Stelle zumal sieht sich das ältere „Trennungsdenken“ in Staat und Gesellschaft[101] nämlich mit neueren, das politische Gemeinwesen als ganzheitlichen Wirkungszusammenhang erkennenden Vorstellungen[102] konfrontiert. Das kann der Skepsis gegenüber dem Begriff der „öffentlichen Aufgabe“ nur Nahrung geben und erhärtet überdies die Bedenken gegenüber einem undifferenzierten Gesamtstatus der politischen Parteien.

5. *Die Gewerkschaften*

a) Gesamtstatus

Die verfassungsrechtliche Position der Gewerkschaften — auf sie konzentriert sich das Interesse an den Tarifpartnern[103] — wird in der Nähe der politischen Parteien vermutet[104]. Ein „Gesamtstatus“ der Gewerkschaften findet im Verfassungsrecht allerdings noch weniger Absicherung als der von Kirchen und politischen Parteien[105]. Wählte man dafür — was naheliegt — Art. 9 Abs. 3 GG zur dirigierenden Norm, würde sich auch nur eine Diskrepanz zwischen der verfassungsrechtlichen Anerkennung der Gewerkschaften als Koalitionen und ihren, tatsächlich weit darüber hinausgehenden Funktionen[106] einstellen. Wer dagegen auf der Ebene eines „existentiellen“ Öffentlichkeitsbegriffs Parteien, Kir-

---

[98] Art. 93 I Nr. 1 GG; §§ 13 Ziff. 5, 63 ff. BVerfGG.

[99] Seit BVerfGE 4, 27, 30 f.; z. B. auch 6, 273, 276; 11, 239, 241 ff.; 14, 121, 129.

[100] Wohl h. M.; vgl. § 1 I 2 ParteienG sowie für viele *Häberle*, a.a.O.

[101] So noch *Henke*, a.a.O., S. 11, 147. Vgl. auch die — konsequente — „Verstaatlichung“ des Parteienwesens bei *Forsthoff*, a.a.O., S. 513. *Häberle*, a.a.O., S. 66 f. und *Leibholz-Rinck*, a.a.O., vermuten auch hinter der Konzeption von BVerfGE 20, 56 ff. „spätliberales Trennungsdenken“.

[102] Vgl. z. B. *Hesse*, a.a.O., S. 44 ff.; *Häberle*, a.a.O.; *Leibholz-Rinck*, a.a.O., sowie unten sub § 3 D.

[103] Vor allem, weil die „Gegenseite“ keine vergleichbaren Organisationen aufweisen kann. Vgl. z. B. *Ehmke*, Wirtschaft und Verfassung, S. 618.

[104] Vgl. *Lerche*, Verfassungsrechtliche Zentralfragen des Arbeitskampfes, S. 27; *Ridder*, Zur verfassungsrechtlichen Stellung der Gewerkschaften, S. 12 ff., 24 ff.

[105] So aber z. B. *J. Hirsch*, Die öffentlichen Funktionen der Gewerkschaften, S. 27 ff., 63 ff.; *Ridder*, a.a.O., S. 29 ff.; *Scheffler*, a.a.O., S. 849 ff.

[106] Eingehend *Drewes*, Die Gewerkschaften in der Verwaltungsordnung, S. 30—171; *J. Hirsch*, a.a.O., S. 43—77, 158—177.

chen und Gewerkschaften gleichschaltet[107] und positive Privilegien der einen für alle gelten lassen will, bewegt sich zumindest „über" der lex lata. Dem verfaßten Bereich des Staates sind die Gewerkschaften jedenfalls nicht zuzuordnen[108].

b) In Staatsorganen

Die Funktionen der Gewerkschaften bzw. ihrer Vertreter in Rechtsprechung[109] und Verwaltung[110] sind die von „Privaten in der Staatsorganisation"[111], die wahrgenommenen Aufgaben können daher im Einzelfall staatliche sein.

c) Als Tarifpartner

Die Aufgabe der Gewerkschaften als Tarifpartner wird als (delegierte) staatliche[112] ebenso wie als originäre, nicht-staatliche[113] Rechtsetzungskompetenz oder nur als privat-gesellschaftliche Aufgabe[114] bezeichnet. Der Theorienstreit um die Rechtsnatur der Tarifautonomie[115] ist dabei für die Situation des Staatsaufgabenbegriffs exemplarisch: Einmal, weil die Staatlichkeit von Aufgaben entweder nur historisch[116] oder mit der positiven Rechtslage[117] begründet wird; zum anderen, weil oft nur weiter entfernt liegende Schlüsse, wenn nicht begründet, so doch plausibler gemacht werden sollen[118], so daß die Aufgabenqualität — der Begriffsverwendung in der Rechtsprechung ähnelnd[119] — z. T.

[107] Vgl. Anm. 105 sowie unten sub § 3 B.

[108] Vgl. *Lerche*, a.a.O., S. 28 m. w. N. Bei *Ridder* wird die organisationsrechtliche Betrachtungsweise in einer „dritten Dimension" des Sozialstaatsgebots (a.a.O., S. 11) aufgelöst bzw. — im Ergebnis — erweitert.

[109] §§ 16, 35, 41 ArbGG; §§ 14, 23 SGG sowie *J. Hirsch*, a.a.O., S. 175—177.

[110] *Drewes*, a.a.O.; *J. Hirsch*, a.a.O., S. 166—175.

[111] Vgl. oben sub 1.

[112] So *E. R. Huber*, Wirtschaftsverwaltungsrecht II, S. 431 ff.; *Hueck-Nipperdey*, Lehrbuch des Arbeitsrechts Bd. II, S. 347; *Peters-Ossenbühl*, a.a.O., S. 9 ff.

[113] Vor allem *Herschel*, Zur Rechtsnatur der Allgemeinverbindlicherklärung von Tarifverträgen, S. 129 ff.

[114] So *Martens*, a.a.O., S. 164 f.; *Maunz-Dürig-Herzog*, a.a.O., Art. 1 Rdnr. 16; *Rehbinder*, Die Rechtsnatur des Tarifvertrages, JR 1968, S. 170.

[115] Zusammengefaßt bei *Rehbinder*, a.a.O., S. 167 ff.

[116] So bei *Peters-Ossenbühl*, a.a.O., S. 14 f.; *Ridder*, a.a.O., S. 29 f.

[117] §§ 1 I, 4 I TVG.

[118] Vgl. z. B. *Peters-Ossenbühl*, a.a.O., die so zu Grenzen der „Übertragung öffentlich-rechtlicher Befugnisse auf die Sozialpartner" sowie zur Anwendung des Subsidiaritätsprinzips kommen wollen; insbes. a.a.O., S. 14 ff., 19 ff. *Ridder*, a.a.O., S. 16 ff., 26 ff., dagegen folgert (auch) deshalb — via Sozialstaatsgebot — u. a. auf ein Homogenitätsgebot analog Art. 21 I 3 GG. *Rehbinder*, a.a.O., S. 170, andererseits, bezeichnet die Tarifhoheit als eingeräumte Privatautonomie und läßt sich dabei von *Maunz-Dürig-Herzog*, a.a.O., Art. 1 III Rdnr. 115 f., darin unterstützen, daß der Sachbereich gar nicht ein staatlicher sein *kann*.

[119] Dazu oben in Anm. 25 sowie unten sub § 4 A.

nur vorgeschoben erscheint, weil an dem gewichtigen Argument der „Staatlichkeit" so leicht nicht vorüberzugehen ist.

Auch wenn die Tarifautonomie auf staatliche Delegation zurückzuführen ist, werden die Aufgaben der Gewerkschaften aber nicht deshalb schon „staatliche" sein können, selbst wenn sie — der Sache nach — ebenso vom Staat zu erfüllen wären. Fehlt es schon an der typischen Beziehung zur staatlichen Sonderrechtsordnung oder doch jeweiliger staatlicher Anerkennung, so bezweckt die „Überantwortung"[120] des Sachbereichs: „Förderung und Wahrung der Arbeits- und Wirtschaftsbedingungen" durch Art. 9 Abs. 3 GG nach der Systematik der Verfassung gerade Limitierung, nicht aber Bezeichnung des staatlichen Bereichs. Die Verfassung scheint daher den Sachbereich staatlicher Intervention eher zu verwehren, als ihn zum Gegenstand von Delegation zu machen, weshalb Art. 9 Abs. 3 GG auch nur *negativen* Schluß auf Staatsaufgaben zulassen dürfte[121].

Als Träger, damit, eines anvertrauten Bereichs von „Gesamtverantwortung", wachsen freilich die Gewerkschaften aus dem Bereich nur privat-gesellschaftlicher Existenzen heraus[122], ohne daß ihrer Funktion ein adäquater Status entspräche[123].

6. *Private ohne Sonderstatus*[124]

Wird die Diskrepanz zwischen Aufgaben[125] und Status der Tarifpartner immerhin noch in der positiven Absicherung eines institutionellen Bereichs[126] versöhnt, ist vergleichbar „staatsnahen" oder „öffentlichen" Aufgaben von einem weiteren Kreis Privater schließlich auch ohne besondere Privilegierung im Verfassungsrecht[127] bzw. ohne anerkannten Sonderstatus nachzukommen.

---

[120] Vgl. *Lerche*, a.a.O., S. 28.

[121] Womit freilich grundsätzliche Fragen des Verhältnisses von Staat und Verfassung berührt sind. Wie hier *Biedenkopf*, Grenzen der Tarifautonomie, S. 102 ff., 104. Dagegen vor allem *Peters-Ossenbühl*, a.a.O., S. 15 f., die an Delegation durch Gleichsetzung von Verfassungsgesetzgeber und einfachem Gesetzgeber festhalten. Dazu zuletzt *Steiner*, Revision der Bayerischen Verfassung ohne Volksentscheid?, BayVBl. 1969, S. 333 ff., 336 f. Bei *Peters-Ossenbühl*, a.a.O., insbes. S. 16 Anm. 34, wird aber wohl nicht zureichend zwischen der Überweisungsnorm (Art. 9 III GG) und einem, erst daraus herrührenden gesetzgeberischen Gestaltungsauftrag unterschieden! Dazu vor allem *Lerche*, a.a.O., S. 26 ff., 87.

[122] Vgl. *Lerche*, a.a.O., S. 29 sowie *ders.*, Verfassungsfragen um Sozialhilfe und Jugendwohlfahrt, S. 31.

[123] Zur Problematik dieser Diskrepanz vgl. auch unten sub § 5, B, C.

[124] Zur öffentlichen Aufgabe der Presse siehe unten sub § 3 C II.

[125] Das Interventionsverbot des Art. 9 III GG wertet sie zu „Ersatzfunktionen" auf!

[126] Dagegen sieht *Lerche*, Zentralfragen, S. 30 f., 87 durch Art. 9 III GG in erster Linie den Auseinandersetzungsprozeß zwischen den Tarifpartnern installiert.

[127] Außer der von „jedermann" als Grundrechtsträger. Zwar können sich

a) Gemeinnützige[128] Organisationen[129]

Die Staatsnähe der hier „Gemeinnützige" genannten Organisationen zeigt sich höchstens noch in ihren Zielen, sofern man die Förderung des Gemeinwohls, der Interessen der Allgemeinheit usw.[130] als nicht typisch für private Zielsetzung erachtet. Der Versuch einer Typisierung des in seiner Vielfalt verwirrenden Befunds[131] wird deshalb bei ihren — satzungsgemäß, daher: existentiell — uneigennützigen, altruistischen, ide-

---

auch die Tarifpartner „nur" auf eine grundrechtliche Position stützen; vgl. *Lerche*, a.a.O., S. 28. Art. 9 III GG beinhaltet jedoch als Zweiteffekt Deprivation eines sonst staatlichen Sachbereichs!

[128] Ein gemeinsamer „Status" ließe sich höchstens noch in der wohl regelmäßigen Begünstigung nach § 17 SteueranpassungsG v. 16. 10. 1934 (RGBl. I S. 925) finden. Dazu — im Zusammenhang — *Martens*, a.a.O., S. 178, 197 f.; *Preuß*, a.a.O., S. 71.

[129] Philanthropen bleiben unberücksichtigt; schon weil nicht gemeinnützig „verfaßt".

[130] Dazu unten sub § 3 B. Vgl. auch *H. H. Klein*, Die Teilnahme des Staates am wirtschaftlichen Wettbewerb, S. 26.

[131] Der Befund muß sich auf Exemplarisches im nationalen Bereich beschränken. Beispiele vor allem bei *Wacke*, VVDStRL 24 (1966) S. 106—112 (Diskussionsbeitrag); vgl. auch *Scheuner*, Voraussetzungen und Form der Errichtung öffentlicher Körperschaften, S. 801—803, und *Vogel*, Öffentliche Wirtschaftseinheiten in privater Hand, S. 62.

A. Auf kulturellem Gebiet:

I. Volkshochschulen

II. Förderungseinrichtungen zug. von Hochschulen und Universitäten sowie von öffentlichen Schulen (z. B. „Münchener Universitäts Gesellschaft"; zu den amerikanischen Stiftungsuniversitäten z. B. *Scheuner*, a.a.O., S. 802). Zu Privatschulen vgl. unten bei Anm. 152 f.

III. Theatergemeinden, Volksbühnenvereine, die z. T. an Errichtung und Unterhalt staatlicher oder kommunaler Theaterhäuser, Orchester usw. maßgeblich mitwirken.

IV. Politische Bildung: z. B. Konrad-Adenauer-Stiftung e. V., Friedrich-Ebert-Stiftung e. V., Friedrich-Naumann-Stiftung e. V., Hanns-Seidel-Stiftung e. V.

V. Vgl. auch unten bei Anm. 140, 141.

B. Auf sozialem Gebiet:

I. Die karitativen Organisationen wie Deutscher Caritas-Verband, Innere Mission (Diakonisches Werk), Paritätischer Wohlfahrtsverband, Arbeiterwohlfahrt u. a.

II. Jugendherbergswesen.

III. Vgl. den von § 9 JWG erfaßten Bereich.

IV. Das Rote Kreuz.

C. Auf dem Gebiet der „Gefahrenabwehr":

I. Bergwacht, Wasserwacht (= Rotes Kreuz), Deutsche Lebensrettungs-Gesellschaft.

II. Freiwillige Feuerwehren, Wasserwehren.

III. Tierschutzvereine.

IV. Bundesstraßenwacht, Deutsche Verkehrswacht e. V. (vgl. dabei auch Schülerlotsendienst), Deutscher Verkehrssicherheitsrat e. V.

ellen[132] Zwecken beginnen müssen, welche, nach eben erwähntem Erfahrungswert, für staatliche Befassung prädestiniert erscheinen. Grund für (dementsprechende) staatliche Abstinenz kann organisatorische Überforderung oder gewollte Zurückhaltung sein[133]; ebenso mag die politische Führung die Bedeutung einer Aufgabe noch übersehen haben[134]. Daneben können staatliche Tätigkeiten unterstützt[135] oder ergänzt[136] werden; auch Parallelität von privater und staatlicher Aktivität ist möglich[137]. Der Staat kann schließlich zur Gründung derartiger Organisationen auch selbst beitragen, um — z. B. — Problematik und rechtliche wie politische Behandlung neuer Sachbereiche zu erkunden oder neuartige staatliche Aktionsformen zu testen[138].

b) Insbesondere die sog. „sozialstaatliche Selbstverwaltung[139]

Die Problematik privater Wahrnehmung „gemeinnütziger" Zwecke verdichtet sich — zumal hinsichtlich der Statusfrage — bei jenen kulturellen Einrichtungen, die weite Bereiche der staatlichen Kulturpolitik umlagern[140] und sogar — wie bei der auswärtigen Kulturpolitik[141] —

---

[132] Dazu und zum folgenden *Wacke*, VVDStRL 24 (1966) S. 106 ff. (Diskussionsbeitrag).

[133] Z. B. im Sozialhilferecht! Vgl. *Lerche*, Art. „Sozialhilfe", EvStL Sp. 2056 f.

[134] Es werden daher z. T. Staatsaufgaben „von morgen" erfüllt.

[135] Vgl. z. B. die kulturellen Förderungseinrichtungen.

[136] Vgl. besonders die in Anm. 131 sub C Genannten, aber auch z. B. die Verkehrsüberwachung durch den ADAC sowie das Technische Hilfswerk und die privaten Einrichtungen des Katastrophenschutzes, §§ 1 II, 9 I KatastrophenschutzG.

[137] Im Sozialhilferecht sogar zur Prärogative der Privaten weiterentwikkelt; vgl. §§ 8 II 2, 10 III 2 und IV, 93 I 2 BSHG; § 5 III 2 JWG. Dazu (kritisch) z. B. *Lerche*, a.a.O.

[138] Mit solch bemerkenswerter Aufgabenstellung auf dem noch weithin Neuland der Städteplanung z. B. das „Münchner Diskussionsforum für Entwicklungsfragen (Münchner Forum) e. V.", zu dessen Gründungsmitgliedern (§ 4 der Satzung) neben Verbänden, Zeitungsverlagen, Fachleuten u. a. die Landeshauptstadt München zählt; vgl. §§ 2, 3 der Satzung (Vereinszweck); zit. nach *Pflaumer*, Öffentlichkeit und Verwaltung in einem demokratisierten Planungsprozeß, S. 41 ff.

[139] Dazu vor allem *Preuß*, Zum staatsrechtlichen Begriff des Öffentlichen, insbes. S. 39 ff., 197 ff.; *Zierold*, Die Deutsche Forschungsgemeinschaft als Selbstverwaltungsorganisation der Wissenschaft, DÖV 1960, S. 481 ff.; *ders.*, Selbstverwaltungsorganisationen der Wissenschaft in der Bundesrepublik, DÖV 1961, S. 686 ff.; vgl. auch schon *Köttgen*, Subventionen als Mittel der Verwaltung, DVBl. 1953, S. 490. Weitere Nachweise bei *Preuß*, a.a.O.

[140] Zum Befund vgl. vor allem *Ischreyt*, Deutsche Kulturpolitik (vgl. dort bei den Stichworten), und *Preuß*, a.a.O., S. 43 ff., 47 ff. Vor allem: Max-Planck-Gesellschaft zur Förderung der Wissenschaften e. V.; Deutsche Forschungsgemeinschaft e. V.; Studienstiftung des Deutschen Volkes e. V.; Deutsches Studentenwerk e. V.; Deutscher Volkshochschulverband e. V.; Stifterverband für die Deutsche Wissenschaft e. V. u. a.

[141] Ein im Rechtlichen wie Tatsächlichen noch wenig erkundeter Bereich. Zum Befund vgl. vor allem *Abelein*, Die Kulturpolitik des Deutschen Reiches

weithin ersetzen. Da sie ihre, lediglich formal „eigenen" Angelegenheiten regelmäßig nur mit Hilfe staatlicher Geld- und Sachmittel erfüllen können[142], „Staatsaufsicht" über private Organisationen aber nicht stattfindet[143], verwandelt sich die — schon haushaltsrechtlich gebotene[144] — Staatskontrolle in eine grundrechtliche Schrankenproblematik. Der politischen Bedeutung und damit dem staatlichen Interesse[145] an Direktion werden solch inadäquate Grenzen aber so wenig gerecht, wie etwa die Grundsätze des allgemeinen Subventionsrechts[146] das grundrechtliche Schutzbedürfnis befriedigen können[147], weshalb zu befürchten ist, daß sich die Staatskontrolle auf kaltem Wege einstellen wird[148, 149].

und der Bundesrepublik Deutschland, S. 104 ff., 137 ff.; *Emge*, Auswärtige Kulturpolitik, passim sowie S. 94 f. und die Berichte der betr. Organisationen, Nachweise z. B. bei *Abelein* und *Preuß* (Lit.-Vz.). Vor allem: Goethe-Institut zur Pflege der deutschen Sprache und Kultur im Ausland e. V.; Inter Nationes; Alexander-von-Humboldt-Stiftung; Deutscher Akademischer Austauschdienst; Carl-Duisberg-Gesellschaft; Institut für Auslandsbeziehungen (Stuttgart). *Abelein*, a.a.O., S. 138, beziffert die Zahl weiterer, vom Auswärtigen Amt bezuschußter Institutionen auf über 120!

142 So *Wolff*, a.a.O., II, § 84 IV b 3. Daher wohl „Selbstverwaltung". Vgl. zur Finanzierung gemeinnütziger Verbände auch BVerfGE 20, 56, 107 sowie auf dem Gebiet der Jugendwohlfahrt § 9 JWG. Zum Begriff der „Förderungswürdigkeit" (allg.) vgl. BVerwG, NJW 1969, S. 1784—1786 („SDS-Entscheidung").

143 Vgl. *Salzwedel*, Staatsaufsicht in der Verwaltung, VVDStRL 22 (1965) S. 208.

144 Vgl. § 64 a RHO! Dazu *Bachof*, VVDStRL 22 (1965) S. 335 (Diskussionsbeitrag).

145 Zumal bei den auslandsbezogenen kulturellen Institutionen! Vgl. dazu vor allem *Doka*, Kulturelle Außenpolitik, sowie die Anthologie bei *Braun*, Deutsche Kulturpolitik im Ausland.

146 Von vornherein nicht auf Förderung gemeinnütziger oder gar „staatersetzender" Tätigkeiten abgestellt!

147 Die Problematik liegt weniger beim Gleichheitssatz — so aber beim allg. Subventionsrecht — als bei z. B. Art. 5 GG.

148 Und wohl auch einstellt! Vgl. z. B. *Preuß*, a.a.O., S. 54.

149 Die Schwierigkeiten sind nicht zuletzt auf den unzureichenden Status von Organisationen zurückzuführen, deren privatrechtlicher Status tatsächliche „politische" Relevanz (Einflüsse wie Funktion) zu verschleiern droht. Anders aber *Emge*, a.a.O., S. 94, der, vielleicht zu sehr aus der Sicht der Bürokratie argumentierend, die Organisationsfragen für sekundär erachtet. Kritisch dazu auch *Molt*, Rezension, PVS 1968, S. 626.

Andererseits ist zu befürchten, daß sich in Alternativ-Lösungen wie z. B. einer „demokratisierten" sozialstaatlichen Selbstverwaltung (so *Preuß*, a.a.O., S. 197 ff., 211 ff.) die erwähnten, unerwünschten Abhängigkeiten, sachfremden Einflüsse und inadäquaten institutionellen Verfestigungen in anderer Gestalt wieder einstellen, um dann freilich noch bedenklicher „verschleiert" zu sein. Überdies würden nur bei dem geringeren Teil der Organisationen die Voraussetzungen einer dem herkömmlichen Selbstverwaltungsbegriff (in der mittelbaren Staatsverwaltung) entsprechende Koinzidenz von demokratischer Legitimation und Repräsentation bestehen, so daß entweder zu neuen Repräsentations-Vorstellungen (dazu unten sub § 5 B, C) gegriffen oder eine korporative (dazu unten sub § 5 B) oder „syndikalistische" (so *Preuß*, a.a.O., S.

c) Die Subventionierten

Der etablierte Bereich der Subventionierung Privater, die Wirtschaftssubvention[150], läßt zwar die unmittelbare Beziehung zu staatlichen oder öffentlichen Aufgaben vermissen. Jedoch rechtfertigt die h. M.[151] auch diese Förderung ausschließlich privater Interessen mit fallweiser Identität von Einzel- und Gemeinwohl und bezieht die Kongruenz sogar in den Rechtsbegriff der Subvention ein, so daß der (staatliche) Subventionsgewährer das Privatinteresse des Subventionsempfängers für das Gemeinwesen gleichsam ausnutzt. Das BVerwG[152] will für den Fall der beschriebenen Kongruenz auf einem vorerst noch eng begrenzten Bereich sogar einen Rechtsanspruch auf Subventionsgewährung wegen Erfüllung „öffentlicher Aufgaben" anerkennen[153].

d) Die Interessenverbände[154]

Vom staatlichen Bereich werden die sogenannten Interessenverbände üblicherweise distanziert, in dem sie, an „egoistischen Partikularinteressen" orientiert, als notwendige Gegenspieler des gemeinwohlverpflich-

---

218) Strukturzone erst noch geschaffen werden müßte. Die Problematik solcher Futur-Jurisprudenz liegt freilich gerade darin, „pragmatische" Ergebnisse, die zu liefern sie vorgibt (so *Preuß*, a.a.O., S. 215) jedenfalls nicht schon „für morgen" anbieten zu können. Ihre Lösungen für den Einzelfall (vgl. etwa *Preuß*, a.a.O., S. 216) werden erst bei Total-Revisionen diskutabel.

Ein in der deutschen Literatur kaum beachtetes Organisationsmodell für kulturelle Selbstverwaltung findet sich im schweizerischen „Bundesgesetz betreffend die Stiftung Pro Helvetia" vom 17. 12. 1965 (BBl. 1965, I, 1433). Der Staat hat zwar bei der Bestellung der Organe dieser öffentlich-rechtlichen Stiftung (Art. 1) ein Übergewicht (Art. 6 und 8), der Autonomie ist dagegen durch Beschränkung auf Rechtsaufsicht (Art. 13 II) und längere Amtsdauer der Organwalter (Art. 6 I) Rechnung getragen. Vgl. dazu und zu anderen Organisationsformen *Höfing-Skupnik*, Die Organisationsformen der Auslandskulturarbeit ausgewählter Staaten, passim.

[150] Zur Begriffsbildung z. B. *Goetz*, Recht der Wirtschaftssubventionen, S. 3—12; *Maunz*, Die staatliche Verwaltung durch Zuschüsse und Subventionen, BayVBl. 1962, S. 1.

[151] Vgl. für viele *Friauf*, Bemerkungen zur verfassungsrechtlichen Problematik der Subventionen, DVBl. 1966, S. 731; *Ipsen*, Öffentliche Subventionierung Privater, S. 462 f., 466, 498, 501 f.; *Köttgen*, a.a.O., S. 489; *Zacher*, Verwaltung durch Subventionen, VVDStRL 25 (1967) S. 318 ff. sowie Ls. A II. Aus der Rspr. z. B. BVerwG, NJW 1959, S. 1098, und NJW 1969, S. 522; OVG Saarland, DÖV 1959, S. 708; zurückhaltender BVerfGE 17, 210, 216.

[152] BVerwGE 23, 347, 350; 27, 360, 362 bez. Art. 7 IV GG.

[153] Die h. L. lehnt diese „rechtsschöpferische Umfunktionierung eines Freiheitsrechts" (so *Martens*, a.a.O., S. 127 f. Anm. 293) in ein Gewährleistungsrecht ab. Vgl. auch *Ipsen*, Verwaltung durch Subventionen, VVDStRL 25 (1967) S. 268; *Menger-Erichsen*, Höchstrichterliche Rechtsprechung zum Verwaltungsrecht, VerwArch 59 (1968) S. 275 ff.; *H. Weber*, Subventionierungspflicht des Staates zugunsten privater Schulen?, NJW 1966, S. 1798 ff.; *ders.*, Noch einmal: Grundgesetzlicher Anspruch auf Privatschulsubventionen?, JZ 1968, S. 779.

[154] Zur Schwierigkeit eines juristischen Verbände-Begriffs vgl. *Dagtoglou*, Der Private in der Verwaltung, S. 37 ff. Zur Abgrenzung von den politischen Parteien vgl. unten sub § 3 A II 1.

teten Staates definiert werden[155]. Die Beziehung scheint in Wirklichkeit aber wesentlich komplexer zu sein: So ist es erklärte Absicht von Interessenverbänden, die gruppen- oder verbandsegoistischen Ziele in solche des Staates transponieren zu wollen. Wer dabei von einem materialisierten Begriff des „öffentlichen" oder „allgemeinen" Interesses ausgeht[156], wird aber — setzen sich die Verbände nur durch[157] — Verbandsziele nicht mehr generell als partikular-egoistisch ausgeben können und muß entweder nach „Erfolgswert" differenzieren[158] oder das Verbandswesen zur Gänze aufwerten[159, 160].

Weitreichender aber ist die folgende Beziehung: Die Verbände sind mit dem konstitutionellen Entscheidungsprozeß faktisch („Lobby") und rechtlich („Anhörungsrechte") derart verzahnt, daß sie — ohne in dieser Wirksamkeit verfassungsmäßig „vorgesehen" zu sein — aus dem Verfassungsleben gar nicht mehr wegzudenken sind[161]. Ihre gesamtgesellschaftliche Position hat sich zudem auf Teilgebieten so ausgeweitet, daß schon seit längerem von „quasi-staatlichen" Funktionen der Verbände gesprochen und das Fehlen eines formalen Hoheitscharakters in sozialer Übermächtigkeit mehr als ausgeglichen angesehen wird[162]. Diese Position spitzt sich in einer staatsähnlichen Überlegenheit der Verbands-

[155] Für viele *H. Huber*, Staat und Verbände, S. 4, Anm. 8; *Kaiser*, Repräsentation, S. 339 ff.; *Wertenbruch*, Die rechtliche Einordnung wirtschaftlicher Verbände in den Staat, S. 621.

[156] Dazu unten sub § 3 B.

[157] Dazu BVerfGE 4, 7, 19.

[158] Vgl. *Herzog*, Das Verbandswesen im modernen Staat, S. 13 f.

[159] So vor allem *Krüger*, Staatslehre, S. 379 ff., 388 ff., 399 ff. Von den Verbänden wird deshalb z. B. verlangt, sich an der „Förderung des Gemeinwohls" auszurichten; z. B. *Wertenbruch*, a.a.O.

[160] Ebenso nahe liegt es freilich, einen spezifischen Begriff des „Gemeinwohls" oder „öffentlichen Interesses" als Unterscheidungsmerkmal zwischen staatlichem und privatem Bereich (auch deshalb) zurückzustellen. Dazu unten sub § 3 B.

[161] Zum Einfluß der Verbände auf Gesetzgebung, Regierung und Verwaltung vgl. für viele *Kaiser*, a.a.O., S. 280 ff. und *Kipp*, Entstehung, Aufgaben und Rechtsstellung von Hilfseinrichtungen von Regierung und Parlament, DÖV 1957, S. 513 ff. Während *Kaiser*, a.a.O., S. 292 f., in der Justiz „einen letzten Hort der Neutralität" gegenüber Interessengruppen sieht, nimmt *Werner*, Wandelt sich die Funktion des Rechtes im sozialen Rechtsstaat?, S. 160, auch hier „Querverbindungen", ja sogar eine „Schlüsselfunktion der Verbände in unseren öffentlich-rechtlichen Gerichtszweigen" wahr.
Rechtsvergleichende Hinweise z. B. bei *H. Huber*, a.a.O., S. 22 ff.; *Kaiser*, a.a.O., S. 275 ff., 288 ff. (Großbritannien, USA); *Klecatsky*, Interessenverbände und Parlament, S. 23 ff. (Österreich); *Ultmann*, Institutionelle Formen der Zusammenarbeit zwischen Staat und Wirtschaftsverbänden im Ausland, S. 56 ff.

[162] Für viele *J. Hirsch*, a.a.O., S. 30 f. Die kritischen Stellungnahmen faßt *Wittkämper*, Grundgesetz und Interessenverbände, S. 6, zusammen. Neuerdings wird die Verbände-„Oligarchie" auch als Symptom einer „Involutionstendenz" des demokratisch verfaßten zum autoritären Staatstyp verstanden. Vgl. z. B. *Agnoli*, Die Transformation der Demokratie, S. 10 f., 57 ff., 68 ff.

bürokratie gegenüber den auf Verbandsvertretung angewiesenen[163] Mitgliedern[164] zu.

Demgegenüber wird der „Schatten des Leviathan"[165] beschworen, nach „mehr Staat"[166] wird gerufen zur Bändigung solch „intermediärer Gewalten"[167], der staatsgleichen Wirksamkeit der Verbände sollen staatsgleiche Anforderungen entsprechen[168]: Die „Verfassungswirklichkeit" soll durch adäquaten Verbändestatus legitimiert werden[169].

II. Unterscheidung Privater nach Funktionen[170]

Die Unterscheidung von Staatsfunktionen bezieht sich — wenigstens im Grundsatz — nicht auf staatliche Aufgabenbereiche[171], sondern meint materiell-inhaltliche Beschreibung von staatlichen Tätigkeiten[172]. Auf „Tathandlungen"[173] reduziert, sind Staatsfunktionen aber dem Inhalt nach mit nicht-staatlichen Tätigkeiten vergleichbar. Umgekehrt werden vereinzelt private Tätigkeiten vom Staat als eigene anerkannt, so daß auch insoweit Privat- und Staatsfunktionen korrespondieren können.

1. Rechtsetzung

Die Delegation staatlicher Rechtsetzung auf Private wird zwar allgemein abgelehnt[174]; staatlich anerkannte, beleihungsähnliche Legislativfunktionen Privater finden sich gleichwohl: Beschränkt (soweit ersichtlich) auf „technisches Recht", können von Privaten festgesetzte Regeln kraft Gesetzes „automatisch in verbindliches staatliches Recht transformiert" werden[175]. Billigt man — mit BVerwG[176] — der Allgemeinver-

---

[163] Vgl. z. B. *Dagtoglou*, a.a.O., S. 167 ff.

[164] Vgl. *Herzog*, a.a.O., S. 9 ff.

[165] So *Loewenstein*, Verfassungslehre, S. 414.

[166] Z. B. *Herzog*, Der Mensch des technischen Zeitalters als Problem der Staatslehre, EvStL S. XXXVII; *Loewenstein*, a.a.O., S. 415.

[167] Vgl. z. B. *Eschenburg*, Herrschaft der Verbände?, S. 24; *W. Weber*, Spannungen und Kräfte, S. 163 u. passim.

[168] Vgl. unten sub § 5 C.

[169] Auf eine Diskrepanz zwischen Verfassung und Verfassungswirklichkeit stellt z. B. *H. Huber*, a.a.O., S. 13 ff. ab. Das geltende Verfassungsrecht kann nur den Anhängern der „Drittwirkungslehre" oder den Befürwortern eines allgemeinen, aktuellen Homogenitätsgebots genügen. Dazu unten sub § 5 C.

[170] Dazu auch unten sub § 2 D II 1.

[171] *Wolff*, Verwaltungsrecht I, § 17 I.

[172] *Zippelius*, Allgemeine Staatslehre, S. 131.

[173] *Vogel*, Öffentliche Wirtschaftseinheiten, S. 78.

[174] Vgl. oben bei Anm. 45—47.

[175] *Forsthoff*, Verwaltungsrecht, S. 73 mit Beispielen. Vgl. auch *Peters-Ossenbühl*, a.a.O., S. 53. Gemeint sind die rechtssetzenden Funktionen des Verbandes Deutscher Elektrotechniker e. V. (VDE) sowie des Deutschen Vereins von Gas- und Wasserfachmännern e. V. (DVGW) gem. § 10 EnergiewirtschaftsG vom 13. 12. 1935 (RGBl. I S. 1451) i. V. m. 2. DVO vom 31. 8. 1937

bindlicherklärung von Tarifverträgen Normcharakter zu, läßt sich weiterhin von fakultativer staatlicher Anerkennung privater Rechtsetzung als eigener sprechen, wobei den Privaten sogar eine „Herrschaft“ über staatliche Normen zukommt[177]. Auch ohne staatlich-gesetzliche Geltungsanordnung kann vereinzelt eine faktisch gesetzesgleiche Bindung staatlicher Behörden an private, generell-abstrakte Regelungen registriert werden[178], ein Vorgang, der — trotz beschworener Sachzwänge — rechtsstaatliche Bedenken provoziert[179]. Dem Inhalt nach haben schließlich auch die sogenannten „Allgemeinen Geschäftsbedingungen“ (AGB) als generell-abstrakte Regelungen Normcharakter, wenn ihnen auch normative Verbindlichkeit i. S. staatlicher Geltung fehlt[180].

2. *Rechtsprechung*

Rechtsprechung kann — materiell — als verbindliche Feststellung einer streitigen Rechtslage definiert werden[181]. Auch wenn die h. M. den Begriff der „rechtsprechenden Gewalt“ (Art. 92 GG) in „materieller“ Weise interpretiert[182] und deren „traditionelle Kernbereiche“[183] den

---

(RGBl. I S. 918) bzw. 4. DVO vom 7. 12. 1938 (RGBl. I S. 1732). *Krüger*, Rechtssetzung und technische Entwicklung, NJW 1966, S. 617 ff., schlägt gänzliche Ausgliederung der „technischen Normsetzung“ (S. 624) aus der parlamentarischen Zuständigkeit vor und Übertragung an „besondere Körper“ (a.a.O.).

[176] BVerwG AP Nr. 6 u. 7 zu § 5 TVG. Den Meinungsstand geben *Hueck-Nipperdey-Stahlhacke*, Tarifvertragsgesetz, Rdnr. 48 ff. zu § 5 TVG wieder.

[177] § 5 IV TVG! Zum Fragenkreis auch unten sub § 5 C I.

[178] Vgl. z. B. die „Grundsätze“ des „RAL beim deutschen Normenausschuß e. V.“ für Gütezeichen, die von Vertretern der Interessenverbände und Bundesministerien sowie des Deutschen Patentamtes auf freiwilliger Basis erarbeitet und vom Deutschen Patentamt in ständiger Praxis wie Normen akzeptiert werden. Dazu *Nicklisch*, Gesetzgebung und Verwaltung durch Verbände?, ZRP 1968, S. 36 ff. Ähnlich aber auch die „VDI-Richtlinien“ des Vereins Deutscher Ingenieure zu § 16 III GewO, die von den Gewerbeaufsichtsämtern dem Genehmigungsverfahren regelmäßig zugrunde gelegt werden; vgl. *Forsthoff*, a.a.O. Auch die Richtlinien des Deutschen Sportbundes e. V. (DSB) für Einrichtungen des Sports legen die deutschen Kultusverwaltungen den Entscheidungen über staatliche Bezuschussung in ständiger Praxis zugrunde.

Da der Rückzug hinter Beschlüsse sachverständiger Interessenten statt staatliche Normen gegenüber öffentlicher Kritik zu immunisieren verspricht, scheint die öffentliche Verwaltung solchem Verfahren besonders aufgeschlossen zu sein.

[179] Vgl. z. B. *Nicklisch*, a.a.O.; *Peters-Ossenbühl*, a.a.O.

[180] Vgl. z. B. *Krause*, Allgemeine Geschäftsbedingungen und das Prinzip des sozialen Rechtsstaates, S. 293 ff., 304 ff.; *Larenz*, Schuldrecht, Allgemeiner Teil, S. 93 ff.

[181] Vgl. z. B. *Wolff*, a.a.O., I, § 19 I b. BVerfG, NJW 1967, S. 1219 f. (= E 22, 49, 73 ff.) weist die Unzulänglichkeit der gängigen Begriffsbestimmungen nach und beschränkt sich selbst auf eine historische Betrachtungsweise (S. 1220).

[182] Für viele *v. Mangoldt*, Das Bonner Grundgesetz, Vorbem. 3 a zu Art. 92. So auch BVerfG, NJW 1967, S. 2219 sowie z. B. BAG, NJW 1968, S. 318.

[183] BVerfG, NJW 1967, S. 1220; NJW 1969, S. 1621.

staatlichen Gerichten vorbehält[184], ist Rechtsprechung — inhaltlich verstanden[185] — keineswegs auf den staatlichen Bereich beschränkt[186]. Die Rechtsordnung hat „private Rechtsprechung" auch positiv vorgesehen[187]. Der kodifizierte Bereich des schiedsrichterlichen Verfahrens ist in der Praxis durch Vereins-, Verbands- und Betriebsjustiz freilich längst überschritten; in einer Art „Selbstverwaltung"[188] erscheint Rechtsprechung zunehmend unter privater Regie[189].

3. *Verwaltung*

Verwaltung wird — materiell verstanden — zum uferlosen Begriff[190], weshalb hier auf Private als Funktionsträger „öffentlicher" Verwaltung[191] zu beschränken ist[192]. So eindeutig sich aber z. B. noch die sogenannten „Beliehenen" als „vom Staat als eigene anerkannte"[193] öffentliche Verwaltung bestimmen ließen, wurden doch schon „graue" Verwaltungszonen[194] wahrgenommen, die, ohne im organisationsrechtlichen Sinne „öffentliche" Verwaltung zu sein, immerhin an faktisch- bzw. „quasi-öffentliche" Ersatz- oder Nebenverwaltung denken lassen[195, 196]. Sie können, wie bei einem Teil der auslandsbezogenen Kulturorganisationen[197], sogar zu Ersatz-„Regierung" werden und nähern sich damit

[184] Dazu auch oben bei Anm. 44.

[185] Vgl. oben in Anm. 181.

[186] Und daher von der Kompetenznorm des Art. 92 GG nicht global erfaßt. Vgl. BVerfG, NJW 1967, 1220, wonach Art. 92 GG sowohl „Organisations"- als „Aufgaben"-Zuweisungsnorm sei.

[187] §§ 1025 ff. ZPO; §§ 101 ff. ArbGG.

[188] So *Meyer-Cording*, Betriebsstrafe und Vereinsstrafe im Rechtsstaat, NJW 1966, S. 227. Ähnlich BAG, a.a.O.

[189] Dazu z. B. *H. Huber*, S. 29; *Meyer-Cording*, a.a.O.; *ders.*, Die Vereinsstrafe, Tübingen 1957; *Neumann*, Die Rechtsgrundlage von Betriebsstrafenordnungen, RdA 1968, S. 250 ff.; *Wittkämper*, a.a.O., S. 203 f. Kritisch zur Rechtsprechung in extra-konstitutionellen Gewaltverhältnissen z. B. *Lent-Jauernig*, Zivilprozeßrecht, § 94 I; *Meyer-Cording*, a.a.O., NJW 1967, S. 230 f.; BAG, a.a.O., nimmt auch insoweit, ähnlich einer Drittwirkung, analoge Geltung fundamentaler Verfahrensgrundsätze an. So auch *Maunz-Dürig-Herzog*, a.a.O., Art. 103, Rdnr. 120 bezüglich Art. 103 II GG.

[190] Vgl. z. B. *Wolff*, a.a.O., I, § 2 II.

[191] Vgl. *Wolff*, a.a.O. Konturlos muß dagegen jedes Abstellen auf „engen Zusammenhang mit den Staatsaufgaben" bleiben, sofern nicht gleichzeitig der Staatsaufgabenbegriff präzisiert wird. Vgl. aber z. B. *W. Jellinek*, Verwaltungsrecht, S. 20.

[192] Dazu auch oben sub I 1 a—c.

[193] Vgl ,.auch oben sub II 1.

[194] Nach *Preuß*, a.a.O., S. 215.

[195] Vgl. oben sub I 6 a, b.

[196] Rechtsstaatlich problematisch wird es dagegen, wenn der Staat Private wie Beliehene anerkennt, ohne sie in erforderlicher Weise (insbes. gesetzlich) etabliert zu haben. So — mit Beispielen — z. B. *Nicklisch*, a.a.O., und *Zacher*, a.a.O. (vgl. oben sub I 1 c).

[197] Vgl. oben bei Anm. 141.

einem weiteren Bereich „quasi-politischer" Organe mit Regierungsfunktionen[198], als die vor allem private oder halb-öffentliche Institutionen der politischen Planung bezeichnet werden[199, 200].

C. Ergebnis

Der Rechtsbegriff der staatlichen oder öffentlichen Aufgaben ist in Lehre und Rechtsprechung kaum geklärt oder doch höchst kontrovers. Er wird zumeist zur Beschreibung der staatlichen Aktionssphäre herangezogen.

Der Sonderstatuts bestimmter nicht-statlicher Institutionen wird zwar häufig auf Erfüllung staatlicher bzw. öffentlicher Aufgaben zurückgeführt. Schon in prozessualer Fragestellung verkürzt er sich jedoch auf entweder Teilhabe an der staatlichen Sonderrechtsordnung oder staatliche Anerkennung privater Rechtsakte als eigene. Auch entspricht der Erfüllung „gemeinwesen-relevanter" Aufgaben durch Private nur in Ausnahmefällen ein rechtlicher Sonderstatus.

---

[198] Nach *Böckenförde,* Die Organisationsgewalt im Bereich der Regierung, S. 259.

[199] Planung wird zumeist als Prärogative der Verwaltung verstanden; vgl. z. B. *Herzog,* Gesetzgeber und Verwaltung, VVDStRL 24 (1966) S. 201 ff., 209 (Ls. 17). *Kaiser,* Exposé einer pragmatischen Theorie der Planung, S. 25 f., sieht dagegen zwischen Gesetzgebung und Verwaltung eine neuartige „Plangewalt" angesiedelt.

[200] Vgl. z. B.: Sachverständigenrat zur Begutachtung der gesamtwirtschaftlichen Entwicklung (vgl. Bundesgesetz vom 14. 8. 1963, BGBl. I, S. 685); Wissenschaftsrat (vgl. Verwaltungsabkommen über die Einrichtung eines Wissenschaftsrates vom 5. 9. 1957 zwischen Bundesregierung und den Länderregierungen; z. B. in BAnz. Nr. 200 vom 17. 10. 1957); Deutscher Bildungsrat (vgl. Verwaltungsabkommen über die Errichtung eines Deutschen Bildungsrates vom 15. 7. 1965 zwischen Bundesregierung und Länderregierungen; z. B. in NRW GVBl. 1966, S. 74). Dazu *Böckenförde,* a.a.O., S. 257 ff. und *Grawert,* Verwaltungsabkommen zwischen Bund und Ländern in der Bundesrepublik Deutschland, S. 242, 257, 275 ff. sowie unten sub § 5 C II 2.

Der sog. „Ostausschuß" der deutschen gewerblichen Wirtschaft entfaltet z. B. außenpolitische Aktivitäten anstelle, aber oft in Absprache mit einer völkerrechtlich oder politisch gehinderten Bundesregierung und schließt u. a. Verträge mit osteuropäischen Staaten ab, die an sich dem Bereich völkerrechtlicher Beziehungen zufallen würden. Vgl. z. B. *Evers,* Verbände — Verwaltung — Verfassung, Der Staat 3 (1964) S. 57 mit Anm. 69; *Wittkämper,* a.a.O., S. 198 f., der insoweit von „Notamtsträgern" spricht.

Durch die sog. „konzertierte Aktion" sind Private auch „Träger der staatlichen Wirtschaftspolitik" geworden; vgl. *Röper,* Zur Frage nach den Trägern der Wirtschaftspolitik, ZgesStW 1968, S. 753, sowie insbes. unten sub § 5 B II 2.

§ 2 Staatsaufgaben und Staatsbegriff

A. Staatsaufgaben als Rechtsbegriff[1]

„Staatlicher Bereich", verstanden als Inbegriff staatlicher Aufgaben, meint den Bezirk staatlicher Wirksamkeit. Sein Rechtsbegriff muß die normativen Ziele und Grenzen und damit — im letzten — die „Zwecke" des Staates bezeichnen. „Staatlicher Bereich" bzw. „Staatszwecke" müßten damit Teil eines umfassenden, juristischen Staatsbegriffs sein, der mehr als nur die Konstitution des Staates, nämlich auch seinen „Aktionsbereich" normiert.

I. Zur Lehre vom sog. „Staatszweck"

Um so mehr muß es überraschen, daß im Staatsrechtsdenken der neueren Zeit die Lehre vom Staatszweck ihren angestammten Platz innerhalb der Staatslehre[2] verloren hat[3] bzw. die Erheblichkeit des Staatszwecks für den Staatsbegriff geleugnet wird[4].

1. Standort

Die Lehre vom Staatszweck galt von ihren Anfängen bis etwa ins 18. Jahrhundert als selbstverständlicher Bestandteil der Staatswissenschaften[5]. Dem Standort der Staatslehre — nach der damaligen wissen-

---

[1] Zum Gang der Untersuchung vgl. oben sub § 1 A a. E.

[2] Dazu dogmengeschichtlich z. B. G. *Jellinek*, Allgemeine Staatslehre, S. 230 ff., 239 ff.

[3] *Häberle*, Allgemeine Staatslehre, Verfassungslehre oder Staatsrechtslehre?, ZfP 1965, S. 388, bezeichnet die Staatszwecklehre nur noch als „Fossil". *Krüger*, Allgemeine Staatslehre, S. 759 ff., lehnt eine Staatszwecklehre als Rechtfertigungslehre einer „instrumentalen Staatsauffassung" (a.a.O., S. 759) ab und bietet statt dessen den Grundsatz der „Nicht-Identifikation" (a.a.O., S. 760 ff.) an, kombiniert mit staatlicher Gemeinwohlbildung (a.a.O., S. 763 ff.).

[4] Vgl. unten sub 2. Dazu schon G. *Jellinek*, a.a.O., S. 230. Dagegen verbirgt sich nach *Heller*, Staatslehre, S. 200, „hinter der Frage nach dem Staatszweck nicht nur ein bedeutsames, sondern — richtig gestellt — das für die Staatslehre fundamentalste Problem". *Smend*, Verfassung und Verfassungsrecht, S. 160, nennt die Lehre vom Staatszweck „ein Hauptstück des modernen staatstheoretischen Denkens". Sie wird gleichwohl bei *Loewenstein*, Verfassungslehre, gar nicht, im EvStL nur am Rande (z. B. Sp. 2123, 2284) erwähnt.

[5] Vgl. z. B. *Hennis*, Zum Problem der deutschen Staatsanschauung, S. 76 f.; G. *Jellinek*, a.a.O., S. 242 ff.; *Zippelius*, Allgemeine Staatslehre, S. 56 ff. (§§ 12 ff.).

schaftlichen Systematik — in der „praktischen Philosophie“[6] entsprach ein keineswegs nur auf juristische Fragestellungen zugeschnittenes Verständnis der Staatszwecke, was ihre „innige Verknüpfung“[7] mit der fundamentalen, theoretischen *Rechtfertigung* des Staates erklärt. Fixpunkte der älteren Staatslehre waren deshalb die „salus publica“ bzw. das „gemeine Beste“[8]. Wenn dabei auch meta-juristische Vorstellungen vom Staatszweck überwogen[9], entwickelten daraus zumal die Naturrechtslehren der Neuzeit eine unmittelbare staatsrechtliche Dogmatik[10].

2. *Kritik*

Während die naturrechtliche Staatszwecklehre im anglo-amerikanischen Rechtskreis kontinuierlich fortentwickelt wurde[11], so daß sie noch in der Gegenwart praktische Auswirkungen zeitigen kann[12], verlor sie im deutschen Staatsdenken des 19. Jahrhunderts nicht nur ihre zentrale Position, sondern wandelte sich mitunter gar zur negativen Symbolfigur des bekämpften spät-absolutistischen Wohlfahrtsstaats[13] und einigte — insoweit — eine kritische Fronde recht unterschiedlicher Pro-

---

[6] *Hennis*, a.a.O., S. 76.

[7] Nach G. *Jellinek*, a.a.O., S. 230.

[8] Für das deutsche Staatsdenken gibt dazu W. *Merk*, Der Gedanke des gemeinen Besten in der deutschen Staats- und Rechtsentwicklung, passim, einen rechtshistorischen Überblick. Dazu insbes. unten sub § 3 B. Vgl. auch noch *Peters*, Art. Staat, StL S. 532, der als „absoluten“ Staatszweck die „Verwirklichung des Gemeinwohls“ nennt.

[9] Vgl. G. *Jellinek*, a.a.O., S. 242 ff., und *Peters*, a.a.O., zu den sog. „ethischen“, „eudämonistischen“, „utilitaristischen“ u. a. Staatszwecklehren.

[10] Vgl. z. B. *Pufendorf*, De Iure Naturae et Gentium libri octo, 7 VI, § 10, der aus dem Staatszweck („ratio status“) Limitierungen der „suprema potestas“ entwickelt; z. B. a.a.O., 7 IX. Die historisch-spekulative Absicherung der Staatsraison in einer, für das Naturrechtsdenken typischen Vertragstheorie (bei *Pufendorf* insbes. a.a.O., 7 II, §§ 7 f.) rückt *Pufendorf* selbst in die Nähe einer Arbeitshypothese; vgl. a.a.O., 7 II, § 8.

[11] Für viele *Ehmke*, „Staat“ und „Gesellschaft“ als verfassungstheoretisches Problem, S. 32 f., sowie *Hennis*, a.a.O., S. 79 ff.

[12] In den USA insbes. beim Verfassungskonflikt um die Zuständigkeit für Wirtschaftsfragen; dazu vor allem *Ehmke*, Wirtschaft und Verfassung, S. 127 ff., 289 ff. Aus dem Staatszweck, für die „öffentliche Wohlfahrt“ zu sorgen, wurde eine „natürliche“ Zuständigkeit für Wirtschafts- und Sozialgesetzgebung (als sog. „politic“ bzw. „police power“) abgeleitet. Begriff und Inhalt von „police power“ werden z. T. unmittelbar auf *John Locke* zurückgeführt; vgl. *Locke*, The Second Treatise of Government, IX, 131 und XI, 142; dazu *Ehmke*, a.a.O., S. 129 f. Auch das Grundrechtsverständnis ist mehr von zweck-rationalem Staatsverständnis als von der — kontinentalen — Formel: „The Man versus the State“ geprägt; vgl. z. B. *Ehmke*, a.a.O., S. 675 f.; *Hennis*, a.a.O., S. 80; sowie z. B. Chief Justice *Hughes* in Home Building & Loan Ass'n v. Blaisdell, 290 U.S. (S.C.) 398, S. 442.

[13] Ideengeschichtlich vor allem bei E. *Kaufmann*, Kritik der neukantischen Rechtsphilosophie, S. 92 ff., dargestellt. Vgl. auch *Ehmke*, „Staat“ und „Gesellschaft“, S. 35 f., der überdies fortwirkende naturrechtliche Traditionen im staatsrechtlichen Positivismus des 19. Jahrhunderts nachweist, vgl. a.a.O., S. 32 ff., sowie unten in Anm. 16.

venienz. Was so im nordamerikanischen Verfassungsleben der Begründung liberaler Dogmen dienen konnte, wurde hier, zumal in der pervertierten Gestalt der „Staatsraison“[14], als „traditionell anti-freiheitlich“[15] empfunden[16].

Nur in wenigen, aber wichtigen Beispielen soll im folgenden dogmatischen Begründungen der Leugnung eines spezifischen Staatszwecks nachgegangen werden.

a) Staat als Selbstzweck

Vorbereitet von deutschem Idealismus und historischer Rechtsschule[17] entwickelten die sogenannten „Organismustheorien“[18] eine Staatsanschauung, die, in Abkehr vom aufklärerischen Rationalismus[19], den Staat als „organische Erscheinung des Volkes“[20], als „lebendiges Ganzes“[21] sah. Dem Organismus „Staat“ mußten ferngesteuerte Zwecke fremd sein: Weil er nicht — wie im Naturrecht — Produkt eines auf die Individualrechte und -interessen rückbezogenen Denkens, sondern apriorische Realität sein soll[22], kann der Staat nur sein eigener Zweck sein[23]. Für einen Rechtsbegriff der Staatszwecke bleibt kein Raum mehr[24].

b) *Carl Schmitt*

Mit ganz anderer Grundlegung wird auch in der — freilich nicht immer homogenen — Staatstheorie *C. Schmitt's* der Staat spezifischer

[14] Der Staatszweck schrumpft auf die „Zwangsläufigkeiten“ im politischen Handeln zusammen; vgl. z. B. *Meinecke*, Die Idee der Staatsraison in der neueren Geschichte, S. 369. Das konnte zu Absonderlichkeiten führen wie: „Der ursprünglichste Staatszweck aber ist die Kriegsführung“ (*Ernst Mayer*, Die Staatsziele im Wandel der Geschichte, S. 149).

[15] *Häberle*, Rezension, DÖV 1969, S. 151.

[16] Ansätze für die gegenläufige Fortentwicklung im deutschen und nordamerikanischen Staatsdenken lassen sich schon in *Pufendorf's* Staatslehre nachweisen: So schuf die Substituierung einer überindividuellen „Staatsperson“ durch die „Herrscherperson“ latent die Möglichkeit zum Austausch von „Staatsräson“ gegen „Herrscherräson“; vgl. *Pufendorf*, a.a.O., 7 V, §§ 14—19; dazu auch *Welzel*, Die Naturrechtslehre Samuel Pufendorfs, S. 60 ff. Umgekehrt vermochte die Lehre von der im Staatszweck gebundenen „suprema potestas“ zur Begründung freiheitlicher Doktrinen beizutragen; vgl. *Pufendorf*, a.a.O., 7 IX; dazu *Welzel*, a.a.O., S. 46 ff.

[17] Dazu besonders *Häfelin*, Die Rechtspersönlichkeit des Staates, S. 105 ff.

[18] Vor allem: Johann Caspar Bluntschli, Otto Bähr, Otto von Gierke, Edmund Bernatzki und Hugo Preuß; vgl. dazu *Häfelin*, a.a.O.; *G. Jellinek*, a.a.O., S. 148 ff., 232 ff.

[19] *Häfelin*, a.a.O., S. 110.

[20] *E. Wolf*, Große Rechtsdenker der deutschen Geistesgeschichte, S. 506.

[21] *Zippelius*, Allgemeine Staatslehre, S. 14.

[22] Vgl. dazu z. B. *E. Wolf*, a.a.O., S. 483.

[23] Z. B. *Adam Müller*, Die Elemente der Staatskunst, Bd. 1 S. 48.

[24] Dazu eingehend *Hespe*, Zur Entwicklung der Staatszwecklehre in der deutschen Staatsrechtswissenschaft des 19. Jahrhunderts, S. 16 ff.

Zwecke entleert. Was *C. Schmitt* zunächst nur für den demokratischen Staat postuliert[25], soll später allgemein gelten[26]: Weil das Staatliche i. S. des Politischen keine eigene Substanz hat, ist dem Staat „potentiell jedes Gebiet“[27] zugänglich. Im Totalitarismus des Staates wäre es müßig, nach seinen spezifisch-rechtlichen Zwecken zu fragen.

c) *Hans Kelsen*

Hans Kelsen schließlich klammert den Staatszweck aus dem Bereich normativer Fragestellungen aus, weil er die Überfremdung des Rechts durch meta-juristische Begriffe hindern möchte. Welche Zwecke „mit dem sozialtechnischen Mittel ‚Staat‘ verfolgt werden sollen“[28], sei eine „politische“, nicht aber rechtliche Frage. *Kelsen* leugnet also nicht die Zweckhaftigkeit des Staates, verzichtet aber darauf, danach zu fragen[29]. Diese Einschränkung soll die „Reinheit“ des Rechts gegenüber metarechtlicher „Verengung“[30] gewinnen helfen. Sobald aber die staatlichen Zwecke selbst „Rechtsform“[31] erlangt haben, können sie wieder zum Gegenstand der Staatslehre aufsteigen. Die Zwecke des Staates resultieren somit ausschließlich aus der Rechtsordnung.

Der Gewinn der Lehre *Kelsen's* liegt daher im Formalen[32]: Weil der Staat ein „König Midas“[33] ist, in dessen Händen alles zu Recht wird, ist die „Fundstelle“ der Staatszwecke eindeutig bezeichnet.

II. Stellungnahme

Die Diskussion über die Staatszwecke verläuft — mit viel Engagement — auf dem hohen Niveau „letzter“ Erkenntnis der staatlichen Existenz, ihrer Rechtfertigung und ihres Telos. Was hier mit Staatszweck gemeint sein soll, vermag sich jedoch m. E. „unterhalb“ des Theorienstreits zu etablieren. Der Staatszweck in seiner Relation zum staatlichen Bereich, hat allein das *rechtlich* Mögliche oder Gesollte der staatlichen Herrschaft zu bezeigen. Wie auch immer das Telos des Staates genannt wird, muß es, soweit damit rechtlich Verbindliches gemeint ist, jedenfalls der Rechtsordnung immanent sein, weil anders die nor-

---

[25] Der Begriff des Politischen, S. 24.

[26] Positionen und Begriffe, S. 140 f.

[27] Der Begriff des Politischen, S. 24.

[28] Allgemeine Staatslehre, S. 39.

[29] a.a.O.

[30] a.a.O., S. 40.

[31] a.a.O., S. 43.

[32] Vgl. z. B. *H. Huber*, Niedergang des Rechts und Krise des Rechtsstaates, S. 59 ff.; *Lerche*, Übermaß und Verfassungsrecht, S. 44 Anm. 72.

[33] *Kelsen*, a.a.O., S. 44.

mative Beurteilung der staatlichen Agenden nicht stattfinden kann[34]. Ein „relatives“[35] Verständnis der Staatszwecke beschränkt sich also darauf, die — unbestrittenen[36] — normativen Grenzen der Staatsgewalt auszuloten[37], ohne das Augenmerk ausschließlich auf die „äußeren“ Bedingungen (Schranken, Grenzen i. e. S.) staatlicher Reichweite zu richten, sondern ebenso — „von innen“ — die Rechtmäßigkeit staatlicher Zielsetzung zu erkunden. Ein Begriff des staatlichen Bereichs, nämlich, der nur (negativ) auf Schranken abstellt[38], wird die zumal im Sozialstaat[39] essentielle, immerwährende Neu-Formulierung partikularer staatlicher Ziele mit der Folge permanenter Grenzverschiebung des staatlichen Aufgabenbereichs nicht recht erklären können.

III. Ergebnis

Die normativen Ziele und Grenzen des Staates sowie die Regeln über die legitime Fortschreibung des staatlichen Bereichs müssen als „relativer“ Staatszweck[40] einem umfassenden Rechtsbegriff des Staates zugehören.

B. Zum Begriff der Aufgabe

I. Die Wortbedeutung

1. In der Allgemeinsprache

Da philologische Auslegung (unmittelbar) nur die äußeren Grenzen juristischer Auslegung festzulegen vermag[41], sind die Variablen der All-

---

[34] Ähnlich z. B. *K. H. Klein*, Die Übertragung von Hoheitsrechten, S. 20 ff. Die Nähe zur Formel *Kelsen's* (s. o. sub I 3 c) resultiert aus der Beschränkung auf das Normative, ohne jedoch notwendig deren dogmatische Festlegung teilen zu müssen. Vgl. dazu auch unten sub § 3 B I und E II.

[35] Gegenüber *G. Jellinek's* Theorie der „relativen Staatszwecke“ (vgl. *ders.*, a.a.O., S. 250 ff.) sind hier nicht entweder apriorische oder historische (a.a.O., S. 250), „wesentliche“ Staatszwecke gemeint. Es soll lediglich bezeichnet werden, was, in der Art einer „genetischen“ Formel, die normative Verifizierbarkeit der Staatszwecke ermöglicht. Dazu vor allem unten sub § 3 B I 2.

[36] Vgl. aber oben sub I 3 b.

[37] Vgl. z. B. *K. H. Klein*, a.a.O., S. 21 m. w. N.

[38] So z. B. *K.H. Klein*, a.a.O., S. 22 ff., der für den Staat des GG die folgenden Staatszwecke nennt: Zuerkennung der Grundrechte, Rechtsstaat, Demokratie, Schutz von Eigentum und Familie.

[39] Dazu unten sub § 4 B.

[40] Der hier vorgeschlagene Begriff wird zugegebenermaßen seinem herkömmlichen Verständnis entfremdet. Es ist deshalb naheliegend, ihn — mit *Häberle*, a.a.O. — durch speziellere Fragestellungen (Abgrenzung von öffentlichen, privaten und staatlichen Aufgaben, *Häberle*, a.a.O.) zu ersetzen. Vgl. auch *Hespe*, a.a.O., S. 61, der, mit Blick auf *Smend*'sches Staats- bzw. Verfassungsverständnis, die Staatszwecke „Fluchtpunkte“ nennt, „auf die hin der Prozeß der gesellschaftlichen Einigung sich vollzieht“.

[41] Vgl. z. B. *Engisch*, Einführung in das juristische Denken, S. 73, 77 f., 82 f.;

gemeinsprache erst noch in Rechtsbegriffs-Inhalten zu vereindeutigen. Die unterschiedlichen Wortbedeutungen von „Aufgabe" im allgemeinen Sprachgebrauch[42] lassen sich dabei im Ausscheideverfahren auf zwei Bedeutungsgruppen beschränken, die eine Fortsetzung im juristischen Sprachgebrauch erwarten lassen: „Aufgabe" kann — auch als „aufgeben" — zunächst i. S. von „Anordnung" Determinierung jemandes Tätigkeit „von außen" meinen[43]. „Aufgabe" rückt damit in die Nähe von „Auftrag", wobei die Pflichtkomponente, das Imperative überwiegen. Daneben kann „Aufgabe" aber auch „Anvertrauen", „treuhänderisches Überlassen"[44] oder „Übergeben"[45] bedeuten, um dann mehr auf „Befugnis" zu zielen[46].

2. *In der Gesetzessprache*

Als Rechtswort[47] meint „Aufgabe" zumeist „Kompetenzzuweisung"[48]. Nur vereinzelt werden damit Befugnisse und Pflichten beschrieben[49], so daß die Beschränkung auf die öffentlich-rechtliche Kompetenzordnung überwiegt[50, 51].

Ohne gleichzeitig Kompetenzzuweisung zu sein, kann „Aufgabe" auch nur „Tätigkeitsbereiche" beschreiben. Der Rechtsbegriff soll dann primär „Wirkungskreise" garantieren, nicht unmittelbar Befugnisse schaffen. Die vom Verfassungsrecht vorgesehene Position von Presse und politischen Parteien wird zumal von einfachen Gesetzgeber häufig in dieser Weise umschrieben[52].

Larenz, Methodenlehre der Rechtswissenschaft, S. 181 ff., sowie die Rechtsprechungsnachweise bei *Leibholz-Rinck*, a.a.O., Einführung Anm. 4.

42 Nachweise bei *J.* und *W. Grimm*, Deutsches Wörterbuch I, Sp. 649, 651 f.; *Sanders*, Handwörterbuch der deutschen Sprache, S. 44; *Trübner's* Deutsches Wörterbuch I, S. 143 f. Vgl. z. B. Aufgabe eines Rätsels, Problems, Briefes, Geschäfts, Auftrags, Vorhabens, einer Festung, des Lebens usw.

43 Nachweise bei Anm. 42.

44 *Sanders*, a.a.O.

45 *J.* und *W. Grimm*, a.a.O., Sp. 651.

46 Als Einräumung einer Rechtsposition vgl. das „Aufgeben eines Lehens"; dazu *Trübner*, a.a.O., S. 144, sowie Deutsches Rechtswörterbuch I, Sp. 869 f.

47 Dazu vor allem Deutsches Rechtswörterbuch I, Sp. 867 ff.

48 Vgl. aber auch die programmatische Verwendung in Landesverfassungen; z. B. Art. 1 II 1 Verfassung des Landes Baden-Württemberg; Art. 25 I, 26, 57 Verfassung von Berlin; Art. 35 II, 38 I Verfassung des Landes Hessen; Art. 43 Verfassung des Saarlandes.

49 Z. B. § 111 AktienG.

50 Vgl. z. B. Art. 30 und 91 a GG; § 163 StPO; § 91 HandwO; Polizeiaufgabengesetze u. a. Vgl. auch vor Art. 74 Verfassung für Rheinland-Pfalz und vor Art. 60 Verfassung des Saarlandes.

51 Nur der Vollständigkeit halber ist auf Begriffsverwendungen hinzuweisen, wie: Aufgabe von Besitz (§ 856 I BGB) oder Aufgabe zur Post (§ 175 I 3 ZPO).

52 § 1 I 2 ParteienG, Art. 27 Verfassung von Berlin; vgl. auch die Pressegesetze der Länder (z. B. § 3 II Bay. Gesetz über die Presse vom 3. 10. 1949, GVBl. S. 243).

3. *„Staatliche Aufgaben"*

Dem Wort: „Aufgabe" kommen in Allgemein- wie Gesetzessprache somit unterschiedliche Bedeutungsinhalte zu. Der schon eingangs[53] auf die Frage nach dem staatlichen Bereich eingeengten Problemstellung scheint unmittelbar nur die zuletzt erwähnte Wortbedeutung zu entsprechen — als Bezeichnung eines zugleich garantierten und limitierten Aktionsradius des Staates. Sie mag auch den hier naheliegenderen Fragen nach „Zweck", „Ziel" u. ä. des Staates zugänglicher sein, als ein Verständnis der Staatsaufgaben als „Befugnisse" oder „Pflichten". Andererseits wird das Telos staatlicher „Agenden"[54] von Enumeration der staatlichen Einzelbefugnisse bzw. -pflichten nicht zu trennen sein, und zwar schon der empirischen Umgrenzung staatlichen Wirkens wegen, so daß der Beziehung zwischen „Aufgaben" (als Beschreibung der staatlichen Interventionssphäre) und „Kompetenzen" (als Bezeichnung der staatlichen Einzelbefugnisse) noch weiter nachzugehen ist.

II. Aufgabe und Kompetenz

1. *Begriff der Kompetenz*

Als Kompetenzen werden Einzelzuständigkeiten und -befugnisse bezeichnet, die sich in den Inter- u. Intraorganverhältnissen einer arbeitsteiligen Gesamtorganisation (Staat) entfalten[55]. Wenn Staatslehre als Theorie der Ausübung, Verteilung und Kontrolle von politischer Macht verstanden wird[56], kommt deshalb den Kompetenzen staatstheoretische Priorität zu[57].

Kompetenznormen schaffen dagegen so wenig Rechtspflichten der zuständigen Organe, die zugewiesenen Befugnisse auszunützen, wie sie auch nicht subjektive Rechte *auf* die Kompetenz garantieren können (str.)[58]; sie besagen also nichts darüber, *daß* (überhaupt) und *wie* die zugewiesenen Regelungsbereiche zu gestalten sind[59].

---

[53] Bei § 1 Anm. 1.

[54] Vgl. z. B.den Sprachgebrauch bei *Lerche*, Verfassungsfragen um Sozialhilfe und Jugendwohlfahrt, S. 14; *Martens*, Öffentlich als Rechtsbegriff, S. 117, 124, 131, 135; *Preuß*, Zum staatsrechtlichen Begriff des Öffentlichen, S. 79.

[55] Vgl. z. B. *Dreier*, Art. Organlehre, EvStL Sp. 1429; *Forsthoff*, Verwaltungsrecht, S. 418 ff.; *G. Jellinek*, System der subjektiven öffentlichen Rechte, S. 227; *Wolff*, a.a.O., II, § 72 II a.

[56] Besonders ausgeprägt in der anglo-amerikanischen Staatswissenschaft; vgl. z. B. *Löwenstein*, Verfassungslehre (in der Originalausgabe: „Political Power and the Governmental Process").

[57] Vgl. z. B. *Hesse*, Grundzüge, S. 183 f.

[58] *Forsthoff*, a.a.O., S. 420; *G. Jellinek*, a.a.O., S. 227, 231; sehr str.: a. A. — für viele — *Wolff*, a.a.O. Rechtspflichten können erst aus der Verbindung mit anderen Normengruppen resultieren; z. B. Art. 74 Ziff. 1 GG i. V. m. Art. 6 IV GG (so *Maunz-Dürig-Herzog*, a.a.O., Art. 70 Rdnr. 2). Zum subjektiven Recht des Organs kann objektives Organisationsrecht aber durch Einräu-

2. *Abgrenzung zur „Aufgabe"*

a) „Folgeverhältnis"

Wer mit „Aufgabe" nicht schon unmittelbar „Kompetenz", sondern — allgemeiner — „Wirkungsbereich" meint[60], könnte zwischen beiden Begriffen ein logisches Folgeverhältnis wahrnehmen. Zumal, wenn die staatlichen Aufgaben als fixer, inhaltlich bestimmbarer Begriff verstanden und damit als „materialisierbarer", d. h. gegenständlich abgrenzbarer „staatlicher Bereich" apostrophiert würden[61], können die Kompetenzen von Staatsorganen sich erst im vorauszudenkenden (apriorischen) staatlichen Aufgabenbereich realisieren. Aufgaben und Kompetenzen wären dann heterogene Begriffe in der Art von „Inhalt" und „Form".

Die Aufgaben des Staates sind — unter diesen Voraussetzungen — aber auch mehr als die Summe seiner Einzel-Kompetenzen[62], weil diese allein bestimmen können, *wer* im Rahmen einer vorgegebenen staatlichen Agenda regelungsbefugt ist. Das Folgeverhältnis ist allerdings selbst dann mehr als „Wechselverhältnis" zu verstehen, da die staatlichen Agenden ihrerseits ein solches „Kompetenzgeflecht" voraussetzen[63].

b) Kompetenznormen der Verfassung

Vom beschriebenen Folgeverhältnis abgesehen, kann — bei apriorischem Aufgabenverständnis — zumindest die positivierte Kompetenzordnung nicht ausreichen, den staatlichen Aktionsradius dem Umfang nach hinreichend zu beschreiben. Das liegt zum einen daran, daß die Zuständigkeitsregelungen zumeist auf das Bund-Länder-Verhältnis zugeschnitten sind und deshalb staatliche Teilbereiche verschweigen würden, solange Generalvorbehalte in der Art von Art. 30, 70 und 83 GG bestehen. Der positiven Kompetenzordnung haftet damit aber auch etwas zu Willkürliches, historisch Zufälliges an, als daß sie selbst den staatlichen Interventionsbereich bezeichnen dürfte.

Andererseits beschreiben die Einzelkompetenzen oft nur pauschaliter Sachbereiche (z. B. „Recht der Wirtschaft", Art. 74 Ziff. 11 GG; „För-

---

mung prozessualer Rechte (z. B. in Organstreitverfahren; vgl. aber auch § 47 S. 1 a. E. VwGO) oder eigener Rechtspersönlichkeit (z. B. Art. 28 II GG) werden.

[59] *Maunz-Dürig-Herzog*, a.a.O.

[60] Anders der übliche Gesetzessprachgebrauch; vgl. oben sub I.

[61] Zu Versuchen, den staatlichen Aufgabenbereich inhaltlich zu fixieren, vgl. insbes. unten sub C, D sowie § 3.

[62] So aber *Wolff*, a.a.O., II, § 72 II b, 1.

[63] Vgl. *Lerche*, a.a.O., Die hier vertretene Ansicht läßt sich dagegen m. E. als Umkehrung des Folgeverhältnisses kennzeichnen; vgl. unten sub D III, §§ 3 B, 4.

derung der wissenschaftlichen Forschung", Art. 74 Ziff. 13 GG), ohne gleichzeitig auch deren konkrete Beziehung zum staatlichen Bereich zu normieren, also „Ziel", „Reichweite" usw. (z. B.) der staatlichen Wirtschafts- oder Forschungspolitik erkennen zu lassen[64]. Aber auch wenn die Kompetenzordnung staatliche Aufgaben wie z. B. die Strafgesetzgebung (Art. 74 Ziff. 1 GG) erwähnt, anerkennt und verteilt sie nur „Vorgefundenes"[65] und verzichtet m. E. wiederum auf dessen inhaltliche Determinierung.

c) „Staatsfunktionen"

Auch Gesetzgebung, Rechtsprechung und Verwaltung werden z. T. als „Aufgaben" des Staates bezeichnet[66], obwohl sie entweder „Kompetenzen" sind, wenn ihre Verteilung auf staatliche Organe gemeint ist[67], oder die möglichen „Erledigungsarten", „Funktionen" der — wiederum vorausgesetzten — Staatsaufgaben bezeichnen.

d) Grundrechte

Anderes dürfte allein für die Grundrechte gelten, sofern man ihnen die objektiv-rechtliche Bedeutung von — freilich nur negativen — Kompetenzbestimmungen zurechnet[68]. Sie limitierten dann allerdings nicht eigentlich staatliche „Kompetenzen", sondern — bleibt man bei der hier vorgeschlagenen Terminologie — bezeichnen „negativ" die Reichweite des Staates, in dem sie ihm „Schranken" setzen oder Bereiche als „nichtstaatliche" ausgrenzen[69].

3. *Die sogenannte „Kompetenz-Kompetenz"*

Der Aufgabenbegriff ist schließlich von der sogenannten „Kompetenz-Kompetenz" zu unterscheiden, deren Begriff jedoch gleichfalls uneinheitlich verwendet wird.

a) Als Kompetenznorm

Im engeren, organisationsrechtlichen Verständnis meint Kompetenz-Kompetenz die besondere Zuständigkeit eines Organs, die eigene Kom-

---

[64] Vgl. dagegen „programmatische" Kompetenznormen wie Art. 74 Ziff. 16 GG; dazu auch *Maunz-Dürig-Herzog*, a.a.O. (a. E.).

[65] „Kristallisation" vorgefundener „Rechtsmassen" bezeichnet z. B. *Lerche*, Werbung und Verfassung, S. 33 als eine der typischen Verfassungsfunktionen.

[66] So auch vor Art. 74 Verfassung für Rheinland-Pfalz und vor Art. 60 Verfassung des Saarlandes. Für den nicht immer präzisen Sprachgebrauch vgl. z. B. die deutsche Übersetzung von *Loewenstein's* Political Power and the Governmental Process, die „state functions" (a.a.O., S. 127) mit „Staatsaufgaben" (*ders.*, Verfassungslehre, S. 131) wiedergibt.

[67] So z. B. BVerfGE, NJW 1967, S. 1220.

[68] Vgl. z. B. *Ehmke*, Wirtschaft und Verfassung, S. 29 f.; *Hesse*, Grundzüge, S. 116.

[69] Zu dieser sicherlich zu einschränkenden Bewertung der Grundrechte auch unten in § 3 Anm. 1.

petenz unter Ausschließung bisher zuständiger Organe zu erweitern[70]. Im Staat korrespondiert die Kompetenz-Kompetenz deshalb mit der sogenannten „Organisationsgewalt". Sie setzt damit eine bestehende Kompetenzordnung voraus, die sie verändern, nicht aber verlassen kann. Sie bleibt selbst „Kompetenz", formales Verteilungsprinzip[71] und kann daher nicht unmittelbar den Bestand an staatlichem Bereich betreffen.

b) „Omni-Kompetenz"

Als „Kompetenz-Kompetenz" wird aber auch die Fähigkeit des Staates bezeichnet, Art und Umfang seiner Aufgaben selbst bestimmen zu können[72]. Nur bei diesem Begriffsverständnis sind „Staatsaufgaben" und „Kompetenz-Kompetenz" aufeinander bezogen, wenn dabei auch gleichzeitig der staatliche Bereich relativiert wird: Die Frage nach den Staatsaufgaben droht nämlich leerzulaufen, wenn sie mit der Einräumung eines „Selbstbestimmungsrechts" beantwortet wird. Statt Kompetenz-Kompetenz wäre dann besser von staatlicher „Omni-Kompetenz"[73] zu reden. Auch wenn zum Recht des Staates, seine Aufgaben selbst zu bestimmen, vorgegebene inhaltliche oder doch verfahrensmäßige Festlegungen mitzudenken sind und damit die Realisierung der (evtl.) staatlichen Omni-Kompetenz zumindest in Grenzen apriorisch determiniert ist, wäre dabei freilich ein vorweg bestimmbarer Begriff der Staatsaufgaben schon im wesentlichen aufgegeben.

Zuvor ist aber noch zu fragen, ob nicht ein „typischer" Kreis von Staatsaufgaben, der historisch-empirisch verifizierbar ist[74], den Staat seinerseits auf einen „traditionellen" Bereich festzulegen vermag.

C. Zur Frage eines historischen Staatsaufgabenbegriffs

I. Veränderungen des staatlichen Bereichs

Durchaus aktuelle Bedeutung hat die Vorstellung, der Begriff der Staatsaufgaben sei (auch) durch geschichtliches Verständnis zu erschlie-

---

[70] Vgl. z. B. *Dreier*, a.a.O.; *Wolff*, a.a.O., II, § 72 IV b 1. Zur föderalen Problematik z. B. *Adamovich-Spanner*, Handbuch des Österreichischen Verfassungsrechts, S. 149 f.

[71] *Adamovich-Spanner*, a.a.O.

[72] So z. B. *Herzog*, Der Mensch des technischen Zeitalters als Problem der Staatslehre, S. XXXVII.

[73] Bei *Maunz-Dürig-Herzog*, a.a.O., Art. 30 Rdnr. 7 als „Allzuständigkeit" des Staates bezeichnet; ähnlich *dies.*, a.a.O., Art. 12 Rdnr. 97.

[74] Verbunden etwa mit „institutionellem" Verständnis des staatlichen Bereichs, wonach dem Staat ein institutionell bedingter Mindestgehalt an Aufgaben zurechnet. Zum Begriff der Institution vgl. insbes. *C. Schmitt*, Freiheitsrechte und institutionelle Garantien der Reichsverfassung, S. 140 ff., 144 ff. sowie den von *Roman Schnur* herausgegebenen Sammelband: Institution und Recht, Darmstadt 1968.

ßen. So stützt z. B. das Bundesverfassungsgericht die „Staatlichkeit" des Rundfunk- und Fernsehwesens[75] auf die Beobachtung, der Staat habe diese Materie zusehends in sein „Kräftefeld" einbezogen[76]. Auch die Staatslehre scheint z. T. den Schlüssel für jedenfalls Teilbereiche staatlicher Aufgaben in der Geschichtlichkeit des Staates zu vermuten[77], wobei es an — dann nur konsequenter — Gegenseitigkeit fehlt, wenn historische Rechtfertigung privater „Besitzstände" geleugnet wird[78].

Mag auch die „historische" Betrachtungsweise im Einzelfall erst die volle Reichweite staatlicher Agenden erkennen lassen[79], scheint sie zur universellen Erfassung des staatlichen Bereichs doch wenig geeignet[80], weil dieser Befund — wie gleich noch zu zeigen ist — in aller Regel nur immerwährende Konturenwechsel verzeichnen kann. Trotz unübersehbarer, gleichgerichteter Tendenzen oder gar Kontinuitäten, wird deshalb eine empirische Bezeichnung des staatlichen Bereichs auf die Momentaufnahme angewiesen sein. Das beweisen schon Verschiebungen von Sachbereichen zwischen Staat und Gesellschaft: Während z. B. die Materien des Art. 9 Abs. III GG[81] und (abgeschwächt) der Sozialhilfe[82] „privatisiert" wurden, wanderten Rundfunkwesen[83] und m. E. auch Technischer Überwachungsdienst[84] aus dem privaten in den Bereich mittelbarer Staatsverwaltung ab; noch in Ansätzen ist sogar erneutes Zurückpendeln der schon vormals staatlichen, später z. T. auf Private verlagerten auswärtigen Kulturpolitik[85] zu vermerken[86]. Mehr Gewicht ist

---

[75] BVerfGE 12, 205, 244 ff., 246.

[76] Auch zur Begründung der „staatlichen Aufgabe der Betreuung der Bevölkerung durch Ärzte und der Heilmittelversorgung" (BVerfGE 6, 246, 252) beruft sich das BVerfG auf eine längere gesetzgeberische Übung (a.a.O., S. 252 f.). Zum Teil ganz ähnlich verläuft die Judikatur des BVerfG zu Art. 12 I GG, wenn dessen Schutzbereich zugunsten Art. 33 GG verdrängt sein soll, je mehr ihn der Staat — gleichsam geschichtlich, evolutionär — mit öffentlichrechtlichen „Bindungen und Auflagen" erfaßt hat; vgl. insbes. BVerfGE 7, 377, 398. Dazu oben sub § 1 B I 2 sowie unten sub § 3 B II 1 b und § 4 A.

[77] Vgl. z. B. *Ellwein*, Einführung in die Regierungs- und Verwaltungslehre, S. 13 ff., 31 ff.; *H. H. Klein*, Zum Begriff der öffentlichen Aufgabe, DÖV 1965, S. 757, jedoch einengend S. 758; *Peters*, Öffentliche und staatliche Aufgaben, S. 892 f.; *Steiner*, Der „beliehene Unternehmer", JuS 1969, S. 71. Vgl. auch *Lerche*, Verfassungsfragen um Sozialhilfe und Jugendwohlfahrt, S. 12 ff., 44 ff., sowie *ders.*, Art. Sozialhilfe, EvStL Sp. 2054 f., 2056 f.

[78] Besonders *H. H. Rupp*, Privateigentum an Staatsfunktionen?, S. 15 f., gegen BGHZ 25, 266.

[79] Vgl. z. B. *Lerche*, a.a.O.

[80] Was schon daran liegt, daß es — wie *Ellwein*, a.a.O., S. 13 ff. nachweist — an systematischer Erfassung eines geschichtlich „gewachsenen" Bestandes an staatlichen Aufgaben noch fehlt.

[81] Vgl. oben sub § 1 B I 5 c.

[82] §§ 8 II 2, 10 III 2, IV, 93 I 2 BSHG; 5 I—III 2, 8 III JWG.

[83] BVerfGE 12, 205, 244 ff.

[84] Vgl. oben in § 1 Anm. 52.

[85] Vgl. oben sub § 1 B I 6 b, insbes. in Anm. 140, 141.

[86] Zur Problematik vgl. z. B. die Debatte im Deutschen Bundestag vom 22. 6. 1966 (nach: Das Parlament vom 27. Juli 1966, 16. Jahrgang Nr. 30) sowie

aber der *qualitativen* Veränderung der — an sich traditionsreichen — staatlichen Materie: „Förderung der Wohlfahrt“[87] im modernen Sozialstaat beizumessen. Die entscheidende Ausweitung des staatlichen Bereichs liegt daher mehr in der Intensität der Befassung und Verdichtung der Eingriffssphäre als in Erschließung zusätzlicher Interventionsbereiche[88].

Der Versuch empirischer Fixierung muß aber auch daran scheitern, daß die Vorstellung vom wünschenswerten „Umfang“ der Staatsaufgaben ständigem Wechsel unterliegt, wofür die Staatszwecklehren[89] beredtes Zeugnis ablegen.

Schließlich bliebe nur wenig Raum für politische Alternativen, wenn kontroverse Anschauungen nur über „Art und Weise“[90] staatlicher Tätigkeit und nicht auch über ihre Gegenstände bestünden; das Staatliche i. S. des „Politischen“[91] wäre blutarm, lieferte nicht dessen jeweiliger Inhalt selbst dem täglichen Konflikt die Nahrung[92].

II. Insbes.: Verfassungsrechtlicher Aspekt

„Historisch“ läßt sich ein ausreichend präzisierbarer, umfassender Begriff der Staatsaufgaben nicht bilden[93, 94, 95]. Überdies erschiene es nicht

---

die Regierungserklärung vom 28. 10. 1969 (nach: Süddeutsche Zeitung vom 26. 10. 1969, Nr. 259 S. 7).

[87] *Merk*, Der Gedanke des gemeinsamen Besten in der deutschen Staats- und Rechtsentwicklung, S. 55. Nicht erst der „Sozial-Staat“ hat Verantwortlichkeit für das Soziale entdeckt. So weist z. B. *Merk*, a.a.O., S. 20, schon für die Zeit des germanischen Königtums „staatliche“ Schutzmaßnahmen zugunsten der wirtschaftlich Schwachen nach. Vgl. auch § 1 II 19 ALR: „Dem Staat kommt es zu, für die Ernährung und Verpflegung derjenigen Bürger zu sorgen, die sich ihren Unterhalt nicht selbst verschaffen, und denselben auch von anderen Privatpersonen, welche nach besonderen Gesetzen dazu verpflichtet sind, nicht erhalten können.“

[88] Nach *Kirchhof*, Der Begriff der hoheitsrechtlichen Befugnisse in Art. 33 Abs. IV des Grundgesetzes, S. 29 (1968) sind etwa 75 % aller Beamten in der Leistungsverwaltung tätig. Dazu auch (kritisch) *Forsthoff*, Strukturwandlungen der modernen Demokratie, S. 16 ff.; *ders.*, Verfassung und Verfassungswirklichkeit der Bundesrepublik, Merkur 1968 (H. 5), S. 409 f.

[89] Dazu oben sub A I. Vgl. die Entwicklung vom naturrechtlichen „Zweckdenken“ über den „Wohlfahrtsstaat“ des Spätabsolutismus zum liberalen „Nachtwächterstaat“ (: „Sicherheit und Ordnung“) bis hin zum Sozialstaat der Moderne; z. B. *Ellwein*, a.a.O. Zum Wandel des Begriffs der „Hoheitsrechte“ z. B. *K. H. Klein*, Die Übertragung von Hoheitsrechten, S. 11 ff.

[90] Was aber gleichfalls der Konturierung des staatlichen Bereichs dient; vgl. oben bei Anm. 87, 88.

[91] Dazu auch unten sub § 3 C.

[92] *Smend* hat andererseits darauf hingewiesen, daß auch insoweit ein Mindestmaß an Konsens vorhanden sein müsse: „Sachliche Integration“ (Verfassung und Verfassungsrecht, S. 160 ff.) setze einen anerkannten „Sachgehalt“ an Zwecken und Aufgaben des Staates voraus (a.a.O., S. 161 f.).

[93] So z. B. auch *Evers*, Verbände — Verwaltung — Verfassung, Der Staat 3 (1964) S. 56; *Krüger*, Allgemeine Staatslehre, S. 760 ff.; *Steiger*, Staatlichkeit

unproblematisch, einen derart eruierten Aufgabenbegriff unbesehen als Rechtsbegriff umzuwerten, wenn sich der staatliche Bereich seinerseits vor der Rechtsordnung zu bewähren hat[96] und also erst noch zu fragen wäre, ob sich die traditionellen Staatsaufgaben z. B. in den Rahmen des Grundgesetzes fügen. Auch ein „institutionelles" Aufgabenverständnis müßte vom einschlägigen normativen Gehalt der Verfassung legitimiert sein[97].

D. Die sogenannten „originären" Staatsaufgaben

Näher bei einem „juristischen" Staatsbegriff befinden sich Lösungen, die durch Apostrophierung „originärer", „wesentlicher", „echter" u. ä. Staatsaufgaben Bereiche als staatlich erkennen, die „unersetzbar" für entweder den Staat „an sich" oder doch ein konkretes staatliches Gemeinwesen sein und daher aus seinem Rechtsbegriff resultieren sollen.

I. Der Befund

Zwei, sich nicht ausschließende Ansätze überwiegen dabei: Zum einen wird — tiefgründig — nach dem „Wesen" staatlicher Tätigkeit gefragt, wobei zumeist die Verwirklichung des „Gemeinwohls", das „Gemeinnützige" zum spezifisch Staatlichen erklärt wird. Es soll die Abgrenzung vom nicht-staatlichen Bereich ermöglichen und das Staatliche selbst determinieren. Daneben betont eine „funktionale" Betrachtungsweise, das eigentlich Staatliche oder doch sein Vorfeld seien das „Politische" bzw. das „Öffentliche"[98].

---

und Überstaatlichkeit, S. 21 Anm. 25. *Bracher*, Gegenwart und Zukunft der Parlamentsdemokratie in Europa, S. 77 f., bezweifelt deshalb, daß ein auf Staatsaufgaben z. Zt. des Spätabsolutismus hin konzipierter Parlamentarismus den gewandelten Aufgaben der Gegenwart noch gewachsen sein kann.

[94] Nur typische Staats-„*funktionen*" sind feststellbar; dazu oben sub § 1 B II.

[95] Insoweit erscheint auch das historische Verständnis der gemeindlichen Selbstverwaltungsaufgaben als der (i. w. S. staatlichen) Angelegenheiten der örtlichen Gemeinschaft nicht unproblematisch. So aber die h. M.; vgl. z. B. BVerfGE 7, 258, 364; BVerwGE 2, 329, 332; 18, 135, 142; 19, 121, 123; *Forsthoff*, Verwaltungsrecht, S. 496; m. E. *Lerche*, Zur Verfassungsposition der Landkreise, S. 48 f.

[96] Vgl. oben sub A III.

[97] Nach *Obermayer-Steiner*, Die Monopole der öffentlichen Sachversicherung und das Grundrecht der Berufsfreiheit, NJW 1969, S. 1459, suspendiere die Übernahme von Aufgabenbereichen „vorkonstitutioneller Herkunft . . . auf einem wichtigen Lebensgebiet die Verbindlichkeit der Verfassung".

[98] Auf die „inhaltlichen" Bestimmungsversuche wird erst später zurückzukommen sein; vgl. unten sub § 3 B, C, D.

Ein anderer Ansatz zielt dagegen mehr auf das typische Erscheinungsbild des Staates und die Voraussetzungen seiner Wirksamkeit, um zu grundsätzlichen Anforderungen zu kommen, ohne die der Staat nicht vorzustellen ist. Staatlich sind danach jene Aufgaben, die „dem Staat von Haus aus kraft der geltenden Staatsidee zustehen“[99] und gleichsam „aus der Staatlichkeit fließen“[100] und die in aller Regel auch nur der Staat erfüllen kann/muß.

Dabei fällt die Bezeichnung „originärer“ Staatsaufgaben in der Lehre recht unterschiedlich aus, nämlich vor allem:

— Monopol unwiderstehlicher Gewalt[101],

— Rechtspflege[102],

— Rechtssetzung[103],

— Schutz nach außen[104],

— Garantie der inneren Sicherheit und Ordnung[105],

— Bereich, der Hoheitsgewalt zwingend erfordert[106],

— Aufgaben, die nur der Staat bewirken kann[107],

— Förderung des allgemeinen Wohls[108],

— Entscheidungen, die die Lebensinteressen des ganzen politischen Gemeinwesens wesentlich berühren[109],

— Letztverantwortlichkeit für das Gemeinwesen[110].

---

[99] *Peters-Ossenbühl*, Die Übertragung von öffentlich-rechtlichen Befugnissen auf die Sozialpartner, S. 39.

[100] *Maunz-Dürig-Herzog*, Art. 30 GG Rdnr. 10.

[101] So z. B. *Krüger*, Allgemeine Staatslehre, S. 768; *Leisner*, Werbefernsehen und Öffentliches Recht, S. 16 f.; *Vogel*, Öffentliche Wirtschaftseinheiten in privater Hand, S. 60 f.

[102] Vgl. z. B. *G. Jellinek*, Allgemeine Staatslehre, S. 256 f.; *Krüger*, a.a.O., S. 769; *Leisner*, a.a.O., S. 17 sowie BVerfGE 17, 371, 379.

[103] Vgl. z. B. *G. Jellinek*, a.a.O.; *Krüger*, a.a.O.; *Leisner*, a.a.O. Dagegen z. B. der Rockefeller Panel Report on American Democracy (1960), zit. nach *Krüger*, a.a.O., S. 769 Anm. 38: „It is a principle of democracy that the government will not be the only rule-making body in the community . . .“.

[104] So *Ebers*, Art. Staat, Staatslexikon (1931) Sp. 1828. Vgl. auch *G. Jellinek*, a.a.O., S. 255 f. und *Krüger*, a.a.O., S. 768.

[105] Vgl. z. B. *Ebers*, a.a.O.; *Krüger*, a.a.O., S. 768 f.; *Peters*, Art. Staat, Staatslexikon (1962) S. 531.

[106] Vor allem *Leisner*, a.a.O., sowie *ders.*, Öffentliches Amt und Berufsfreiheit, AöR 93 (1968) S. 184.

[107] *Leisner*, a.a.O. Dazu auch (kritisch) *Kirchhof*, Der Begriff der hoheitsrechtlichen Befugnisse in Artikel 33 Absatz IV des Grundgesetzes, S. 111 ff.

[108] *Ebers*, a.a.O., Sp. 1830 ff.; *G. Jellinek*, a.a.O., S. 258 f.; *Krüger*, a.a.O., S. 770 f. Dazu vor allem unten sub § 3 B.

[109] *J. Hirsch*, Die öffentlichen Funktionen der Gewerkschaften, S. 148.

[110] *Steffani*, Gewaltenteilung im demokratisch-pluralistischen Rechtsstaat, PVS 1962, S. 277.

II. Beurteilung

1. Staatsfunktionen

Was so als „originäre" Staatsaufgaben ausgewiesen ist, verliert jedoch rasch an Aussagewert für den staatlichen Bereich, soweit damit — näher besehen — ganz andere Erscheinungen der Staatlichkeit gemeint sind. So ist zwar der Staat z. B. ohne Rechtssetzung, Rechtsprechung und Rechtsanwendung nicht vorstellbar — um seine „Aufgaben" kann es sich dabei gleichwohl nicht handeln. Schon oben[111] wurde festgestellt, daß die sogenannten „Staatsfunktionen" nur „Erledigungsarten" (vorausgesetzter) staatlicher Aufgaben sind und als „Tathandlungen"[112] (z. B. als „Streitschlichtung", „Vertrag" usw.) durchaus nicht staatlicherseits monopolisiert sind. Von den vergleichbaren nicht-staatlichen Tätigkeiten unterscheiden sich die Staatsfunktionen allein durch ihre Nähe zur „Staatsgewalt"; staatliche Rechtsprechung, Gesetzgebung und Verwaltung können, anders als „private", „Letztverbindlichkeit", „Geltung" beanspruchen. „Originär" staatlich sind die Funktionen daher nur als Ausfluß der staatlichen „Souveränität"[112a].

Als „Aufgabe" können die Staatsfunktionen dagegen dann bezeichnet werden, wenn damit die „Pflicht" des Staates gemeint ist, sie bereitzuhalten. Die Gewährleistung der Rechtsordnung durch Erlaß von Gesetzen, durch Streitschlichtung, Strafverfolgung usw. kann zwar als originäre staatliche Aufgabe bezeichnet werden[113]. Auch sie reduziert sich jedoch als solche auf eine nur „formale" Verpflichtung des Staates, bestimmte Verfahrensweisen, Institutionen usw. einzurichten bzw. zu garantieren. Nicht die Inhalte staatlicher Tätigkeit[114], sondern der „Apparat", der Staat als funktionsfähige Organisation sind gemeint.

2. Generalklauseln

Auch mit Formeln wie „Schutz nach außen", „Garantie der inneren Sicherheit und Ordnung", „Förderung des allgemeinen Wohls" usw. scheint wenig gewonnen. Zwar mag sich der staatliche Aufgabenbereich so oder ähnlich beschreiben lassen. Welches die konkreten und verbindlichen Folgerungen für Telos, Reichweite usw. der staatlichen Agenden sind, bleibt dabei jedoch immer noch unbeantwortet.

Die Beschreibung des staatlichen Bereichs mit Hilfe derartiger „Generalklauseln" erscheint überdies vorweg bedenklich, droht sie doch nur

---

[111] Sub § 1 B II.

[112] *Vogel*, a.a.O., S. 78.

[112a] Dazu unten sub III.

[113] So wohl auch die Lehre, vgl. oben in Anm. 69, 70.

[114] „*Was* wird gesetzlich geregelt?" usw.

die rationale Berechenbarkeit der staatlichen Eingriffsmöglichkeiten einzuengen, anstatt sie transparent werden zu lassen. Es bedürfte daher noch jeweils eingehender Erläuterung, nach welchen inhaltlichen bzw. verfahrensmäßigen Maßstäben die Generalklauseln zu konkretisieren sind[115].

3. *„Wesentliche" Staatsaufgaben*

Nichts anderes kann gelten, wenn bestimmte Aufgaben als „notwendig" staatlich bezeichnet werden, mit der Folge, daß Private von ihnen ausgeschlossen sein sollen.

a) „Staatsnotwendige" Aufgaben

„Schlechthin staatsnotwendig"[116] sollen Aufgaben sein, die dem Staat deswegen ausschließlich vorbehalten sind, weil seine Intervention unentbehrlich und unersetzbar ist[117].

Wenn aber, was für das Gemeinwesen „notwendig" ist, entweder nicht objektiv feststellbar ist[118] oder doch ständiger Veränderung unterliegt, rückt auch diese Bestimmung in die Nähe der bereits oben erwähnten „Generalklauseln"[119].

Nicht weniger unverbindlich erscheint auch die von *Leisner* vorgeschlagene Lösung, auf das zwingende Erfordernis des Einsatzes von Hoheitsgewalt abzustellen[120], wenn nicht zugleich definiert wird, *wann* Hoheitstätigkeit erforderlich ist. Die Staatsaufgaben sind nämlich nur noch aus sich selbst gerechtfertigt, wenn — in Konsequenz — „aus der Wirksamkeit der Hoheitsgewalt auf ihre Zulässigkeit geschlossen" wird[121]. Die „apriorische"[122] Bestimmung des Staatlichen ist damit aber gleichzeitig zugunsten einer Untersuchung der Staatsgewalt aufgegeben, wobei es *Leisner* jedoch, anstatt der dann erforderlichen Systematik, beim Rückgriff auf die traditionelle Reichweite der Staatsgewalt bewenden läßt[123].

---

[115] Dazu vor allem unten sub §§ 3 B, 4.

[116] *Kirchhof*, a.a.O., S. 111.

[117] Im Zusammenhang mit Art. 33 IV GG dazu z. B. *Kirchhof*, a.a.O., S. 111—115 m. w. N.

[118] So *Kirchhof*, a.a.O., S. 114.

[119] Sub 2.

[120] Werbefernsehen und Öffentliches Recht, S. 17; Öffentliches Amt und Berufsfreiheit, AöR 93 (1968) S. 184.

[121] Wie es *Leisner*, Öffentliches Amt und Berufsfreiheit, a.a.O., selbst einräumt.

[122] *Leisner*, Werbefernsehen und Öffentliches Recht, S. 15.

[123] a.a.O.

b) Staatsaufgaben „aus der Natur der Sache"

aa) „Aufgaben-" und „Rechtsstellungstheorie"

Ein begrenzter Konflikt um die Existenz „echter" staatlicher Aufgaben wird seit längerem in der Lehre vom „beliehenen Unternehmer" ausgetragen[124]. Die sogenannte „Aufgabentheorie"[125] hält die Staats- bzw. Verwaltungsaufgaben für materiell bestimmbar; dem Staat sei ein Aufgabenbereich vorbehalten, von dem jeder Privater von vornherein ausgeschlossen ist, sofern er nicht ausnahmsweise durch Beleihung (Berechtigung, Verpflichtung) zugelassen wird. Schon oben[126] wurde aber festgestellt, daß ein staatliches Monopol für spezifische Tätigkeitsbereiche nicht besteht und Aufgaben vielmehr zwischen Staat und Gesellschaft pendeln bzw. nebeneinander erfüllt werden können[127]. Die sogenannte „Rechtsstellungs-" bzw. „Befugnistheorie"[128] hat deshalb die Unterscheidung privater und staatlicher Tätigkeit nach Aufgabenarten aufgegeben; feststellbar seien allein die unterschiedlichen Rechtswirkungen von privatem bzw. staatlichem Handeln, wobei das exklusiv Staatliche im hoheitlichen Handeln liege[129].

bb) Beurteilung

Es ist naheliegend, gegen die Rechtsstellungstheorie einzuwenden, sie ersetze den Staatsaufgabenbegriff durch eine zu enge, formale Betrachtung der staatlichen Wirkungsweise, die überdies den schon quantitativ erheblicheren Bereich staatlicher Daseinsvorsorge nicht recht zu erklären vermag[130]. Andererseits liegt der „Wert" der Rechtsstellungstheorie gerade darin, den Staatsbegriff von der Festlegung auf spezifische Aufgaben gelöst zu haben. Auch dies[131] muß zur Aufwertung der normativen Grenzen der *Staatsgewalt* führen, weil — leugnet man die Existenz eines „apriorischen", normativ verifizierbaren staatlichen Bereichs — kein anderer als der Staat selbst seine Aufgaben zu bestimmen ver-

---

[124] Dazu vor allem *Vogel*, a.a.O., S. 40 ff., 60 ff., 81 ff. sowie *Frantzen*, Der beliehene Unternehmer nach geltendem Recht, S. 20 ff.; *Mennacher*, Begriffsmerkmale und Rechtsstellung der mit öffentlicher Gewalt beliehenen Hoheitsträger des Privatrechts, S. 18 ff.; *Wolff*, a.a.O., II, § 104.

[125] Vor allem *Bachof*, Teilrechtsfähige Verbände des öffentlichen Rechts, AöR 83 (1958) S. 208 ff., 234, 242 sowie z. B. *E. R. Huber*, Wirtschaftsverwaltungsrecht I, S. 533.

[126] Insbesondere sub § 1 B und § 2 C.

[127] Nach *Vogel*, a.a.O., S. 63, ist auch „Konkurrenz nichts Ungewöhnliches".

[128] Vor allem *Vogel*, a.a.O., S. 60 ff., 78 ff., 81 ff. sowie z. B. *Mennacher*, a.a.O., S. 32 ff.

[129] *Vogel*, a.a.O., S. 80 f.; m. E. auch *H. H. Klein*, Die Teilnahme des Staates am wirtschaftlichen Wettbewerb, S. 25.

[130] So z. B. *Herzog*, Art. Beliehener Unternehmer, a.a.O., Sp. 146. Das bedeutet freilich auch, die von vornherein bescheidenere Zielsetzung der Theorie gegen sie auszuspielen.

[131] Wie schon bei *Leisner* vermerkt; vgl. oben sub b).

mag[132]. Wenn der Staat aber nicht schon vorweg auf Aufgaben festgelegt ist, würde eine Materie erst durch staatliche Befassung „staatlich" und dies wiederum nur in dem Maße, *wie* der Staat sie regelt bzw. regeln darf[133].

c) „Letztverantwortlichkeit" des Staates[134]

Nichts anderes kann gemeint sein, wenn es als die eigentliche staatliche Aufgabe bezeichnet wird, „letzte Verantwortung" für das Gemeinwesen zu tragen: Aus der staatlichen „Souveränität" folgt, daß die „letztverbindliche" Entscheidung („Geltung") im Gemeinwesen aus staatlicher „Anerkennung" resultiert. Auch diese, „ethisch" angereicherte Definition der Staatsaufgaben, entpuppt sich daher im Gewande der „Letztverantwortlichkeit" nur als Ausfluß staatlicher Gewalt.

4. Aufgabe der „Funktionserhaltung"

Will man auf dieser „tabula rasa" des staatlichen Bereichs eine Pflicht des Staates, „seinen Bereich" zu schaffen, nicht schon selbst als „Aufgabe" apostrophieren, können als „echte" i. S. von „unersetzbaren" Aufgaben daher nur Erhalt, Gewährleistung bzw. Funktionssicherung des Staates als Organisation bezeichnet werden.

Die Abhaltung von politischen Wahlen z. B., vom Bundesverfassungsgericht mißverständlich als „öffentliche" Aufgabe bezeichnet[135], kann daher nichts anderes als originäre, „staatliche" Aufgabe sein[136], weil sie dem Erhalt bzw. der Funktionssicherung des Staatsapparates dient[137]. Für den Begriff des staatlichen Bereichs, im hier verstandenen Sinn, ist damit freilich nichts gewonnen[138].

III. Staatsaufgaben und Staatsgewalt

Sollte es nicht mit Hilfe zusätzlicher Kriterien gelingen, den staatlichen Bereich materiell anzureichern[139] muß der „Souveränitäts"-Be-

---

[132] Vgl. auch oben sub § 2 B II 3.

[133] Mit Blick auf die „klassischen" Bestandteile des Staatsbegriffs, wird der staatliche Bereich daher — systematisch — im Umkreis der „Staatsgewalt" darzustellen sein.

[134] *Steffani,* Gewaltenteilung im demokratisch-pluralistischen Rechtsstaat, PVS 1962, S. 277.

[135] Zuletzt BVerfGE 20, 46, 113.

[136] So auch *Häberle,* Unmittelbare staatliche Parteienfinanzierung unter dem Grundgesetz, JuS 1967, S. 73.

[137] Vgl. *Kirchhof,* a.a.O., S. 117, der den Staatsaufgabenbegriff in Art. 33 IV GG als „Förderung des Bestandes des staatlichen Verwaltungsapparates" versteht. Auch *Krüger,* Allgemeine Staatslehre, S. 766, bezeichnet die Garantie der „Ständigkeit seiner Existenz und Wirksamkeit" als „unbedingt" staatliche Aufgabe.

[138] Vgl. oben sub 1.

[139] Vgl. insbes. unten sub § 3.

griff[140] als Fixpunkt einer „Aufgabenlehre" gelten, die — dann — den jeweiligen Wirkungsbereich der Staatsgewalt als „staatlichen Bereich" definieren könnte.

1. Staatsgewalt und Staatsbegriff

Die Staatsgewalt gilt als konstituierendes Begriffsmerkmal des juristischen Staatsbegriffs[141]. Sie kann — in einem empirischen Sinne — als die allen anderen „Mächten" im Gemeinwesen überlegene Herrschaftsgewalt des Staates, rechtlich als seine „Letztentscheidungsbefugnis" bezeichnet werden. Zwar fällt die Monopolisierung einer einheitlichen, unteilbaren Staatsgewalt in der Hand des „Souveräns"[142] anstelle eines Bündels von selbständigen Hoheitsrechten mit der Entstehung des neuzeitlichen Staates zusammen[143]. Jedoch steht die neuere Lehre dem Begriff der Souveränität zusehends kritisch gegenüber[144]. Das wird zum einen auf die Beobachtung gestützt, der staatliche Machtanspruch sei einer verschärften Konkurrenz von seiten gesellschaftlicher Mächte ausgesetzt[145]. Andererseits wird die Idee der Souveränität im demokratischen Staat („Volkssouveränität") als weitgehend sinnentleert bezeichnet, weil sie konsequenterweise auf das utopische Modell herrschaftsfreier Selbstregierung des Volkes abzielen muß[146]. *Hesse* bezeichnet die „Volkssouveränität" daher nur noch als „Ordnungsprinzip", das — in der Art eines „Idealtypus"[147] — das funktionelle Zusammenwirken des Volkes bei der Schaffung der politischen Einheit bezeichnen soll[148]. Weniger radikal wird die Volkssouveränität noch als „regulative Idee"[149] der „letzte(n) Legitimation"[150] staatlicher Herrschaft anerkannt.

---

[140] Zur nicht immer einheitlichen Begriffsverwendung von „Staatsgewalt" und (innerer) „Souveränität" vgl. z. B. *G. Jellinek*, Allgemeine Staatslehre, S. 496 f.

[141] Vgl. für viele *Zippelius*, Allgemeine Staatslehre, S. 40 ff. m. w. N. sowie z. B. *G. Jellinek*, a.a.O., S. 435 ff., 489 ff., 497 ff.

[142] Vgl. z. B. *K. H. Klein*, Die Übertragung von Hoheitsrechten, S. 12 ff.

[143] Vgl. z. B. *G. Jellinek*, a.a.O., S. 240 ff., 247 ff.; *Scupin*, Der Begriff der Souveränität bei Johannes Althusius und bei Jean Bodin, Der Staat 4 (1965) S. 1 ff.

[144] Die gleichlaufende Entleerung der „äußeren" Souveränität resultiert aus anderen Bedingungen, vgl. z. B. *Berber*, Lehrbuch des Völkerrechts I, S. 120 ff. und *Leibholz*, Die Zukunft der nationalstaatlichen Souveränität im 20. Jahrhundert, S. 377 ff., 382 ff.

[145] Nachweise oben in § 1 Anm. 6—10 sowie unten sub 2.

[146] Vgl. insbes. *Hesse*, Grundzüge, S. 54. Totalitären Konsequenzen „utopischer" Demokratiemodelle geht vor allem *Talmon* nach; vgl. *ders.*, Die Ursprünge der totalitären Demokratie, insbes. S. 209 ff., 225 ff. Vgl. aber auch den sog. „gewerkschaftlichen Demokratiebegriff"; Darstellung und Nachweise z. B. bei *J. Hirsch*, Die öffentlichen Funktionen der Gewerkschaften, S. 87 ff. Vgl. auch unten sub § 3 D II 1.

[147] *Zippelius*, a.a.O., S. 67.

[148] Vgl. *Hesse*, Die verfassungsrechtliche Stellung der politischen Parteien, VVDStRL 17 (1959), S. 19 f.; *ders.*, Grundzüge, S. 53.

[149] *Zippelius*, a.a.O.

[150] *Maunz-Dürig-Herzog*, a.a.O., Art. 20 Rndr. 147.

2. *„Pluralistische" Staatstheorien*

a) Leugnung von Staat und Staatsgewalt

Den wohl entschiedensten Angriff gegen die Existenz einer Staatsgewalt haben die sogenannten „pluralistischen Staatstheorien" unternommen, weil sie die Leugnung einer innerstaatlichen „suprema potestas" zur Leugnung des Staates selbst ausweiteten[151]. Obwohl sie ursprünglich „aus deutschen Quellen geschöpft" haben[152], konnten die pluralistischen Lehren nur im westeuropäischen Staatsdenken Fuß fassen[153, 154].

Die Lehren von *Laski, Cole* u. a. leugnen zwar nicht das Ordnungs- und damit Organisationsbedürfnis der Gesellschaft, verneinen aber die tatsächliche Suprematie des Staates ebenso wie das Erfordernis einer souveränen Staatsgewalt[155]. Der Staat sei in Wahrheit selbst eine von vielen konkurrierenden Gruppen der Gesellschaft und unterscheide sich auch nicht wesensmäßig von anderen binnenstaatlichen Verbänden, weil er nur „Werkzeug"[156] der jeweils mächtigsten Gruppe sei[157]. Weniger radikal und begünstigt vom anglo-amerikanischen „government"-Be-

---

[151] Vgl. *Bentley*, The Process of Government, S. 264: „I may add here that ‚sovereignty' is of no more interest to us than the state." Und: „. . . as soon as it gets out of the pages of the law-book or the political pamphlet, it is a piteous, threadbare joke."

[152] *Kaiser*, Die Repräsentation organisierter Interessen, S. 316, mit Blick auf *Otto v. Gierke's* Genossenschaftslehre und ihre Fortentwicklung in England und Frankreich. Dazu vor allem *F. W. Maitland*, Introduction, in Gierke, O. v., Political Theories of the Middle Ages, Cambridge 1900, und *Leon Duguit*, Les Transformations du Droit Public, Paris 1913. Dazu z. B. auch *Dagtoglou*, Art. Souveränität, EvStL Sp. 1982.

[153] Vor allem *G. H. D. Cole*, Social Theory, New York 1920; *Harold J. Laski*, A Grammar of Politics. 5. Aufl. London 1948; *ders.*, Das Recht und der Staat, ZföR Bd. X (1931) S. 1 ff.

[154] Vor 1933 wurde in Deutschland die Pluralismus-Diskussion von *Carl Schmitt* angeführt; vgl. *ders.*, Der Begriff des Politischen, S. 39 ff. Auch die Verteidigung der „Staatlichkeit" im Werk *Ernst Forsthoff's, Werner Weber's* u. a. Kritiker des „Verbändestaats" (vgl. oben in § 1 Anm. 7—10) sowie sub § 1 B I 6 d) wird — oft nur mittelbar — von den pluralistischen Staatstheorien (negativ!) geprägt. Inzwischen scheint sich die Diskussion in Soziologie und Politikwissenschaft verlagert zu haben. *Altmann's* Pluralismustheorie z. B. wurde in der Staatsrechtswissenschaft nur referiert, nicht aber fortentwickelt; vgl. *Altmannn*, Das Problem der Öffentlichkeit und seine Bedeutung für die moderne Demokratie, insbes. S. 154 f.; dazu z. B. *Czajka*, Pressefreiheit und „öffentliche Aufgabe" der Presse, S. 137 ff. Fortentwicklung fanden die pluralistischen Lehren jedoch im Marxismus und Faschismus; vgl. z. B. *Dagtoglou*, a.a.O., Sp. 1982 f. und *Fraenkel*, Art. Pluralismus, in: Staat und Politik, S. 234 f.

[155] Z. B. *Laski*, Das Recht und der Staat, ZföR Bd. X (1931) S. 16 ff.

[156] *Laski*, a.a.O., S. 15.

[157] Hier vor allem liegt auch die Nähe zum marxistisch-leninistischen Staatsbegriff. Vgl. z. B. *Engels*, Der Ursprung der Familie, des Privateigentums und des Staates, S. 296 ff.; *Lenin*, Staat und Revolution, S. 323, 327 ff.

griff[158] wird zwar die rechtliche Existenz von Staat und Staatengewalt geleugnet[159], nicht aber der verfaßte Integrationsprozeß mit der Spitze: „government".

b) Staat als Organisation

So bestechend die Realanalyse der Pluralismus-Theorien auch sein mag, so sehr scheint sie doch noch traditionellen Staatsvorstellungen, die zu überwinden sie vorgibt, verhaftet zu sein. Es ist sicher unleugbar, daß der Staat keine „neutrale" Macht (mehr) ist, die „über" den sozialen Kräften zu agieren vermag[160]; der Hinweis auf die Sozialstaatsproblematik mag dazu genügen[161]. Wer den Staat als „Gegenspieler" oder besser: „Mitspieler" der Gesellschaft versteht, scheint jedoch im Banne der herkömmlichen Vorstellung einer personifizierbaren Staatsgewalt („Staatsperson") zu stehen, für die im demokratischen Gemeinwesen kein Platz mehr sein kann[162]. Daß im politischen Gemeinwesen verbindliche Gesetze, Verwaltungsakte, Urteile usw. gelten, ist ebenso „Wirklichkeit", wie die Abhängigkeit staatlicher Dezisionen von gesellschaftlichen Gruppen möglich ist. *Wie* sich die „Inhalte" von Staatsakten[163] bilden, ist von der Tatsache rechtlicher, letztverbindlicher („realer") Geltung staatlicher Entscheidungen zu unterscheiden. Auch wenn der Staat nur noch „Plattform" zur Transformation z. B. der Resultate eines gesellschaftlichen „Integrationsprozesses" in „Geltung" sein sollte[164], kann also die Existenz seiner verbindlichen Sozialentscheidungen nicht übergangen werden. Eben dieses Geltungs- und damit: Ordnungs-Prinzip[165] soll aber mit „Staatsgewalt" bezeichnet werden[166, 167].

---

[158] Dazu z. B. *Ehmke*, „Staat" und „Gesellschaft", S. 48 f., sowie unten sub § 3 D IV.

[159] Recht pointiert z. B. *Bentley*, a.a.O., S. 263: „The ‚idea of the state' has been very prominent, no doubt, among the intellectual amusements of the past...". Jedoch: „... we are not interested in it as such, but exclusively in the processes within it" (a.a.O.).

[160] *Zippelius*, Kirche und Staat und die Einheit der Staatsgewalt, S. 321.

[161] Dazu auch unten sub § 4 B.

[162] Vgl. oben sub 1 sowie neuerdings z. B. *Grauhan*, Wandlungen im Typ des Verwaltungsgeneralisten, S. 55.

[163] Als „Äußerungen" der Staatsgewalt.

[164] Dazu unten sub § 3 D.

[165] Vgl. *Hesse*, Grundzüge, S. 53.

[166] Vgl. insbes. *Heller*, Staatslehre, S. 238 f., 240 ff.; *Smend*, Verfassung und Verfassungsrecht, S. 195 f.; *Zippelius*, a.a.O., S. 321 f.

[167] Davon bleibt freilich die „sozialkritische" Komponente der pluralistischen Staatstheorien unberührt. Wenn auch das Grundgesetz „ideologiefrei", also auch nicht auf die ideologische Vorstellung ökonomischer Klassengegensätze hin konzipiert ist (vgl. unten sub § 3 B I 2 b), scheint einer Überlagerung des Staates durch die jeweils dominante Gruppe/Klasse vor allem in zweifacher Hinsicht gewehrt zu sein: Durch den sozialstaatlichen Gestaltungsauftrag des Staates einerseits (vgl. unten sub § 4 B sowie § 5 C II), die viel-

3. *Ergebnis*

Die Lösung der Staatsgewalt von der unzureichenden Vorstellung[168] eines „Souveräns"[169] rückt aber auch die Dimensionen des Staatlichen in eine neue Perspektive: Sollte der staatliche Bereich nicht materiell bestimmbar sein[170], bliebe es im Vordergründigen, wenn die Verfaßtheit der Staatsgewalt, insbesondere die Kompetenz- und Verfahrensbestimmungen, die Kontrollmechanismen usw. nur als „Folgebegriffe"[171], ohne unmittelbaren Aussagewert für die staatlichen Aufgaben abgetan werden. Gibt es nämlich nichts originär („apriorisch") Staatliches, dann ist die Interdependenz von Staatsgewalt und staatlichem Bereich offenkundig: Was staatliche Aufgabe ist, würde zur Verfahrensfrage der staatlichen Willensbildung[172].

fältigen, gewaltenteiligen Absicherungen andererseits. Zum angrenzenden Problemkreis der sog. „abwehrbereiten Demokratie" vgl. z. B. *Schuster*, Über die Grenzen der „abwehrbereiten Demokratie", JZ 1968, S. 152 ff., sowie *Maunz-Dürig-Herzog*, a.a.O., Art. 18 Rdnr. 5 ff. und Art. 79 Rdnr. 28 f. m. w. N. Zurückhaltender z. B. *Ehmke*, Prinzipien der Verfassungsinterpretation, VVDStRL 20 (1963) S. 72: „Eine Verfassung ... ist nun einmal keine politische Lebensversicherung."

[168] *Maunz-Dürig-Herzog*, a.a.O., Art. 20 Rdnr. 30, kann daher nicht zugestimmt werden, wenn die Frage der Identität von „Regierenden" und „Regierten" als terminologisches Problem erachtet wird. Erst die Aufgabe des Souverän-Begriffs scheint nämlich Befreiung von apriorischem Staatsdenken, hin zu funktionaler Betrachtung zu versprechen. Dazu auch unten sub § 3 D. Wenn im demokratischen Staat kein Platz mehr ist für einen Souverän als „Staatsorgan" (vgl. dazu auch *Ehmke*, „Staat" und „Gesellschaft", S. 36), muß auch ein so traditionsreicher Begriff zurückgestellt werden. Darin mag ein Stück „politisierter" Betrachtung des Staatsbegriffs gesehen werden; dazu unten sub § 3 E II.

[169] Den es apriorisch auf fixe Aufgabenbereiche festzulegen gelte.

[170] Dazu unten sub § 3.

[171] Vgl. oben sub § 2 B II 2.

[172] „Zweck", „Bereich", „Aufgabe", „Kompetenz" scheinen sich dann lediglich nach dem Grad von Allgemeinheit zu unterscheiden, mit der sie einundenselben Tatbestand bezeichnen.

§ 3 Staatlicher und privater Bereich

A. Begriff des Privaten

Eine Bestimmung des „Privaten" könnte zu ähnlich negativer Beschreibung des Staatlichen reichen, wie sie bereits oben[1] für die Grundrechte angedeutet wurde; durch Aussagen zu „Person" und „Gegenstand" könnte vom antagonistischen privaten auf den staatlichen Bereich gefolgert werden[2].

I. Der Private

1. *Privater und staatlicher Funktionsträger*

a) Negativer Begriff

Der Private ist ein „negativer Begriff"[3]: Privater ist jeder, der nicht staatlicher Funktionsträger ist. Die Unterscheidung erfolgt in aller Regel mit Hilfe formaler, organisationsrechtlicher Kriterien. Für den engeren Bereich der öffentlichen Verwaltung wird insbesondere auf die Legal-Definition der Beamtengesetze zurückgegriffen[4]; allgemeiner ist auf Eingliederung in die Staatsorganisation abzustellen[5].

b) Formale und inhaltliche Bestimmung

Versuche, die formale Unterscheidung durch eine inhaltliche zu ergänzen oder zu ersetzen, können dagegen wenig überzeugen, zumal sie meist nur zur Differenzierung innerhalb der Gruppe staatlicher Funk-

---

[1] Vgl. oben in § 2 Anm. 68. Das Verhältnis der Grundrechte (z. B. im status libertatis oder civitatis, als soziale oder drittwirkende Grundrechte) zum staatlichen Bereich bedarf aber differenzierterer Darstellung, als daß es mit „Ausgrenzung" definierbar erschiene. Die Gleichsetzung von grundrechtlicher und privater Sphäre ist auch nicht möglich, je mehr die Grundrechte als Ausdruck einer objektiven Wertordnung oder in allen Über-Unterordnungsverhältnissen oder — als allgemeine Konfliktregelung — auch im „Staat-Staat"-Verhältnis gelten sollen. Dazu auch unten sub B II 1 b und § 5 C II. Zu letzterem vgl. neuerdings *Bettermann*, Juristische Personen des öffentlichen Rechts als Grundrechtsträger, NJW 1969, S. 1321 ff., 1326 ff.

[2] Wobei gegebenenfalls noch zwischen einem (weiteren) öffentlichen und (engeren) staatlichen Bereich zu differenzieren wäre.

[3] *Dagtoglou*, Der Private in der Verwaltung, S. 21.

[4] Für viele *Dagtoglou*, a.a.O., S. 22. Vgl. § 2 I BBeamtenG, § 2 I BBeamtenrechtsrahmenG.

[5] Vgl. oben sub § 1 B I 1.

tionsträger entwickelt werden[6]. Die Inhalte, welche die Tätigkeit staatlicher Funktionsträger von der Privater unterscheiden sollen, stellen daher selbst auf eine vorweg erfolgte formale Zuordnung ab: Sollten nämlich Private alle sein, „die den Mittelpunkt ihres sozialen Daseins nicht in der *öffentlichen Tätigkeit* erblicken“[7], dann würde es (überspitzt) in das Belieben des Einzelnen gestellt, etwa als passionierter Philanthrop staatlicher Funktionsträger werden zu können — man impliziere denn bereits eine Beschränkung des „Öffentlichen“ auf Teilhabe an staatlichen Funktionen bzw. Organverhältnisse[8]. „Existentiell“ läßt sich der Private jedenfalls nicht bestimmen[9].

2. *Ergebnis*

Die inhaltliche Abgrenzung des privaten vom staatlichen Bereich läßt der („persönliche“) Begriff des Privaten nicht zu. Festzustellen ist dagegen ein abgestuftes Mitwirken Privater an staatlichen Entscheidungen oder in der Staatsorganisation: Beginnend bei der Mitwirkung von Jedermann an politischen Wahlen[10], endend bei der dienstrechtlichen Eingliederung in die Staatsorganisation als z. B. Richter, Beamter usw. Wer wann „Staat“[11] oder Privater ist, vermögen nur differenzierte, formale Kriterien zu zeigen[12].

---

[6] *Dagtoglou*, a.a.O., S. 22 ff., will zwischen Beamten und Sonstigen in „öffentlich-rechtlichen Verhältnissen“, *Peters*, Lehrbuch der Verwaltung, S. 52, zwischen Berufs- und Laienbeamtentum unterscheiden.

[7] *Peters*, a.a.O., (ohne Hervorhebung) und (sinngemäß) *Dagtoglou*, a.a.O.

[8] Was jedenfalls späteren Arbeiten *Peters'* widerspräche; vgl. insbes. *ders.*, Öffentliche und staatliche Aufgaben, S. 878 f.

[9] So aber wohl *Peters*, Lehrbuch der Verwaltung, a.a.O. Auf kombiniert soziologische und psychologische Kriterien stellt auch *Dagtoglou*, a.a.O., S. 23, ab („Selbstverständnis“ bzw. „soziale Existenz“). Es muß sogar zweifelhaft erscheinen, innerhalb der staatlichen Funktionsträger mit derartigen Maßstäben z. B. den öffentlichen Dienst von sonstigen staatlichen Funktionsträgern unterscheiden zu können, wie es *Dagtoglou*, a.a.O., S. 22 ff., vorschlägt. So ist nicht einzusehen, warum, anders als die Berufsbeamten, z. B. die (Berufs-)Politiker nicht den Staat (Parlament, Regierung), sondern ihre Partei als „Zentrum und Ausgangspunkt ihrer beruflichen Interessen und Ambitionen“ (*Dagtoglou*, a.a.O., S. 23) betrachten sollten. Dabei ist auch zu fragen, ob nicht der Begriff des „Berufspolitikers“ bei *Max Weber*, auf den sich *Dagtoglou*, a.a.O., S. 23 Anm. 12, beruft, noch zu sehr auf den konstitutionell-monarchischen Regierungstypus hin konzipiert ist; vgl. *M. Weber*, Politik als Beruf, S. 27 ff., 37 ff.

[10] Das Staatsvolk wird dann als „Staatsorgan“ bezeichnet. Vgl. z. B. BVerfGE 8, 104 Ls. 3 u. 8, aber auch oben sub § 2 D III.

[11] *Dagtoglou*, S. 26.

[12] Vgl. auch *Gause*, Die öffentliche Indienststellung Privater als Rechtsinstitut der Staatsorganisation, S. 14.

II. Der private Bereich[13]

Das „Interesse“ avanciert zum zentralen Begriff, sobald die Staatslehre das Private seinem „Gegenstand“ nach zu bestimmen versucht[14]. Dann ist „privat“, was nicht „existentiell“ dem Interesse des Gemeinwesens, dem „Gemeinwohl“ dient, sondern Verfolgung partikular-egoistischer Zwecke darstellt[15]. Diese materiell-inhaltliche Unterscheidung von „staatlich“ und „privat“ korrespondiert zumeist mit der hegelianischen Vorstellung[16] eines Antagonismus von „Staat“ und „Gesellschaft“[17], welche zumal der deutschen Rechtsstaatstheorie des 19. und 20. Jahrhunderts Pate stand[18]. Während aber bei *Hegel* der Staat noch als die sittliche, dialektische Überhöhung der Gesellschaft verstanden wird[19], kehrt sich die Hierarchie in den profaneren Fragestellungen der Staatsrechtslehre zum Konkurrenzverhältnis zweier jedenfalls potentiell isolierter Mächte[20]. Vom dialektischen Modell verbleibt nur die Beanspruchung des Gemeinwohls für den staatlichen Bereich; das partikulare Interesse dagegen „ist ... das Prinzip der Gesellschaft“[21]. Die Unterscheidung wird zur Motivfrage.

---

[13] Zu unterscheiden von der sog. „Privatsphäre“, die intimere Individualbereiche meint; inter privates z. T. auf eine drittwirkungsgleiche Funktion von Art. 1 I GG („Menschenwürde“) zurückgeführt; insbes. das sog. „allgemeine Persönlichkeitsrecht“, z. B. das Recht am eigenen Bild (§§ 22 ff. KunsturheberG), Recht am gesprochenen Wort (z. B. BGHZ 27, 284, 286), Recht der persönlichen Ehre (z. B. BGHZ 31, 308, 313 zur Abgrenzung vom Informationsrecht der Presse). Dazu vor allem *Scholler*, Person und Öffentlichkeit, S. 35 ff., 89, 356 f. sowie passim.

[14] Zum Begriff des Interesses vor allem *Kaiser*, Die Repräsentation organisierter Interessen, S. 339 ff. sowie z. B. *Dagtoglou*, a.a.O., S. 37 ff.

[15] Vgl. für viele *H. Huber*, Staat und Verbände, S. 31 f.; *Kaiser*, a.a.O., S. 347 ff. (Gemeinwohl und „politische Einheit“ werden kontaminiert); *Krüger*, Allgemeine Staatslehre, S. 763 ff.; *Steiger*, Staatlichkeit und Überstaatlichkeit, S. 17 ff.; *W. Weber*, Spannungen und Kräfte, S. 155 ff.

[16] Vgl. oben in § 1 Anm. 1.

[17] Ideengeschichtliche Darstellungen z. B. bei *Bracher*, Staatsbegriff und Demokratie in Deutschland, PVS 1968, S. 5 ff.; *Ehmke*, „Staat“ und „Gesellschaft“ als verfassungstheoretisches Problem, S. 23 ff., 39 ff.; *F. Müller*, Korporation und Assoziation, S. 314 ff.

[18] Vgl. z. B. *Bäumlin*, Art. Rechtsstaat, EvStL Sp. 1733 ff.

[19] Vgl. *Hegel*, Grundlinien der Philosophie des Rechts, §§ 157, 257: Der Staat als „die Wirklichkeit des substantiellen Allgemeinen“ bzw. „der sittlichen Idee“; dagegen wird die Gesellschaft schon bei *Hegel*, a.a.O., §§ 182 ff., 188 ff., als „System der Bedürfnisse“ bezeichnet, wo „Privatpersonen ... ihre eigenen Interessen zu ihrem Zwecke“ verfolgen.

[20] Dazu eingehend *v. d. Gablentz*, Staat und Gesellschaft, PVS 1961, S. 5 ff., der den angedeuteten Substanzverlust schon bei *Lorenz v. Stein* nachweist. Die liberale Rechtsstaatsschule verstand den Dualismus freilich z. T. mehr als eine „Gewaltentrennung“ zwischen Legislative („Gesellschaft“) und Exekutive („Staat“), denn als Kontroverse „sozialer Mächte“. Weil auch diese Vorstellung auf einen konstitutionell-monarchischen Staatstypus zugeschnitten ist (vgl. besonders *C. Schmitt*, Der Hüter der Verfassung, S. 73 ff.), erscheint das „Trennungsdenken“ zumindest im demokratischen Staat fragwürdig. Dazu z. B. *Bracher*, a.a.O.

[21] *L. v. Stein*, Geschichte der sozialen Bewegung in Frankreich von 1789 bis

1. Parteien und Verbände

a) Meinungsstand

Wenn der Gegensatz von Staat und Gesellschaft für die Beurteilung der Gegenwartslage auch mehr und mehr „überholt" genannt wird[22], greift man doch gerne auf die alten Maßstäbe zurück, wenn es die „neuentdeckte"[23] Zwischenzone des „Öffentlichen" in die Verfassungstheorie einzuordnen gilt[24]. Dann werden die Verbände dem „Privat-Gesellschaftlichen" zugeschlagen, weil es „zu ihrem Wesen" gehöre, nur „partikulare Interessen" zu verfolgen[25]. Verbände handeln nicht „politisch", weil sie den Menschen nicht „als ganze und unteilbare Person, und deshalb auf die Gesamtheit bezogen repräsentieren"[26]; sie können nicht anders, als das Gemeinwohl „erst an zweiter Stelle ... zu berücksichtigen"[27]. Andernfalls werden sie, weil — dann — „ohne jeden politische(n) Bezug"[28] ausgeklammert[29].

Dagegen eigne den Parteien „von Natur aus"[30] die existentielle „Urfunktion"[31], dem „Ganzen" zu dienen; Parteien „handeln politisch", weil es ihnen „um den ganzen Menschen in der weltlichen Ordnung"[32] geht und sie „ihr Machtstreben am Gemeinwohl zu legitimieren suchen"[33]. Deshalb sind sie „aus der Region der nicht-staatlichen Gesellschaft abgewandert"[34] und in den „Bereich des Politisch-Staatlichen"[35] aufgegangen. Daß Gemeinwohl und Sonderinteresse und also „existentielle"[36]

---

auf unsere Tage, 1. Bd.: Der Begriff der Gesellschaft und die soziale Geschichte der französischen Revolution bis zum Jahre 1830, S. 43.

[22] Was allerdings unterschiedlich bewertet wird! Vgl. z. B. *Dagtoglou*, a.a.O., S. 144 und *W. Weber*, a.a.O., S. 48 einerseits, *Ehmke*, a.a.O., S. 24 f. und *Hesse*, Grundzüge, S. 7 f. andererseits.

[23] Vgl. oben in § 1 Anm. 2.

[24] Vgl. z. B. oben sub § 1 bei Anm. 101, 102.

[25] *Leibholz*, Staat und Verbände, VVDStRL 24 (1966), S. 21. So auch *Henke*, Das Recht der politischen Parteien, S. 19 f.; *Kaiser*, Repräsentation, S. 244 ff.

[26] *Henke*, a.a.O., S. 19.

[27] *Henke*, a.a.O.

[28] *Kaiser*, a.a.O., S. 28.

[29] Der Diskussionsbeitrag von *Wacke* auf der Staatsrechtslehrertagung i. J. 1965 (VVDStRL 24 (1966), S. 106 ff.) erscheint deshalb recht isoliert. Dazu oben sub § 1 B I 6 a, b.

[30] *Leibholz*, a.a.O.

[31] *Leibholz*, a.a.O.

[32] *Henke*, a.a.O.

[33] *Grewe*, Zum Begriff der politischen Partei, S. 78 ff., 82. Vgl. auch *Ridder*, VVDStRL 17 (1959), S. 110 (Diskussionsbeitrag).

[34] *Kaiser*, a.a.O., S. 238.

[35] *Leibholz*, a.a.O., S. 14. Ähnlich z. B. *Kaiser*, a.a.O., S. 238 ff.; *Henke*, der am Staat-Gesellschaft-Dualismus festhält, sieht die Parteien zwar „aus der Gesellschaft herausgehoben" (a.a.O. S. 11), rechnet sie aber noch zum nichtstaatlichen Bereich. Ebenso *Dagtoglou*, a.a.O., S. 145, und *W. Weber*, a.a.O., S. 144 ff., die auch politische Parteien i. w. S. als „Interessenorganisationen" ansehen.

[36] *Leibholz*, a.a.O., S. 13.

Maßstäbe die „Hauptkriterien“[37] für die Unterscheidung von Parteien und Verbänden sind, ist zwar nicht unbestritten, wird aber zumindest als verfassungspolitisches Postulat akzeptiert[38].

b) Beurteilung

Das muß verwundern, weil das Ergebnis einer Analyse von Parteien- und Verbände-„Wirklichkeit“ den referierten Anforderungen in keiner Richtung zu entsprechen vermag.

aa) Verbände

Daß Private (z. B. Verbände) durchaus dem Gemeinwohl dienen können, wurde schon oben gezeigt[39]. Die Gemeinwohl-Verpflichtung wurde als keineswegs nur akzidentieller Natur erkannt; die beispielhaft erwähnten Organisationen[40] sind vielmehr „satzungsgemäß“, also „von Rechts wegen“ gemeinwohlorientiert[41]. Ihr „privater“ Status wurde deswegen sogar als problematisch bezeichnet[42], obwohl ihre Zuordnung zum staatlichen Bereich gleichfalls fernliegt. Auch die Ziele der Interessenverbände i. e. S. können nicht generell als privat-egoistisch bezeichnet werden, wenn — wie gezeigt[43] — Verbandsinteressen zu staatlichen Zielen und daher wohl zum Inhalt des „gemeinen Besten“ werden können.

bb) Politische Parteien

Auch umgekehrt wird der Nachweis nicht zu führen sein, nur diejenigen Organisationen seien politische Parteien, welche das Gemeinwohl verfolgen[44]. Wenn auch die führenden Parteien in der Bundesrepublik Deutschland — zumindest ihrem Selbstverständnis nach — „Volksparteien“ sind, was wohl (auch) eine Position „über“ den Grup-

---

[37] *Henke*, a.a.O., S. 20.

[38] Den Meinungsstand geben z. B. *Maunz-Dürig-Herzog*, Art. 21 GG Rdnr. 11 wieder.

[39] Sub § 1 B I 6 a, b.

[40] Insbes. in § 1 Anm. 131, 140, 141.

[41] Der Hinweis von *Leibholz*, a.a.O., S. 122 auf Art. 14 II GG vermag nicht zu überzeugen: Art. 14 II GG beinhaltet zwar keine „existentielle“ Bindung des Eigentümers an das Gemeinwohl, sondern begrenzt die Verfolgung privater Interessen. Demgegenüber sind aber die „Gemeinnützigen“ durch satzungsmäßige Festlegung schon definitionsgemäß auf Gemeinwohlbindung festgelegt. Vgl. auch in § 1 Anm. 129: Nur Organisationen, nicht Einzelmenschen können in dieser Weise „existentiell“ gemeinwohlverpflichtet sein. Gegenüber *Henke's* Unterscheidungsmerkmal: „politisch“ (a.a.O., S. 19) ist auf die Organisation in der „sozialstaatlichen Selbstverwaltung“ hinzuweisen; vgl. oben sub § 1 B I 6 b.

[42] Vgl. oben sub § 1 B I 6 a, b.

[43] Vgl. oben sub § 1 B I 6 d. Dazu auch *Zippelius*, Das Wesen des Rechts, S. 58 ff.

[44] Auch das kodifizierte Parteienrecht enthält keinen entsprechenden Hinweis; vgl. Art. 21 GG und ParteienGG.

peninteressen bezeichnen soll[45], ist die Gründung von Parteien bzw. für Interessenverbände[46] so wenig auszuschließen, wie ihre faktische Beherrschung durch Verbände möglich ist[47]. Es ist auch nicht einzusehen, warum die für das kontinental-europäische Parteienwesen (noch) kennzeichnende „ideologisch-weltanschauliche" Differenzierung[48] einer „interessenmäßig-beruflich-wirtschaftlichen" so unvergleichbar ist, daß nur jene der Repräsentation von Gemeinwohl fähig wäre[49].

c) Zwischenergebnis

Die Zuordnung von politischen Parteien und Verbänden zum staatlichen oder privaten Bereich kann mit dem Maßstabpaar: Gemeinwohl — Sonderinteresse in keiner Richtung „sicher" erfolgen. Die Vermutung liegt deshalb nahe, daß die referierten „Motiv"-Theorien mit zu engem Blick auf verfassungspolitische Idealtypen hin konzipiert sind. Als Unterscheidungskriterien rechtlicher Natur müßten Gemeinwohl bzw. Sonderinteresse aber eindeutig verifizierbare Merkmale in der Art „unbestimmter Rechtsbegriffe" sein, wenn sie als konstituierender Bestandteil des Parteien- bzw. Verbandsbegriffs gelten sollen. Der Rückzug auf „Idealtypen", den sich *Leibholz* ausdrücklich freihält[50], ist den „Motivtheorien" jedenfalls zu verwehren, wollen sie den Rahmen rechtlicher Argumentation nicht verlassen[51].

d) Art. 21 GG und das Gemeinwohl

Als „Gemeinwohlbindung" der politischen Parteien ließen sich höchstens die qualifizierten inhaltlichen und verfahrensmäßigen Anforde-

[45] Vgl. z. B. *Kirchheimer*, Politik und Verfassung, S. 141 ff.

[46] Für Österreich z. B. *Kafka*, VVDStRL 24 (1966), S. 93 (Diskussionsbeitrag).

[47] Dazu z. B. *Kafka*, a.a.O., insbes. zum Verhältnis der britischen Labour Party zu den Gewerkschaften. Vgl. auch *Ridder*, a.a.O.

[48] Vgl. z. B. *Kirchheimer*, a.a.O.

[49] *Winkler*, Staat und Verbände, VVDStRL 24 (1966), S. 67. BVerfGE 24, 300 ff. scheint eine solche, verfassungspolitisch fragwürdige Tendenz i. Erg. sogar zu begünstigen.

[50] a.a.O., S. 21 und 26.

[51] Auf die naheliegenden methodischen Fragen kann hier nur hingewiesen werden: Anders als sozialwissenschaftliche Erkenntnisse oder verfassungspolitische Forderung, muß der Rechtsbegriff gerade für den Einzelfall eindeutige Wertungen, Entscheidungen vermitteln können. Zur „Unbestimmtheit" von Rechtsbegriffen z. B. *Engisch*, Einführung in das juristische Denken, S. 108 ff. Die Spannungslage zwischen Rechtsbegriff und meta-juristischem Begriff erläutert *Martens* mit zahlreichen Nachweisen für die Begriffe „öffentlich" (*ders.*, Öffentlich als Rechtsbegriff, S. 37 ff.) und „Gemeinwohl" bzw. „öffentliches Interesse" (a.a.O., S. 173 ff.). Zur „philosophischen Auslegung" z. B. *Forsthoff*, Die Umwandlung des Verfassungsgesetzes, S. 52 Anm. 30. Zur Abgrenzung von „der" soziologischen Methode neuerdings *Luhmann*, Funktionale Methode und juristische Entscheidung, AöR 94 (1969) S. 1 ff., 31. Zur „Konkretisierung" des Gemeinwohlbegriffs vgl. unten sub d) sowie insbes. B.

rungen an die Parteien bezeichnen, die allein Parteiziele von Verbandszielen unterscheiden lassen[52]: Art. 21 GG beschränkt nämlich einerseits den möglichen Bereich von Parteizielen auf die „verfassungsmäßigen" (Art. 21 II 1 GG) und normiert zugleich das Verfahren, nach dem die Parteiziele[53] (innerparteilich) zu formulieren sind (Art. 21 I 3 GG). Das Gemeinwohl würde eines meta-rechtlichen Inhalts damit zwar unmittelbar entleert[54], der — mögliche — Maßstab für den staatlichen Bereich jedoch zugleich in transparenten „Verfahrensnormen" und „Mißbrauchsgrenzen" entmythologisiert.

e) Zur Methode (Leibholz)

Die Festlegung des Partei-Begriffs auf das Gemeinwohl erscheint — zumal bei *Leibholz* — auch methodisch nicht ohne Problematik. So wäre es zwar immerhin naheliegend, das Gemeinwohl-Postulat, dem staatsbezogenen Repräsentationsbegriff angelehnt[55], für politische Parteien aufzustellen, die als repräsentative Organisationen des Staatsvolkes verstanden werden. Gerade *Leibholz* erkennt die politischen Parteien aber im Gegenteil als „plebiszitäre" Einrichtungen[56], welche ein Gegengewicht zur parlamentarisch-repräsentativen Gesamtverfassung darstellen[57]. Weil aber *Leibholz* andererseits in der Gesamtheit der Parteien doch wieder das „ganze Volk" organisiert bzw. „mediatisiert"[58] sieht, scheint der Rückgriff auf das Gemeinwohl der Lösung des scheinbaren Widerspruchs zu dienen, der aus der plebiszitären Betrachtung der einzelnen Parteien und der Anerkennung einer Repräsentativfunktion des Parteien-„wesens" resultiert.

Das erinnert an die schon beobachtete Tendenz[59], die „Staatlichkeit" — hier im Gewande des Gemeinwohls — zur Absicherung an sich ent-

[52] Hält man am Gemeinwohl-Kriterium — axiomatisch — fest, könnte darin eine grundgesetzkonforme Determinierung der Parteiziele auf das Gemeinwohl hin gesehen werden.

[53] Und damit ggflls. das „konkretisierte" Gemeinwohl.

[54] Meta-rechtliche Wertvorstellungen sind auch dann keineswegs zur Gänze ausgeschlossen. Einbruchsstellen vermag insbes. das „Vorverständnis" der Verfassung bereitzuhalten. Dazu insbes. *Ehmke*, Prinzipien der Verfassungsinterpretation, VVDStRL 20 (1963), S. 55 f., 62 m. w. N. sowie auch unten in Anm. 60.

[55] Gemeint ist das Axiom eines hypothetischen Gesamtinteresses, auf das die klassische Repräsentationstheorie abstellt. Vgl. z. B. *Fraenkel*, Die repräsentative und die plebiszitäre Komponente im demokratischen Verfassungsstaat, S. 334; *C. Schmitt*, Verfassungslehre, S. 209; *Voegelin*, Die neue Wissenschaft der Politik, S. 61 f.

[56] Das plebiszitäre Prinzip soll die Anerkennung eines „präexistenten Gemeinschaftswohls" ausschließen; für viele *Fraenkel*, a.a.O., S. 383.

[57] Z. B. *Leibholz*, Repräsentativer Parlamentarismus und parteienstaatliche Demokratie, S. 354; vgl. auch *Fraenkel*, a.a.O., S. 383.

[58] a.a.O., S. 354, wonach die politischen Parteien „das selbstorganisierte Volk ‚sind'".

[59] Vgl. oben sub § 1 B I 5 c (bei Anm. 118, 119).

fernter liegender Lösungen vorzuschieben. Solcher methodische „Begriffsmißbrauch“ scheint aber auch einem tieferliegenden Bedürfnis zu entsprechen, verfassungsrechtliche Einzelfragen mit Hilfe staatstheoretischer „Anschauungen“[60] zu lösen oder doch zu überbauen. Zwar wird eine Rechtslehre vom Staat ohne die Querbeziehungen zur außerrechtlichen Erkenntnis und Wertung kaum mehr als nur formale „Begriffshülsen“[61] „unter“ der Wirklichkeit zu liefern imstande sein, jedoch werden „Anschauungen“ unmittelbar normative Wertungen erst durch Teilhabe an deren „methodischer Legitimation“ ermöglichen. „Meta“-rechtliches bedarf also erst noch der Umbildung in juristische Begrifflichkeit, was zumal Bezeichnung der „Einbruchsstelle“, Nachweis der Verfassungskonformität u. a. erfordert[62, 63].

f) Politische Parteien als „Wahlvorbereitungsorganisationen“[64]

Eine Rückversicherung in „Anschauungen“ erscheint aber um so weniger angebracht, als die privilegierte Stellung der politischen Par-

---

[60] Mit „Anschauungen“ sollen hier meta-rechtliche „Bewertungen“ von Rechts-Wertungen oder vor- bzw. überpositive „Vor-Urteile“ gemeint sein, deren unmittelbare, normative Relevanz („Verbindlichkeit“) schon deshalb eingeschränkt sein muß. Staats- und Rechtsanschauungen sind zumal Gegenstand der „Allgemeine Staatslehren“. Dazu (kritisch) z. B. *Häberle*, Allgemeine Staatslehre, Verfassungslehre oder Staatsrechtslehre?, ZfP 1965, S. 381 ff., 390; vgl. auch unten sub E. „Anschauungen“ sind sinnverwandt mit verfassungsrechtlichem „Vorverständnis“ (*Ehmke*, a.a.O.) oder „Ideologie“ (*Löwenstein*, Verfassungslehre, S. 10). Vgl. auch *Lerche*, Stil, Methode, Ansicht, DVBl. 1961, S. 697, der „An‚schau‘ungen“ stilisierendes „Ansichtendenken“ gegenüberstellt.

[61] *Häberle*, a.a.O., S. 390.

[62] Ganz ähnlich z. B. *Martens*, Öffentlich als Rechtsbegriff, S. 39 f.; vgl. auch unten sub B, D und E II.

[63] Es hieße sogar der Anschauung gegenüber der Verfassung den Vorzug zu geben, wenn politische Parteien weiterhin entweder in „Staat“ oder „Gesellschaft“ eingeordnet werden, obwohl das antagonistische Trennungsdenken als nicht mehr grundgesetzkonform abgelehnt wird. Vgl. oben sub § 1 B I 4 c und § 3 A II 1 sowie z. B. *Leibholz-Rinck*, a.a.O., Anm. 9 zu Art. 21 GG (N. 108 ff.). Nachweise auch oben in Anm. 22 sowie bei *Bäumlin*, a.a.O.; *Bracher*, a.a.O., S. 11 ff., 19 ff.; *v. d. Gablentz*, a.a.O., S. 8 ff. 14 ff. Auch der Versuch von *Forsthoff* u. a. (*ders.*, Begriff und Wesen des sozialen Rechtsstaats, S. 175 ff.; zur „liberalen Rechtsstaatsschule“ auch oben sub § 1 bei Anm. 5 sowie unten sub § 4 B), durch weitgehende Formalisierung des Dualismus auf „Wert-Fragen“ zu verzichten (dazu kritisch z. B. *Lerche*, Übermaß und Verfassungsrecht, S. 53 ff., 58), vermag jedenfalls nicht mehr, die Parteien in „ihren“ Bereich einzuweisen: Als Wahlvorbereitungsorganisationen müßten sie dem staatlichen, im übrigen dem privat-gesellschaftlichen Bereich zugeschlagen werden — was zu den Widersprüchlichkeiten des „Parteienfinanzierungs-Urteils“ führen muß (BVerfGE 20, 56, 98 ff., 101 f.); vgl. dazu auch *Häberle*, Unmittelbare staatliche Parteifinanzierung unter dem Grundgesetz, JuS 1967, S. 73, wonach die politischen Parteien bei solcher Konsequenz zu „schizophrenen Wesen“ gemacht würden. Der Antagonismus wäre in den politischen Parteien jedenfalls entweder gesprengt — oder versöhnt.

[64] Vgl. auch oben sub § 1 B I 4 b sowie unten sub § 5 C I.

teien nach dem Grundgesetz der Zuordnung zu staatlichem Bereich oder Gemeinwohl gar nicht bedarf, sondern mit der verfassungsrechtlichen Qualifizierung der Parteien-*Funktionen* ausreichend zu erklären ist. Es muß daher überraschen, wenn oft nur am Rande darauf hingewiesen wird, die Verbände stellten „*auch* selbst keine Wahlkandidaten" auf[65]. Dabei vermag nur dies zur rechtlichen Differenzierung reichen; nur damit kann auch die verfassungsprozessuale Anerkennung der Parteien als „Verfassungsorgane" erklärt werden[66], wogegen z. B. eine Automatik zwischen „existentieller" Gemeinwohlbindung und prozessualer Privilegierung[67] die gesamte prozessuale Systematik zu sprengen drohte[68].

Die Unterscheidung von Parteien und Verbänden wird deshalb nicht nach „Bereichen", sondern nur nach dem Grad der „Anerkennung" ihrer Funktionen möglich sein[69]. Das schließt weitergehende Qualifizierung nicht aus, die dann erst eigentlich das „Fleisch" darstellen wird[70]. „Offenbarungseid" einer politischen Partei kann aber nur das Mitwirken an politischen Wahlen sein[71]. Darin kulminiert ihr „verfassungsrechtlicher Status"[72] und ist das singulär Parteiliche bezeichnet[73].

g) Ergebnis

Die Unterscheidung eines privaten vom staatlichen Bereich ist jedenfalls bei Parteien und Verbänden höchstens formal möglich. Materiell-inhaltliche, existentielle u. a. Begründungen sind in aller Regel auch nur vorgeschoben, um eine bereits von Verfassungs wegen erfolgte Differenzierung nach Funktionen in Staats-„Anschauungen" zu integrieren.

---

[65] *Henke*, a.a.O., S. 19 (ohne Hervorhebung).

[66] Vgl. die Nachweise oben in § 1 Anm. 99.

[67] So aber wohl *Leibholz*, Staat und Verbände, VVDStRL 24 (1966) S. 22.

[68] Z. B. hinsichtlich der Stellung von „Gemeinnützigen", Tarifpartnern u. a. Vgl. dazu auch *Ehmke*, VVDStRL 24 (1966) S. 94 ff. (Diskussionsbeitrag).

[69] So auch *Ehmke*, a.a.O.

[70] So auch die Tätigkeitenbeschreibung in § 1 II ParteienG!

[71] Auch das empirische Erscheinungsbild — Gegenstand weitergehender, sozialwissenschaftlicher Forschung — wird sich den Konturen des Wahlrechts, aus dem die Parteien ihre Legitimation schöpfen, anpassen.

[72] Vgl. aber oben sub § 1 B 1 4 a. So auch *Wittkämper*, Grundgesetz und Interessenverbände, S. 19, 160 ff., 169, sowie z. B. Bericht der *Parteienrechtskommission*, S. 127, und (insoweit) *Kaiser*, a.a.O., S. 246 ff. In materiell-inhaltlicher Hinsicht, unter Absehen von der differenzierten rechtlichen Bewertung ihrer Funktionen, kann BGH, NJW 1968, S. 1830, deshalb die Tätigkeit von Parteien und Gewerkschaften „in ähnlicher Lage" sehen.

[73] Vgl. auch § 2 II ParteienG, wonach eine „Vereinigung" den Status als „Partei" verliert, wenn sie an politischen Wahlen nicht mehr teilnimmt. Erst innerhalb dieses Parteienbegriffs, dessen „Begriffskern" die Teilnahme an Wahlen ist, kann dann hinsichtlich der legitimen Ziele unterschieden werden; vgl. oben sub d.

2. *Mitwirkung Privater in Staatsorganen*

a) „Ethische" Erwartungen

Die Vorstellung eines dem Inhalt nach qualifizierbaren staatlichen Bereichs ist auch dort anzutreffen, wo der Gemeinwohlbegriff zur „Rechtfertigung" privater Mitwirkung in staatlichen Organen bemüht wird: Weil Private in Staatsorganen[74] (angeblich) ihre Verantwortung „für das Ganze"[75] erkennen, wird die „innerlich gemeinschaftsbezogene ... Persönlichkeit"[76] als Organträger „das Gemeinwohl ... beachten"[77]. Solche Erwartung qualitativer Bewußtseinsveränderung überrascht besonders, wenn sie selbst den Vertretern der sonst gerade „existentiell egoistisch" bezeichneten Interessenverbände unterstellt wird[78].

b) Beurteilung

Mit Hilfe „ethischer" Anforderungen (oder Unterstellungen) kann jedoch weder die Durchsetzung privater Interessen im Staat[79] und die Mitwirkung Privater an staatlichen Entscheidungen, noch der staatliche Bereich selbst hinreichend erklärt werden. Mag auch die staatliche Wirksamkeit ihre Legitimation aus der Verwirklichung des „Gemeinwohls" schöpfen[80], kann doch nicht im Umkehrschluß auf eine persönliche Motiv-Verschiebung beim mitwirkenden Privaten geschlossen werden. Was qualitativ umschlägt, ist lediglich das von Privaten dargestellte und verfolgte Interesse[81], das nämlich, setzt es sich durch, die kategoriale Erweiterung der staatlichen „Geltung" erfährt. Nur diese Erweiterung (im Formalen) kann es zum Inhalt des „gemeinen Besten" werden lassen, nicht aber eine gewandelte „Gesinnung" u. ä.[82]. Private

---

[74] In Sachverständigenkommissionen, Beiräten, 2. Kammern usw.; vgl. auch oben sub § 1 B I 1.

[75] *Küchenhoff*, VVDStRL 24 (1966) S. 89 (Diskussionsbeitrag).

[76] *Küchenhoff*, Die Rechtsstellung des Bayerischen Senats, DÖV 1965, S. 80.

[77] *Küchenhoff*, a.a.O.

[78] Vgl. z. B. *Dagtoglou*, a.a.O., S. 159; *H. Huber*, Staat und Verbände, S. 31 f.; *Krüger*, Allgemeine Staatslehre, S. 406; *Scheuner*, in: Der Staat und die Verbände, S. 18.

[79] Vgl. auch oben sub § 1 B I 6 d.

[80] Dazu unten sub B.

[81] Bzw. das „fachmännische Urteil". Zur Problematik der Unterscheidung zwischen Interessenvertretern und Experten z. B. *Dagtoglou*, a.a.O., S. 59 ff.

[82] Dagegen z. B. *Küchenhoff*, a.a.O., der aber wohl zu wenig berücksichtigt, daß korporative Organe — wollen sie (auch) der Offenlegung von kontroversen Interessenlagen dienen — gerade die Chance der Artikulation von Individualinteressen gewährleisten müssen. Dazu auch unten sub § 5 B. Das Selbstverständnis des Bayerischen Senats, der „senatorale Typus" zumal (vgl. die Ansprache des ersten Präsidenten des Bayerischen Senats, Dr. J. Singer, in der Eröffnungssitzung vom 4. 12. 1951, Verhandlungen des Bayer. Senats Bd. I, S. 4), nicht ohne Romantik konzipiert (vgl. aber auch Art. 36 III BayVerf, Art. 23 S. 1 Bayer. SenatsG vom 31. 7. 1947, BayBS I, S. 92), mag es nicht

handeln im „Gemeinschaftsinteresse“[83] also nicht deshalb, weil sie, dank ihrer Mitwirkung in Staatsorganen, die eigenen Interessen nunmehr „sub specie boni communis“[84], gleichsam geläutert erkennen, sondern ausschließlich wegen der formalen Zuordnung einer z. B. im Bayerischen Senat, in Beiräten usw. erfolgten Meinungsbildung zu einem qua Definition gemeinwohl-determinierten Staat[85]. Ob ein Organ evtl. Gemeinwohl-Anforderungen dann entspricht, ist eine davon zu unterscheidende Frage.

c) Ergebnis

Privater und staatlicher Bereich sind (insoweit) jedenfalls nicht des „Motivs“ bzw. der „Gesinnung“ wegen[86], sondern allein des formalen Kriteriums der „Geltung als staatlich“, der Qualität der Rechtsakte wegen unterscheidbar.

B. Das Gemeinwohl

Das Staatliche seinem „Inhalt“ nach zu bestimmen, konzentriert sich auf die Frage nach dem „Gemeinwohl“. Die Vorstellung, der Staat hätte das „gemeine Beste“[87] zu realisieren, prägt auch die Staatstheorie seit ihren Anfängen[88]. Die ehrwürdige Tradition des Begriffs erleichtert dabei nicht gerade ein sachbezogenes Verständnis: Zu vieles an theologischen, philosophischen, politischen, zuletzt auch rechtlichen Vorstellungen ist mit „Gemeinwohl“ verbunden worden[89]. Die Skala reicht von der Begründung für soziales Leben schlechthin[90], über die idealtypische

---

zuletzt gehindert haben, den Bayerischen Senat zur prägenden Kraft im bayerischen Verfassungsleben werden zu lassen (vgl. z. B. *Herzog*, Das Verbandswesen im modernen Staat, S. 15).

[83] Im statusbegründenden Sinne.

[84] So aber *Küchenhoff*, VVDStRL 24 (1966), a.a.O.

[85] Dazu unten sub B I 3.

[86] Mitunter spiegelt sich in solchen Erwartungen auch nur Resignation wider gegenüber einer Wirklichkeit, die Willensbildung im Gemeinwesen nicht auf Legislative und Beamtenschaft beschränkt (vgl. z. B. *Dagtoglou*, a.a.O., S. 159), was dann zu vitalistischen Ratschlägen führen kann, wie: „Oft muß man die Gefahr in Kauf nehmen“ (*Dagtoglou*, a.a.O., S. 165).

[87] Vgl. *W. Merk*, Der Gedanke des gemeinen Besten in der deutschen Staats- und Rechtsentwicklung. „Allgemeininteresse“, „Gemeinwohl“, „Allgemeine Wohlfahrt“, sowie m. E. „öffentliches Interesse“, „Uneigennützigkeit“ sind Versionen des gleichen Begriffs. So auch *Riedel*, Gemeinwohl und Person, PVS 1961, S. 223 Anm. 2.

[88] Nachweise für das deutsche Staatsdenken vor allem bei *W. Merk*, a.a.O. Vgl. auch schon *Cicero*, De legibus III, 3, 8: „Salus populi suprema lex esto.“

[89] Dazu z. B. *Radbruch*, Der Mensch im Recht, S. 88 ff.; *Schulz-Schaeffer*, Die Staatsform der Bundesrepublik Deutschland, S. 65 f.

[90] Vor allem in der katholischen Soziallehre. Dazu z. B. *Klüber*, Art. Staat

Bezeichnung der „Vollkommenheit in den zwischenmenschlichen Beziehungen“[91] bis hin zur fallweisen Rechtfertigung staatlicher Eingriffe in Grundrechte[92].

Es bedarf keiner weiteren Begründung, daß normatives Verständnis des Gemeinwohlbegriffs nur Auslotung der engeren, den „Staat im Rechtssinne“ meinenden Inhalte sein kann, ohne doch gleichzeitig Ausforstung weitergehender Vorstellungen bedeuten zu müssen. Zwar wird der staatsrechtliche Gemeinwohlbegriff aus der Palette möglicher Gemeinwohl-Inhalte nur wenige Farben wählen können. Das heißt aber das „ganze“ Bild nicht leugnen: Der Standpunkt des Betrachters muß dann nur „über“ der Einzeldisziplin liegen[93].

I. Gemeinwohl als Rechtsbegriff (Anforderungen)

1. *Gemeinwohl als abstrakter Begriff*

Gemeinwohl, auf das staatliche Gemeinwesen bezogen, wird als die tiefgehendste Legitimation der politisch-staatlichen Ordnung und damit

(katholisch), EvStL Sp. 2162; *Messner*, Das Naturrecht, S. 190 ff.; *Zippelius*, Allgemeine Staatslehre, S. 69.

[91] *Henkel*, Einführung in die Rechtsphilosophie, S. 366. Daß Gemeinwohl-Verwirklichung kein staatliches Monopol ist, zeigen z. B. *Henkel*, a.a.O., S. 377, und *Vogel*, Öffentliche Wirtschaftseinheiten in privater Hand, S. 63. Vgl. auch oben sub § 1 B I 6 a, b.

[92] Vor allem im Enteignungsrecht, Art. 14 III 1 GG. Dazu z. B. BVerfGE 14, 263, 282; 21, 92 f.; NJW 1969, S. 309 ff., 313. Ähnlich die „Stufentheorie“ des BVerfG zu Art. 12 I GG seit BVerfGE 7, 377, 405.

[93] Auf die methodische Problematik kann wiederum nur hingewiesen werden; vgl. auch oben sub A II 1 e sowie unten sub E II. Zur Problematik eines „interdisziplinären“ Staatsbegriffs z. B. *Scheuner*, Das Wesen des Staates und der Begriff des Politischen in der neueren Staatslehre, S. 248, der einen „einheitlichen“ Staatsbegriff aller Staatswissenschaften unter Einräumung einzeldisziplinärer „Standpunkte“ fordert. Vgl. andererseits *Luhmann*, Funktionale Methode und juristische Methode, AöR 94 (1969) S. 31, der zum Ausgangspunkt „interdisziplinärer Kooperation“ Einsicht in die (fachdisziplinär) „deutlich unterscheidbare(n) System- und Entscheidungstheorien“ wählt und Trennung mit Kooperation anstelle (z. B.) soziologischen „Dilettantismus“ vorschlägt (a.a.O., S. 17, 31). Daß es an wirklichkeitsorientierter Staatstheorie fehlt, wird häufig kritisch vermerkt; vgl. z. B. *Ehmke*, Prinzipien der Verfassungsinterpretation, VVDStRL 20 (1963) S. 65; *Häberle*, Allgemeine Staatslehre, Verfassungslehre oder Staatsrechtslehre?, ZfP 1965, S. 390, 395 Anm. 78; *Heller*, Staatslehre, S. 26 f. Ansätze einer Theorie der „legitime(n) Eintrittspunkte“ der Sozial- in die Rechtswissenschaft finden sich z. B. bei *Trappe*, Zur Situation der Rechtssoziologie, insbes. S. 12 ff. Der Ignoranz gegenüber dem Faktischen kann freilich auch umgekehrt Ignoranz gegenüber dem Normativen entsprechen. Dazu z. B. *Hesse*, Die normative Kraft der Verfassung, S. 6 ff., 9 ff., sowie zuletzt *Grimm*, Recht und Politik, JuS 1969, S. 501 ff., 509 f. Bemerkenswert auch die — freilich nicht weiter vertiefte — Kontroverse zwischen den Referenten der Staatsrechtslehrertagung 1968 (*Friauf* und *Wagner*) einerseits, *v. Simson, Roellecke, Krüger, H. H. Rupp, Ipsen* u. a. andererseits zur Ummünzung ökonomischer in juristische Formeln, VVDStRL 27 (1969) S. 82 ff.

als ihr oberstes „Ziel“ verstanden[94]. Es soll den allgemeinsten Begriff einer „Idee“ bezeichnen, die den Staat auf das „Richtige“ oder doch das „Angemessene“ verpflichtet[95]. Solche Bescheibungen schaffen freilich mehr Fragen, als sie selbst zu beantworten vermögen, denn *was* „in einer bestimmten Sozietät das Sozialrichtige“ ist[96], bleibt dann immer noch ungeklärt. Dabei darf auch nicht übersehen werden, daß auf „deduzierbare“, also konkretisierbare Verinhaltung des Gemeinwohlbegriffs z. T. auch bewußt verzichtet wird, weil man sich mit der axiomatischen Projizierung eines objektiven „Besten“ begnügt[97].

Wenn aber im Gemeinwohl ein „letzter Maßstab“ der staatlichen Wirksamkeit und damit die Reichweite des Staates umfassend zu erkennen ist, muß es — als damit Rechtsbegriff — „konkretisierbar“, also im Einzelfall verifizierbar sein. Wäre Gemeinwohl nämlich als Blankettbegriff[98] oder dilatorischer Formelkompromiß der normativen Verbindlichkeit weitgehend entzogen, müßte sich seine Relevanz im (u. U. auch verfassungspolitisch) Spekulativen verlaufen.

2. *Gemeinwohl als „Wert“*

a) Zur Verifizierbarkeit von Werten

Die rechtliche Problematik des Gemeinwohl-Begriffs liegt weniger in der Frage, *ob* es ein objektives Interesse des Gemeinwesens gibt, das die „Wahrheit“ über Ziele, Zwecke, Bedürfnisse usw. des Staates[99] anzeigt und also das „Sozialrichtige“ ist, sondern ob es *Methoden* gibt, den jeweils richtigen Inhalt des Gemeinwohls zu erkennen[100]. Die Rechtserheblichkeit des Gemeinwohlbegriffs hängt daher davon ab, inwieweit er juristischen Methoden zugänglich ist[101].

---

[94] So z. B. *Bäumlin*, Art. Rechtsstaat, EvStL Sp. 1739; *Ebers*, Art. Staat, Staatslexikon (1931) Sp. 1826; *Gundlach*, Art. Gemeinwohl, Staatslexikon (1959) Sp. 738; *Henkel*, a.a.O., S. 447 ff.; *Kägi*, Rechtsstaat und Demokratie, S. 139 f.; *Köttgen*, Die erwerbswirtschaftliche Betätigung der öffentlichen Hand und das öffentliche Recht, S. 13 ff.; *Peters*, Art. Staat, Staatslexikon (1962) Sp. 525, 532; *Schulz-Schaeffer*, a.a.O., S. 68 f. Zu den Leugnern der Gemeinwohl-Idee dagegen z. B. *Krüger*, Allgemeine Staatslehre, S. 765, insbes. in Anm. 22.

[95] *Henkel*, a.a.O., S. 373, weshalb es auch nicht zutreffend sein kann, das Gemeinwohl nur als Aspekt der „Rechtfertigungslehren“ anzuerkennen; vgl. z. B. *Messner*, a.a.O., S. 190; jedoch *ders.*, S. 725 ff.

[96] *Henkel*, a.a.O.

[97] So die klassische Repräsentationstheorie; vgl. oben sub A II 1 e (bei Anm. 55).

[98] So wohl BVerfGE 3, 332 ff. Für justiziablen Rechtsbegriff dagegen z. B. BVerwGE 18, 247 ff.; 19, 171 ff.; BayVGHE n. F. 7, 121 ff. sowie z. B. *H. H. Rupp*, Wohl der Allgemeinheit und öffentliche Interessen — Bedeutung der Begriffe im Verwaltungsrecht, S. 117 f., 119 ff.

[99] *Wolff*, a.a.O., I, § 29 I b 2.

[100] *Martens*, Öffentlich als Rechtsbegriff, S. 175.

[101] Es erscheint daher gar nicht erforderlich — so aber *Martens*, a.a.O. —, Werte schlechthin für wissenschaftlich unverifizierbar zu erklären.

b) Weltanschauliche Vorstellungen vom Gemeinwohl

Der Gemeinwohlbegriff ist Kernstück der katholischen Staats- und Soziallehre[102]. Er soll den staatlichen „Gemeinschaftszweck“[103] bezeichnen, nämlich die „Schaffung der Bedingungen, die es den Gemeinschaftsmitgliedern ermöglichen, ihre gottgegebenen Anlagen zu entfalten und so den Sinn ihres Daseins zu erfüllen“[104, 105].

Ein weltanschaulich-religiöser Gemeinwohlbegriff kann aber nicht unbesehen in den juristischen Staatsbegriff (insbes. des Grundgesetzes) eingeführt werden, auch wenn er als legitimes Selbst- bzw. Staatsverständnis einer sozialen Gruppe zu respektieren ist[106]. Das grundrechtliche Rechtsverständnis ist zwar — nach BVerfG[107] — in überpositiven, vorstaatlichen Wertvorstellungen abgesichert. Im Bereich der „politischen Grundanschauungen“[108], wozu die Bezeichnung des jeweiligen gemeinen Besten fraglos rechnet, kann es jedoch „unwiderlegbare Richtigkeit“[109] und damit Übernahme eines verbindlichen, „ideologischen“ Systems nicht geben[110]. Dem weltanschaulich-neutralen Staat des Grundgesetzes liegt — auch nach BVerfG[111] — als Grundüberzeugung ein gemäßigter „Relativismus“ zugrunde[112], der ideologiefrei, wenn auch „ausfüllungsfähig“ ist[113].

---

[102] Vgl. z. B. *Klüber*, Art. Staat (katholisch), EvStL Sp. 2162; *Messner*, a.a.O.; *Schreeb*, Staat und Politik in katholischer Sicht, S. 260 f.; *Zippelius*, a.a.O. Dazu kritisch z. B. *Ryffel*, Öffentliche Interessen und Gemeinwohl — Reflexionen über Inhalt und Funktion, S. 19.

[103] *Klüber*, a.a.O.

[104] *Klüber*, a.a.O.

[105] Die (vorkonziliare) katholische Soziallehre hat dazu eine Kasuistik möglicher Konkretisierungen entwickelt. Vgl. z. B. *Schreeb*, a.a.O., passim. Dazu insbes. die päpstlichen Enzykliken „Rerum Novarum“, „Quadragesimo Anno“, „Mater et Magistra“ u. a.; abgedruckt auch in: Päpstliche Verlautbarungen zu Staat und Gesellschaft, Hg. *Helmut Schnatz*, Darmstadt 1969.

[106] Vgl. z. B. die Auseinandersetzung um das sog. „Subsidiaritätsprinzip“, zumal seit der Neufassung von BSHG und JWG.

[107] BVerfGE 1, 18, 32; 3, 225 (Ls. 2). Das bedeutet nicht (notwendig) Inkorporierung naturrechtlicher Vorstellungen; vgl. z. B. *Leibholz-Rinck*, a.a.O., Einführung Rdnr. 7.

[108] BVerfGE 5, 85, 224 unter Berufung auf *Radbruch*.

[109] BVerfG, a.a.O.

[110] So z. B. *Lerche*, Art. Sozialhilfe, EvStL Sp. 2057.

[111] Nachweise oben in Anm. 107, 108.

[112] Nach *Kelsen* für die demokratische Staatsform kennzeichnend; vgl. *ders.*, Allgemeine Staatslehre, S. 370, sowie z. B. *H. H. Klein*, Teilnahme des Staates am wirtschaftlichen Wettbewerb, S. 275.

[113] Der „Relativismus“ des Grundgesetzes zeigt sich insbes. auch in dessen „wirtschaftspolitischer Neutralität“. Dazu z. B. BVerfGE 4, 7, 8 (Ls. 6), 17 f.; 7, 377, 400; 12, 341, 347; weitere Nachweise bei *Leibholz-Rinck*, a.a.O. In der Lehre dazu vor allem *Ehmke*, Wirtschaft und Verfassung, S. 4 ff., 34, 39 f. Kritisch (neuerdings) *H. H. Klein*, a.a.O., S. 105 ff., vor allem wegen des (angeblich) unvergleichbaren Vorbilds der US-Verfassung.

3. *Gemeinwohl und Staat*

Es verspricht auch nicht weiterzuführen, einen apriorischen Gemeinwohlbegriff zu wählen, der als „soziales Prinzip" nur *auch* den Staat bindet. Zwar ist das Prädikat des „Gemeinnützigen" unübersehbar kein spezifisch staatliches Privileg[114]. Doch werden außerstaatliche, z. B. ethische Gemeinwohlvorstellungen den staatlichen nicht angemessen sein können, während umgekehrt das außerstaatliche „Gemeinnützige" an solchen Normen zu messen sein wird, die das „Beste" des Gemeinwesens bezeichnen, um also — am Ende — mit dem Wirken des Staates verglichen oder gar gleichgesetzt zu werden[115]. Gemeinwohl würde dann nur noch „Verhaltensnorm" sein, so daß „gemeinnützig" handeln hieße: „wie Staat" handeln.

a) Gemeinwohl als „Motiv"

aa) Die „Uneigennützigkeit" des Staates

Mit der Formel „Uneigennützigkeit" u. ä. des Staates das Gemeinwohl am staatlichen Wirken gleichsam ablesen zu wollen, scheint aber auf einem Zirkelschluß zu beruhen: Weil der Gemeinwohl-Begriff erst wegen der vorausgehenden (axiomatischen) Vorstellung vom „Zweck" des Staates, nämlich das Gemeinwohl zu realisieren[116], erheblich wird, *muß* staatliches Handeln „gemeinnützig" sein, will es rechtmäßig sein. Ein „egoistisches" Interesse kann es nur geben, soweit es mit dem der Allgemeinheit zusammenfällt[117]. Genauer: Die „eigenen" Interessen des Staates können nur die der Allgemeinheit sein[118]. Das uneigennützige, gemeinwohlverpflichtete Handeln des Staates ist dann aber nicht akzidenteller Natur — i. S. etwa eines nachahmensfähigen staatlichen „Motivs" —, es ist sein „Begriff" und schränkt daher Folgerungen auf ein allgemeines „Prinzip" ein.

Das „staatsrechtliche" Gemeinwohl bedarf also spezifischer Definition. Als Teilinhalt des Staatsbegriffs wird es strukturelle Besonder-

---

„Neutralität" meint Fehlen verfassungsrechtlicher Prä-Fixierung auf nur *ein* wirtschaftspolitisches Modell, jedoch nicht staatliche „Indifferenz"; so z. B. *Steindorff*, Wirtschaftsrechtliche Maßstäbe im Arbeitsrecht, RdA 1965, S. 256. Weil „Relativismus" zu einem solchen Mißverständnis führen könnte, spricht z. B. *Hesse*, Grundzüge, S. 64, stattdessen von „Offenheit" des Grundgesetzes. Die vorgegebene Neutralität ist — in den Grenzen der Verfassung — „ausfüllungsfähig". Zu ähnlichen Lösungen kommen *Lerche*, Verfassungsrechtliche Zentralfragen des Arbeitskampfes, S. 62 ff., und *Steindorff*, a.a.O.

[114] Vgl. oben in Anm. 5.

[115] Vgl. auch oben sub § 1 B I 6 a, b.

[116] Vgl. oben bei Anm. 94.

[117] Im Rahmen des Gemeinwohl-Axioms gedacht!

[118] So z. B. auch *Becker*, VVDStRL 19 (1961) S. 249 (Diskussionsbeitrag); *H. H. Klein*, a.a.O., S. 141; *Köttgen*, a.a.O.

heiten aufweisen, die nicht notwendig von einem abstrakten und allgemeinen Gemeinwohlbegriff her zu erschließen sind[119].

bb) Insbesondere: Die „fiskalischen" Interessen

Daß scheinbar „egoistische" Interessen des Staates nur solche der Allgemeinheit sein können, zeigen insbesondere die sog. „fiskalischen Interessen", die freilich in Lehre und Rechtsprechung recht unterschiedlich als entweder „private"[120] oder „öffentliche"[121] Interessen qualifiziert werden. Fiskalische als öffentliche Interessen zu bezeichnen liegt aber schon deshalb nahe, weil eine unmittelbare Beziehung zur Stärkung der staatlichen Finanzkraft wahrzunehmen ist und die daraus resultierende Bestandssicherung bzw. Steigerung der staatlichen Leistungsfähigkeit usw. dem Gemeinwesen selbst zugute kommen[122, 123]. Nicht jedes fiskalische Interesse kann damit schon *legitimes* öffentliches Interesse, also konkreter Gemeinwohlinhalt werden[124]. Deshalb sind aber fiskalische gleichwohl nicht „private" Interessen. Sie müssen vielmehr im Einzelfall gegenüber höherrangigen, „gemeinwohlnäheren" öffentlichen Interessen zurücktreten[125, 126].

---

[119] Ohne diesen damit leugnen zu müssen. Die Inhalte eines möglichen universellen Gemeinwohl-Begriffs können jedoch nur innerhalb bzw. aus der spezifisch staatlichen Situation heraus verifizierbar sein. Vgl. auch oben in Anm. 101.

[120] Genauer: als nicht-öffentliche Interessen; z. B. OVG Hamburg, DVBl. 1963, S. 931, 933; OVG Münster, JR 1950, S. 309; *Forsthoff*, Verwaltungsrecht, S. 313.

[121] BVerwG Buchholz Bd. 3, § 80 VwGO, Nr. 3 und 4; OVG Koblenz, DVBl. 1967, S. 239 f.; *Häberle*, „Fiskalische" Interessen als „öffentliche" Interessen i. S. des § 80 Abs. 2 Nr. 4 VwGO?, DVBl. 1967, S. 223; *H. H. Klein*, a.a.O., S. 140 ff., 142; *Martens*, a.a.O., S. 199.

[122] *H. H. Klein*, a.a.O.; *Martens*, a.a.O. Nach *Häberle*, a.a.O., liegt in der Wahrung der finanziellen Interessen des Staates „ein Stück unmittelbarer Realisierung des staatlichen Gemeinwohlauftrags".

[123] So kann das fiskalische Interesse z. B. öffentliches Interesse i. S. des § 80 II Nr. 4 VwGO werden und deshalb die Einbehaltung der Dienstbezüge des entlassenen Beamten aus Gründen des finanziellen Risikos rechtfertigen. Vgl. z. B. BVerwG, a.a.O.; *Häberle*, a.a.O.; *Martens*, a.a.O.

[124] Weshalb z. B. die aus fiskalischem Interesse betriebene Enteignung rechtswidrig ist; vgl. z. B. *Martens*, a.a.O., S. 200. Der Grundrechtsschutz ist dabei ein „höherrangiges" öffentliches Interesse; vgl. unten bei Anm. 125.

[125] Dazu unten sub II; vgl. auch *Wolff*, a.a.O., I, § 29 III a 3. Insoweit mißverständlich *Martens*, a.a.O.

[126] Auch die erwerbswirtschaftliche Betätigung des Staates (vgl. dazu insbes. *Bullinger*, Vertrag und Verwaltungsakt, S. 90 ff., sowie *Mallmann* und *Zeidler*, Schranken nichthoheitlicher Verwaltung, VVDStRL 19 [1961] S. 165 ff., 208 ff.; *Wolff*, a.a.O., I, § 23), soll daher Gemeinwohl-Realisierung sein; so insbes. *H. H. Klein*, a.a.O., S. 140 ff.; a. A. z. B. *Krüger*, Allgemeine Staatslehre, S. 323, 764; mißverständlich *Martens*, a.a.O. Auch hierbei dürfte es Frage des Einzelfalls sein, welches der denkbaren öffentlichen Interessen (z. B. fiskalisches Interesse, Wettbewerbsneutralität usw.) im Kollisionsfall vorgeht.

Auch die Fiskalgeltung der Grundrechte könnte dann aber im Lichte der Gemeinwohl-Realisierung gesehen werden! Den Meinungsstand zur Fiskal-

b) Gemeinwohl als „Erfolg"

Ein spezifisch staatlicher Gemeinwohlbegriff ist um so erforderlicher, als gemeinnütziges Wirken auch vom „Erfolg" her unbestimmbar ist. Wenn sich Gemeinwohl auch als Bezeichnung eines idealtypischen „Zustands" verstehen läßt, wird es doch immer Streitgegenstand z. B. politischer Auseinandersetzung sein, *ob* ein Zustand der Befriedigung des Allgemeininteresses vorliegt oder nicht[127]. Was über den normativen Gehalt eines staatsrechtlichen Gemeinwohlbegriffs hinausgeht, kann deshalb nicht mehr die hier gebotene „sichere", nämlich methodische Verifizierbarkeit beanspruchen.

II. Das „konkrete" Gemeinwohl

1. *Gemeinwohl und Güterabwägung*

a) Gemeinwohl und Rechtsordnung

Die Einweisung in die beschriebenen, engen Grenzen eines Rechtsbegriffs begründet eine Interdependenz zwischen Gemeinwohl und Rechtsordnung. Wenn das Gemeinwohl als zunächst nur abstrakte Formel[128] auch nicht „aus sich selbst" zu entwickeln, also nicht unmittelbarer Auslegung zugänglich ist, muß das gemeine Beste doch der Rechtsordnung, deren „höchster Wert", „letztes Ziel" usw. es sein soll, *immanent* sein. Der Zugang zum jeweiligen normativen Gehalt des Gemeinwohls wird damit zur „Güterabwägung", weil jenes rechtlich geschützte Interesse, das im Einzelfall „vorgeht", dem Gemeinwohl als „höchstem" Wert „näher" sein muß[129].

---

geltung der Grundrechte gibt z. B. *H. H. Klein*, a.a.O., S. 165 ff., wieder. Ablehnend vor allem BGHZ, JZ 1962, S. 176 ff. mit kritischer Anm. von *Stern;* bejahend z. B. *Krüger*, a.a.O., S. 526 ff., 536 ff.; *Mallmann*, a.a.O., S. 207; *Stern*, a.a.O., S. 182.

[127] Vgl. auch oben sub § 2 C I a. E. *Zacher* wendet sich deshalb gegen eine Rechtfertigung von Subventionen mit „Verwirklichung des öffentlichen Interesses" u. ä. (vgl. *ders.*, Verwaltung durch Subventionen, VVDStRL 25 [1967] S. 319), weil die Größe „öffentlicher Erfolg" (a.a.O.) nicht „funktionell richtig zu ermitteln ist" (a.a.O., S. 319 f.). *Zacher* hält dagegen eine eindeutige „Messung" (a.a.O., S. 320) durch interdisziplinäre Kooperation (Ökonomie, Finanzwissenschaften usw.) gleichwohl für möglich. Das kann aber nur m. E. überzeugen, weil der Subventionszweck selbst weitgehend aus den jeweiligen politischen Zielvorstellungen resultiert.

[128] Bezeichnend schon, daß der Gemeinwohlbegriff in ganz unterschiedlichen Verfassungssystemen Eingang finden konnte. Vgl. z. B. Art. 3 V, 23 I DDR-Verfassung (1949); Präambel der US-Verfassung; Art. 2 der Bundesverfassung der Schweizerischen Eidgenossenschaft; dazu auch *Riedel*, a.a.O., S. 223, sowie *Schnur*, Gemeinwohl und öffentliches Interesse in den Verfassungen und Gesetzen des sozialen Rechtsstaates, S. 57 ff., 63 ff., der dem Gemeinwohlbegriff im deutschen Bundes- und Länderverfassungsrecht nachgeht.

[129] So insbesondere *Ryffel*, Öffentliche Interessen und Gemeinwohl — Reflexionen über Inhalt und Funktion, S. 13 ff., sowie auch *H. Huber*, Staat und

b) Grenzen einer Güterabwägung

Es bedeutete freilich die Prämissen normativer Auslotung des Gemeinwohlbegriffs verkennen, wenn der angedeutete Weg der Güterabwägung gleichsam zu Ende geführt würde, um ein „höchstes", dem Gemeinwohl dann möglicherweise gleichzusetzendes Rechtsgut zu eruieren. Die Projizierung des Gemeinwohls in die Rechtsordnung läßt es selbst nämlich nur noch Chiffre, abstrakte Sammelbezeichnung sein für eine Folge von Einzelaussagen mit dem gemeinsamen Nenner konkreten „Mehrwerts".

Am Ende eines — gleichwohl — „zu Ende" geführten Abwägungsprozesses stünden im übrigen nur erneut unbestimmte, selbst wieder auf konkret abwägende Auslegung angewiesene, dem Gemeinwohl darin vergleichbare Begriffe. Das wird nirgendwo deutlicher als bei der — höchst kontroversen — grundrechtlichen Schrankenproblematik bzw. Wesensgehaltsgarantie[130]. Auch wenn der „Wesensgehalt" (Art. 19 Abs. 2 GG) eines Grundrechts noch als rechtslogisch verifizierbarer „Wert" verstanden wird[131], reduziert sich sein Gehalt *in praxi* doch auf ein *Postulat,* weil der „normale" Konflikt schon auf der vorgelagerten Ebene von „Verhältnismäßigkeit" und „Erforderlichkeit"[132] ausgetragen wird[133]. Der Wert- bzw. Gütervergleich gelangt dann wiederum „nur" zu formalen Maßstäben[134], Leitlinien zur Konfliktlösung[135].

2. *Gemeinwohl als „Kompetenzaussage"*[136]

Gemeinwohl im staatsrechtlichen Sinn resultiert somit zunächst aus den objektiven Festlegungen der Rechtsordnung[137]. Weil dann aber

---

Verbände, S. 17, und *Wolff,* a.a.O., I, § 29 III a 3. Für „gerechte Abwägung" der widerstreitenden Interessen bei der Bestimmung des Gemeinwohl-Begriffs z. B. BVerfGE 3, 34, 37. Vgl. auch *H. H. Rupp,* Wohl der Allgemeinheit und öffentliche Interessen — Bedeutung der Begriffe im Verwaltungsrecht, S. 124: „Das Wohl der Allgemeinheit, das öffentliche Interesse oder ähnliche Begriffe sind Spiegelungen der hinter dem Normengefüge sichtbar werdenden Wertungen." A. A. z. B. *Radbruch,* Der Mensch im Recht, S. 88 ff., der jedoch das Gemeinwohl als objektiv-abstrakten bzw. idealtypischen, über den Konflikten stehenden Begriff versteht.

[130] Zum Meinungsstand z. B. *Häberle,* Die Wesensgehaltsgarantie des Art. 19 Abs. 2 Grundgesetz, S. 1.

[131] Vor allem BVerfGE 6, 32, 41; 7, 377, 411; 16, 194, 201. Dagegen z. B. BGH, DVBl. 1953. S. 371. Vgl. insbes. auch *Lerche,* Übermaß und Verfassungsrecht, S. 243 ff.

[132] Zu den Begriffen insbes. *Lerche,* a.a.O., S. 19 ff.

[133] Vgl. z. B. BVerfGE 20, 150, 155 ff. (zu Art. 2 I GG); 7, 377, 405 ff. (zu Art. 12 I GG); 18, 121, 132 und NJW 1969, S. 309 (zu Art. 14 I 2, III GG), sowie *Lerche,* a.a.O., S. 134 ff.

[134] Vgl. *Lerche,* a.a.O., S. 53 ff., 58 ff.

[135] Zur Kritik am „Wertdenken" vgl. *Lerche,* Stil, Methode, Ansicht, DVBl. 1961, S. 694.

[136] Der folgende Gedankengang hat inzwischen bei *Martens,* a.a.O., beson-

jedes — auch außerstaatlich — rechtmäßige Verhalten Realisierung des Gemeinwohls wäre, bedarf diese „rechtsstaatliche" Komponente des Gemeinwohlbegriffs zusätzlicher, nämlich spezifisch staatlicher Konturierung. Weil der Staat in aller Regel nicht schon vorweg auf bestimmte Ziele festgelegt ist[138], muß der staatsrechtliche Gemeinwohlbegriff Aussagen zum „Verfahren" enthalten, nach dem im größeren (verfassungsrechtlichen) Rahmen unter den rechtlich „zulässigen" Zielen, Interessen usw. jene auszuwählen sind, die dann von Rechts wegen als „staatlich" gelten.

Welche Interessen es sind, die, zum Gemeinwohl erhoben, in die Rechtsordnung Eingang finden, beantwortet sich nach dem verfassungsmäßig vorgesehenen Verfahren der staatlichen „Willensbildung", der Art und Weise also, nach der die staatlichen Ziele eines konkreten Gemeinwesens allgemeinverbindlich festgelegt werden. Die Gemeinwohlvorstellungen insbesondere des Grundgesetzes konkretisieren sich also weithin erst im demokratischen Willensbildungsprozeß[139] und können damit — letztlich — nur aus den „Verteilungsprinzipien" (Kompetenzen usw.) des Gemeinwesens verstanden werden[140].

Die Kombination rechtsstaatlicher und demokratischer Komponenten[141] vermag auch gegen „ideologische" wie „etatistische" Lösungen gleichermaßen abzublocken: Zum einen „gilt" eine Wertvorstellung dann nicht deshalb, weil sie „wahr" oder „richtig" ist, sondern weil sie auf die im Gemeinwesen anerkannte Verfahrensweise rechtens wird[142]; zum anderen sind im Verfahren bereits Kontrollen installiert, die unter

---

ders S. 185—191, und *Ryffel*, a.a.O., S. 22—31, eine so ausführliche Darstellung erfahren, daß er nur verkürzt wiederzugeben ist.

137 Dazu auch *Ryffel*, Unparteilichkeit, S. 266 f.

138 Zur (insbes.) gesetzgeberischen Gestaltungsfreiheit z. B. *Martens*, a.a.O., S. 186 ff. mit zahlr. Nachweisen sowie z. B. BVerfG, NJW 1969, S. 309, 313: „Der abstrakte Rechtsbegriff des Gemeinwohls deckt eine Vielzahl von Sachverhalten und Zwecken; er bedarf daher der Konkretisierung im einzelnen Fall ... Im übrigen steht es im Ermessen des Gesetzgebers, aus dem vielfältigen Bereich der Gemeinwohlinteressen ein Sachgebiet auszuwählen ..." (S. 313).

139 Zu weitgehende In-Beziehung-Setzung des Gemeinwohl- zum Souveränitätsbegriff wohl bei *Martens*, a.a.O., S. 183 ff., und *Ryffel*, Öffentliche Interessen und Gemeinwohl, S. 20 f.., insbes. im Hinblick auf die schon oben (sub § 2 D III) vermerkte Relativierung des Begriffs der „Volkssouveränität".

140 Ähnlich *Lerche*, Verfassungsrechtliche Zentralfragen des Arbeitskampfes, S. 30 m. w. N.; *Martens*, a.a.O., S. 185; *Ryffel*, Unparteilichkeit, S. 268 f.

141 „Rechtsstaatliche" und „demokratische" Komponenten sind weniger Gegensätze als — nicht eindeutig unterscheidbare — Ergänzung. Vgl. auch die kaum fruchtbare Diskussion um „materiale" oder „formale" Rechtsstaats- bzw. Demokratiebegriffe. Dazu auch unten sub E I und § 4 B.

142 Vgl. auch oben sub I 2. Weil damit nur (methodisch) nach der „Fundstelle" gefragt ist, kann das zwar, muß aber nicht „positivistisch" gedacht heißen. Darüber würde u. a. erst das Verständnis des „Geltungs-Grundes" entscheiden können.

den möglichen Inhalten, dem Sinngehalt der Verfassung entsprechend, entweder ausfiltern[143] oder determinieren bzw. „dirigieren“[144, 145].

III. Ergebnis

Gemeinwohl ist, was der Staat auf die von Verfassungs wegen gebotene Weise zum allgemeinen Besten erklären darf; der Staat realisiert das Gemeinwohl, wenn er rechtmäßig handelt[146].

Wenn die Aufgaben des Staates aus seiner Zielbestimmung: Gemeinwohl-Verwirklichung abgeleitet werden, kann der staatliche Bereich *positiv* nicht anders als der der „legitimen Geltung als staatlich“ definiert werden. Die jeweiligen staatlichen Agenden formuliert, wer zuständig ist.

Ein (normativ verifizierbarer) apriorischer Gehalt des staatlichen Bereichs ist — vom Gemeinwohl her — damit freilich in Abrede gestellt: Die Bereiche zulässiger staatlicher Intervention können dann nur fallweise kognostiziert werden. Der Staat schafft sich „seinen“ Bereich gleichsam selbst, weil ihm das Gemeinwohl nicht apriorische Aktionsbezirke zuweist.

Das „konkrete“ Verständnis von Gemeinwohl bzw. staatlichem Bereich hat einen Verlust an abstrakt-ideeller Überhöhung der Staatlichkeit und auch fachdisziplinäre Enge in Kauf zu nehmen. Dafür scheint „Transparenz“, weitgehende Verifizierbarkeit und — damit — Justiziabilität gewonnen.

C. Der Politische Bereich

I. Der Befund

Während Gemeinwohl Zielorientierung des staatlichen Handelns meint, soll das „Politische“ „Wesensbestimmung“[147] des Staatlichen,

---

[143] Insbes. die Grundrechte.

[144] z. B. durch „Staatszielbestimmungen“, insbes. das Sozialstaatsprinzip. Dazu auch unten sub § 4 B. Zu den „dirigierenden“ Verfassungsnormen insbes. *Lerche*, Übermaß und Verfassungsrecht, S. 61 ff. sowie *ders.*, Das Bundesverfassungsgericht und die Verfassungsdirektiven, AöR 90 (1965) S. 348 ff.

[145] Der verbleibende Spielraum kann — zuletzt — durch öffentliche bzw. politische Kontrolle weiter präzisiert werden.

[146] Auch *Dürig's* Versuch einer „Ver-inhaltung“ des Gemeinwohlbegriffs kann die Bedenken gegen apriorische Bestimmung — sei es auch aus der Verfassung — nicht ausräumen; vgl. *Maunz-Dürig-Herzog*, a.a.O., Art. 2 I Rdnr. 19 ff. Was zur Abwehr von „Selbstherrlichkeit“ des Gesetzgebers (a.a.O., Rdnr. 25) gedacht ist, begründet — im Erg. — gerade dessen Kompetenz, das Gemeinwohl zu konkretisieren, weil die von *Dürig* angegebenen materiellen Sperren (z. B. Störerbegriff, Sozialstaat) m. E. allesamt zur Disposition des Gesetzgebers stehen.

[147] Vgl. z. B. *Smend*, Verfassung und Verfassungsrecht, S. 119 f.

seine existentielle „Urfunktion“[148] sein. Weil die Staatslehre recht einmütig politisches als das „staatsbezogene“ Handeln versteht[149], scheint ein Begriff des Politischen jene inhaltliche Festlegung des staatlichen Bereichs zu versprechen, nach der bislang vergebens Ausschau gehalten wurde. Bei näherem Zusehen muß sich diese Erwartung freilich schon insoweit verkürzen, als das Politische nur Synonym für Vorstellungen ist, deren Aussagewert für den staatlichen Bereich schon oben eingeschränkt wurde: wenn damit z. B. der „Bezug auf das Gemeinwohl“[150] oder „alles, was sich auf einen Staatszweck bezieht“[151] gemeint ist.

Gleichsetzung von staatlich und politisch kennzeichnet aber vor allem eine in der Nachfolge *Hermann Heller's* und *Rudolf Smend's* stehende „Richtung“ der Staatslehre, wonach politisch ist, was die Existenz von „Volk, Nation und Staat“[152] angeht oder begründet und — im engeren Sinne — alles umfaßt, das unmittelbar auf die staatliche Willensbildung zielt[153]; es soll die Kräfte bezeichnen, die den Staat „aus“ der Gesellschaft konstituieren. Viel weitergehender nennt *Carl Schmitt* alles „was den Staat angeht“ politisch[154]; die Politisierung aller gesellschaftlichen Bereiche (Wirtschaft, Kultur usw.), wie sie *C. Schmitt* im modernen Staatswesen wahrnimmt, mündet in den Totalitarismus des Staatlichen[155].

II. Das Politische als Rechtsbegriff

Die Bezeichnung des staatlichen als des politischen Bereichs verlangt wiederum[156] nach spezifischer, auf das Normative eingeengte Begrifflichkeit.

---

[148] Vgl. oben sub § 3 A II 1 a.

[149] Nachweise im folgenden.

[150] *Leibholz,* Strukturprobleme der modernen Demokratie, S. 330. Vgl. auch *Albertus Magnus,* zit. nach *Marcic,* Öffentlichkeit als staatsrechtlicher Begriff, S. 176: „Omnis politia est ad commune bonum et nulla ad privatum.“ Vgl. auch oben sub § 2 A.

[151] *Triepel,* Streitigkeiten zwischen Reich und Ländern, S. 17. Ähnlich z. B. *Leibholz,* Staat und Verbände, VVDStRL 24 (1966) S. 13. Vgl. auch oben sub A und B.

[152] *Leibholz,* a.a.O.; *ders.,* Strukturprobleme, S. 203, 330.

[153] Vgl. insbes. *Heller,* Staatslehre, S. 204; *Preuß,* Zum staatsrechtlichen Begriff des Öffentlichen, S. 79 f.; *Ridder,* Zur verfassungsrechtlichen Stellung der Gewerkschaften, S. 20; *Scheuner,* Das Wesen des Staates und der Begriff des Politischen in der neueren Staatslehre, S. 225 ff., 253; *Smend,* a.a.O.

[154] Verfassungslehre, S. 135.

[155] Vgl. oben sub § 2 A I 2 b.

[156] Insbes. oben sub § 2 A III u. § 3 B I.

1. *Unbestimmtheit des Politik-Begriffs*

a) Politik- und rechtswissenschaftlicher Begriff

Obwohl Gegenstand unübersehbarer insbesondere politikwissenschaftlicher Publikationen, ist ein Konsens über den Begriff des Politischen bei weitem nicht hergestellt[157]. Das jeweilige Politik-Verständnis scheint — im Gegenteil — gerade als die Basis der kontroversen dogmatischen Standpunkte und Lehrsysteme[158], was unvermeidbar erscheint, je weiter der Begriff ausgedehnt wird und z. B. auch außer-staatliche Sozietäten (z. B. „Verbands-Politik")[159] oder persönliche Charakterzüge („politischer Kopf")[160] oder — wie bei *Max Weber* — alles „Streben nach Machtanteil"[161] erfaßt sein sollen. Vergleichbar kontrovers ist auch der Politikbegriff in der Staatsrechtslehre, der sich im übrigen — je nach Standort — politikwissenschaftlichen Vorbildern anschließt[162].

b) Politischer und öffentlicher Bereich

Für die Rechtsprechung ist der Begriff des Politischen zumeist nur im negativen Sinne erheblich, nämlich zur Bezeichnung eines „justizfreien" Raumes[163]. *Leisner* hält insbesondere dem Bundesverfassungsgericht, „welches vor allem berufen wäre, den Raum des ‚Politischen' ... zu umreißen"[164], vor, homogene Begriffsbildung vermissen zu lassen. Dabei müßte der Vorwurf schon auf der Vorstufe einheitlicher Sprachregelung einsetzen: Wenn nämlich das BVerfG z. B. die Mitwirkung der Presse bei der öffentlichen Meinungsbildung als „öffentliche Aufgabe" ausweist[165], weil die Presse die staatliche Ordnung „mitgestaltet" und für die freiheitliche Demokratie „schlechthin konstituierend" sei, beruft

---

[157] Daß ein „anerkannter" Politik-Begriff für die Jurisprudenz dialektisch verwertbar wäre, meint z. B. *Rumpf*, Regierungsakte im Rechtsstaat, S. 35.

[158] *Hättich*, Grundbegriffe der Politikwissenschaft, S. 13 ff., 73 f. m. w. N.

[159] *Max Weber*, Politik als Beruf, S. 7.

[160] *Max Weber*, a.a.O.

[161] a.a.O., S. 8.

[162] Vgl. aber die Lehrbegriffe bei *Heller, Smend* und *C. Schmitt*. Wie hier z. B. *Czajka*, Pressefreiheit und „öffentliche Aufgabe" der Presse, S. 119; *G. Jellinek*, Allgemeine Staatslehre, S. 15 Anm. 1; *Kassimatis*, Der Bereich der Regierung, S. 47; *Leisner*, Öffentlichkeitsarbeit der Regierung im Rechtsstaat, S. 71 ff.; *Rumpf*, a.a.O. *C. Schmitt* räumt ein, daß dem Politischen kein spezifischer „Sachgehalt" eigne; vgl. *ders.*, Der Begriff des Politischen, S. 38.

[163] Für viele BVerwGE 15, 63. Weitere Nachweise bei *Leisner*, a.a.O., S. 69 Anm. 46, insbes. zur Frage der Nachprüfbarkeit von Regierungsakten. Vgl. auch *Maunz-Dürig-Herzog*, a.a.O., Art. 19 IV Rdnr. 23 ff. und *H. Schneider*, Gerichtsfreie Hoheitsakte, insbes. S. 41 ff.

[164] *Leisner*, a.a.O., S. 81.

[165] BVerfGE 5, 85, 134, 199, 206 f.; 7, 198, 208, 212; 10, 118, 121; 20, 162, 175, 177. Vgl. insbes. *Czajka*, op. cit., passim; *Leisner*, Werbefernsehen und öffentliches Recht, S. 191 ff.; *Martens*, Öffentlich als Rechtsbegriff, S. 124 ff.; *Scheuner*, Pressefreiheit, VVDStRL 22 (1965) S. 1 ff., 74 ff.; *Scholler*, Person und Öffentlichkeit, S. 125 ff.

sich das Gericht auf eben jene Kriterien, die von *Heller, Smend* u. a.[166] gerade für das „Politische“ beansprucht werden. Die damit intendierte Gleichsetzung des Politischen mit dem Öffentlichen droht freilich beiden einen (möglichen) spezifischen, verfassungsrechtlichen Gehalt zu entziehen und die anspruchsvolle Bezeichnung als staatliches „Konstitutiv“ zur formelhaften, juristisch irrelevanten „Meinungsäußerung“ über die „soziale Bedeutung“ der Presse zu banalisieren[167].

Das Politische dient als das „Öffentliche“ im übrigen höchstens noch der extensiven Auslegung des Freiheitsraums der Presse, der Stärkung individueller Freiheiten also[168]; die Beziehung zum Staatlichen wird vollends obsolet[169].

Die Rechtsprechung des BVerfG zum Recht der Pressefreiheit bestätigt übrigens die schon oben angemeldeten Bedenken gegenüber einem Begriff der „öffentlichen Aufgabe“[170]: So heterogene Inhalte auf den gemeinsamen Nenner „öffentliche Aufgabe“ bringen, grenzte nämlich an Begriffs-Konfusion, weshalb wohl jeweils nur unverbindliche Beschreibung von „öffentlichen Angelegenheiten“ gemeint sein kann, synonyme Verwendung gleichwohl vermieden werden sollte[171].

c) „Politische Gesellschaft“ (*Helmut Ridder*)

Konsequenter ist demgegenüber der Ansatz *Helmut Ridder's*, der die staatsbezogen agierenden, also „politischen“ Gruppen der Gesellschaft (insbesondere Presse, politische Parteien und Gewerkschaften) mit Hilfe eines neuartigen Sozialstaatsbegriffs[172] in die Nähe des staatlichen Bereichs rückt. Vom Staat nur noch der Organisationsart nach unterscheidbar, soll auch die politische Gesellschaft „konstitutionalisiert“, d. h. die staatliche Verfassung „in das Gesellschaftliche hinein“ ausgedehnt werden[173]. Doch stellt sich auch hier wiederum die Frage, mit welchem Maßstab politisches und unpolitisches Wirken zu unterscheiden ist. Es — wie offensichtlich *Ridder*[174] — letztlich dem Selbstverständnis der

[166] Vgl. oben bei Anm. 153.

[167] So *Martens*, a.a.O., S. 129.

[168] Vor allem BVerfGE 12, 113, 128. Vgl. auch *Leisner*, a.a.O., S. 201.

[169] Das muß kein Widerspruch sein zur schon oben (sub § 2 B II 2 d und in § 3 Anm. 1) festgestellten Beziehung zwischen staatlichem Bereich und Grundrechten. Der konkrete Aussagewert des Politischen bleibt aber unerfindlich, wenn es einseitig als existentielles, nicht aber (auch) als normatives Phänomen der Staatlichkeit definiert wird.

[170] Vgl. oben in § 1 Anm. 25 und 75 sowie sub § 1 B I 2 und 5 (bei Anm. 62 bzw. 112 ff.).

[171] Dazu grundlegend *Martens*, a.a.O., S. 81 ff., 123 ff., 129 ff., 135 ff., 152 ff. und passim.

[172] *Ridder*, a.a.O., S. 11.

[173] a.a.O., S. 20 ff., 22.

[174] a.a.O., S. 18 ff.

Gruppen zu überlassen, scheint jedenfalls objektive Betrachtung zu hindern.

Zumal die Unterscheidung einer „politischen" von einer „unpolitischen" Presse läßt an objektiven Maßstäben für „Staatsbezogenheit" zweifeln[175]. Überdies droht die Diskriminierung eines „unpolitischen Bereichs" den — von *Ridder* bekämpften[176] — Antagonismus von Staat und Gesellschaft erneut zu etablieren: Das Staatliche ist dann lediglich um die „konstitutionalisierte" Gesellschaft verlängert.

d) Zwischenergebnis

Eine „Materialisierung" des Politischen stößt daher an die schon für das Abstrakt-Staatliche selbst beschriebenen Grenzen: Losgelöst von den formalen Strukturen des verfaßten Gemeinwesens, vermag es zwar Wirkungszusammenhänge, Funktionsabläufe usw. zu erklären oder doch zu beschreiben, nicht aber die konkrete Staatlichkeit normativ zu legitimieren.

2. *Politikbegriff und Grundgesetz*

a) Bedeutungen

Die Vieldeutigkeit des Politik-Begriffs hat sich auch im Sprachgebrauch des Grundgesetzes niedergeschlagen. Während z. B. Art. 3 Abs. 3 GG die Diskriminierung eines Grundrechtsträgers wegen seiner politischen Anschauungen hindert, schützen Art. 16 Abs. 2 S. 2, 116 Abs. 2 S. 1 GG vor politisch motivierten staatlichen Eingriffen. Die „politischen Beziehungen" gemäß Art. 59 Abs. 2 S. 1 GG umfassen dagegen die Gesamtheit der auswärtigen Beziehungen, die (u. a.) nicht die Bundesgesetzgebung betreffen[177]. Nur Art. 21 Abs. 1 S. 1 GG stellt auf den oben beschriebenen[178] Politik-Begriff ab, der die staatsbezogene Willensbildung umfassen soll.

b) Insbesondere: Das Politische als das „Wesen" der Regierung

Die Kategorie des Politischen rechnen vor allem *Smend* und *Scheuner*[179] zum „Wesen" der Regierung, bezeichnen diese als zentrale,

[175] Vgl. z. B. *Czajka*, a.a.O., S. 120, der auf die sog. „Skandalpresse" hinweist. Wie wenig das Politische „höheren" Ebenen vorbehalten werden kann, zeigt z. B. der Hinweis von *Kaiser*, VVDStRL 22 (1965) S. 178 (Diskussionsbeitrag) auf „panem et circenses", denen „im alten Rom" offensichtlich „staatserhaltende", also wohl „politische" Funktion zukamen. Vgl. auch unten in D., Anm. 250.

[176] z. B. a.a.O., S. 14.

[177] *Maunz-Dürig-Herzog*, a.a.O., Art. 59 GG Rdnr. 13 ff.

[178] Bei Anm. 153.

[179] *Smend*, a.a.O., S. 119 f.; *Scheuner*, Der Bereich der Regierung, S. 277 ff.

wesensbestimmende staatliche Tätigkeit, um — syllogistisch — die Identität des Staatlichen und Politischen zu belegen. Demgegenüber haben z. B. *Leisner*[180] und *Kassimatis*[181] auf den engeren Begriff der „Regierung“ im Grundgesetz[182] hingewiesen; „Regieren“ — als Inbegriff der „staatsleitenden“ Tätigkeit[183] — könne nicht auf die Regierung im institutionellen Sinn beschränkt werden[184].

Auch bei materiellem Verständnis des Regierungsbegriffs kann „Staatsleitung“ aber nur einen Ausschnitt des staatlichen Aufgabenbereichs darstellen. Den Tätigkeiten in „Vollzug“ und Rechtsprechung scheint nämlich (m. E.) ein Bezug zum Politischen bzw. zur „Staatsleitung“ offensichtlich zu fehlen[185, 186].

III. Ergebnis

Ein spezifisch juristischer, den staatlichen Bereich eindeutig kennzeichnender Begriff des Politischen fehlt zwar. Das Politische kann nur — i. S. „materieller Regierungstätigkeit“ etwa — „eine bestimmte Art und Weise staatlichen Tuns“[187] beschreiben. Daß bestimmte Staatstätigkeiten aber „richtunggebend“, „lenkend“ sind, läßt es — erneut — naheliegen, den staatlichen Bereich weniger als Vorgegebenheit, denn als Zu-Schaffendes zu verstehen. Wenn eine materielle Grenze zwischen staatlich-öffentlicher und privater Sphäre nicht vorweg gezogen ist, mag die „Aufgabe“ des Staates gerade darin liegen, diese zu bestimmen.

Auch insoweit wäre aber eine nur normativ-einschränkende Betrachtung des staatlichen Aktionsbezirks noch unzureichend[188], weil eine Untersuchung der „Art und Weise“ staatlicher Willensbildung dann gleichen Rang beanspruchen kann. Zu fragen, wie sich die jeweiligen staatlichen Agenden im Gemeinwesen konkretisieren, führt wieder zurück zur „existentiellen“ Betrachtungsweise des Staatlichen[189], zu der

---

[180] Öffentlichkeitsarbeit der Regierung, S. 75.

[181] Der Bereich der Regierung, S. 50 f.

[182] Art. 65 S. 1 GG.

[183] Vgl. insbes. *Kassimatis*, a.a.O., S. 30 ff., sowie S. 243, These II/1.

[184] Da auch der Gesetzgeber staatsleitende Funktionen wahrzunehmen hat, würde — andernfalls — das grundgesetzliche Gewaltenteilungsschema durchbrochen.

[185] *Friedrich*, Der Verfassungsstaat der Neuzeit, S. 411; *Kassimatis*, a.a.O. Vgl. jedoch zur „Politisierung“ der (insbes.) sozialstaatlichen, planenden Verwaltung z. B. *Grauhan*, Modelle politischer Verwaltungsführung, PVS 1969, S. 268 ff., 276, sowie unten sub § 5 B II.

[186] Vgl. aber auch unten sub III. sowie § 4 C.

[187] *Kassimatis*, a.a.O., S. 53, spricht vom Politischen als „modus significandi“. Ganz ähnlich z. B. *Leisner*, a.a.O., S. 72, 74.

[188] Vgl. auch oben sub B II 2.

[189] Vgl. oben bei Anm. 153.

Frage nämlich, wie sich „Öffentliches" — als evtl. allgemeinster Begriff alles Gemeinwesenbezogenen — zu Staatlich-Verbindlichem hin konkretisiert.

D. Der öffentliche Bereich

I. Der Befund

Wenn sich die Aktualität einer Fragestellung an der Zahl einschlägiger wissenschaftlicher Publikationen messen ließe, würde das „Öffentliche" fraglos im Zentrum der gegenwärtigen wissenschaftlichen Diskussion zu vermuten sein[190]. Dieser quantitative Aspekt hat den Zugang zum Rechtsbegriff des Öffentlichen aber nur wenig erleichtern können: Die Vieldeutigkeit des Wortes selbst[191] findet ihr Gegenstück im Pluralismus der Lehrmeinungen. Bei — notwendig auswählender — Schematisierung sind im Meinungsstreit über den Begriff des Öffentlichen in seinem Verhältnis zum staatlichen Bereich und der Erfüllung „öffentlicher Aufgaben" durch Private vor allem fünf „Richtungen" wahrzunehmen[192].

1. *Öffentlichkeit als Staatlichkeit*

Nach *Rudolf Smend,* der die neuere, staatsrechtliche Diskussion um das Öffentliche eingeleitet hat[193], ist Öffentlichkeit die *„Bezeichnung*

---

[190] Vgl. insbes. (— chronologisch —): *Smend,* Staat und Kirche nach dem Bonner Grundgesetz, ZevKR 1 (1951) S. 4 ff.; *Altmann,* Das Problem des Öffentlichen und seine Bedeutung für die moderne Demokratie, 1954; *Smend,* Zum Problem des Öffentlichen und der Öffentlichkeit, 1955, S. 11 ff.; *Hesse,* Die verfassungsrechtliche Stellung der politischen Parteien im modernen Staat, VVDStRL 17 (1959) S. 39 ff.; *A. Arndt,* Das Öffentliche, NJW 1960, S. 423 ff.; *Rehbinder,* Die öffentliche Aufgabe und rechtliche Verantwortlichkeit der Presse, 1961; *Habermas,* Strukturwandel der Öffentlichkeit, 1. Aufl. 1962; *Scheffler,* Zum öffentlichen Status der Gewerkschaften, NJW 1965, S. 849 ff.; *Ossenbühl,* Der öffentliche Status der Gewerkschaften, NJW 1965, S. 1561 ff.; *H. H. Klein,* Zum Begriff der öffentlichen Aufgabe, DÖV 1965, S. 755 ff.; *J. Hirsch,* Die öffentlichen Funktionen der Gewerkschaften, 1966; *H. Weber,* Die Religionsgemeinschaften als Körperschaften des öffentlichen Rechts im System des Grundgesetzes, 1966; *Leisner,* Werbefernsehen und öffentliches Recht, 1967; *Scholler,* Person und Öffentlichkeit, 1967; *Czajka,* Pressefreiheit und „öffentliche Aufgabe" der Presse, 1968; *Martens,* Öffentlich als Rechtsbegriff, 1968; *Preuß,* Zum staatsrechtlichen Begriff des Öffentlichen, 1968; *Häberle,* Öffentlichkeit und Verfassung, ZfP 1969, S. 273 ff.

[191] Dazu *Martens,* a.a.O., S. 22 ff. Das Rechtswort „öffentlich" (Öffentlichkeit) hat nach *Martens,* a.a.O., S. 42 ff., 81 ff., 169 ff., vor allem drei Grundbedeutungen: sozialempirischer Begriff i. S. von „Offenheit" bzw. „Publikum", Ausdruck einer Beziehung zu Staat bzw. öffentlichem Recht; Bestandteil von Wertbegriffen („öffentliches Interesse"). Vgl. auch *Scholler,* a.a.O., S. 74 ff., 90 ff.

[192] Der folgende Überblick läßt m. E. „geistige Herkunft", dogmatische oder „schulische" Einordnungen unberücksichtigt; Mehrgleisigkeit oder Überschneidungen sind deshalb nicht ausgeschlossen.

[193] So z. B. *Martens,* a.a.O., S. 15.

des eigentlichsten aufgegebenen Wesens moderner Staatlichkeit"[194]. Nicht Staat im engen, organisatorischen Sinn eines „Apparats" ist damit gemeint, sondern der „Prozeß", der den Staat aus der Gesellschaft herausbildet, die „Wirklichkeit" des politischen Gemeinwesens[195]. *Wie* sich der Staat konstituiert (die rechtliche Ordnung des Prozesses staatlicher Integration, insbesondere die „Willensbildung"), soll die Verfassung bestimmen[196]. Öffentlichkeit kann es *„außerhalb der Verfassung"* daher nicht geben[197]. Weil somit aus dem Öffentlichen durch Integration politische Einheit in rechtlicher Ordnung erwächst, muß das Öffentliche auch seinerseits an den *„Legitimitätsprinzipien"* des Grundgesetzes partizipieren[198].

2. *Staat — Öffentlichkeit — Gesellschaft*

Ein engerer Begriff von Öffentlichkeit soll eine den Staat umlagernde Zone kennzeichnen, die zwar der Sphäre privater, „staatsfreier" Gesellschaft entwachsen, aber doch nicht der organisierten Staatlichkeit selbst zuzurechnen ist[199]. Die „Institutionen" dieses Bereichs (vor allem: Parteien, Gewerkschaften, Presse, Verbände) vermitteln zwischen Staat und Gesellschaft, formen die staatliche Willensbildung vor und mediatisieren dadurch das „Volk"[200].

3. *Demokratisierte Öffentlichkeit*[201]

Abendroth, Ridder u. a.[202] postulieren für diese metagesellschaftliche Sphäre z. B. ein Homogenitätsgebot analog Art. 21 Abs. 1 S. 1 GG, weil ohne demokratische *„Gleichheitlichkeit"*[203] der Intermediären die staat-

---

[194] Zum Problem des Öffentlichen und der Öffentlichkeit, S. 17.

[195] Vgl. z. B. *Ehmke*, „Staat" und „Gesellschaft" als verfassungstheoretisches Problem, S. 44 f.

[196] *Smend*, Verfassung und Verfassungsrecht, S. 189. Ähnlich z. B. *Ehmke*, a.a.O., S. 45, und *Hesse*, Grundzüge, S. 5 ff.

[197] *Häberle*, a.a.O., S. 287.

[198] Vgl. z. B. *Hesse*, VVDStRL 17 (1959) S. 42. Ähnlich *Häberle*, Unmittelbare staatliche Parteifinanzierung unter dem Grundgesetz, JuS 1967, S. 73.

[199] *Häberle*, a.a.O., sowie *Scheuner*, Pressefreiheit, VVDStRL 22 (1965) S. 30 ff. Anders als die Presse sollen nach *Scheuner*, a.a.O., S. 31, die politischen Parteien in die „institutionelle Sphäre des Staates" hineinreichen, aber noch außerhalb der staatlichen Organisation bleiben.

[200] *Bullinger*, Öffentliches Recht und Privatrecht, S. 80; *Hesse*, a.a.O., S. 17, 19, 22 f. m. w. N.; *J. Hirsch*, a.a.O., S. 28 ff.; *Ridder*, Zur verfassungsrechtlichen Stellung der Gewerkschaften, S. 14 ff. Vgl. auch *Habermas*, a.a.O., S. 199 ff.

[201] Bzw. „demokratische" Öffentlichkeit; so *Scholler*, a.a.O., S. 90 ff.

[202] Vgl. z. B. *Abendroth*, Zum Begriff des demokratischen und sozialen Rechtsstaates im Grundgesetz der Bundesrepublik Deutschland, S. 127 ff.; *Ridder*, a.a.O., S. 16 ff., 25 ff.; vgl. auch *J. Hirsch*, a.a.O., S. 136 ff., und *Preuß*, a.a.O., S. 204 ff., 201 ff., sowie *Habermas*, a.a.O., S. 242 ff., 252 ff.

[203] *Ridder*, a.a.O., S. 25.

liche Demokratie selbst *„zum Scheitern verurteilt ist“*[204]. Zur positiven Absicherung wird die Sozialstaatsklausel des Grundgesetzes gewählt[205]; indes kann in der Homogenitätsforderung ebenso eine nur konsequente Fortentwicklung der Ansätze von *Smend, Hesse* u. a.[206] gesehen werden, wonach der Geltungsbereich verfassungsrechtlicher Grundentscheidungen, die verfassungsrechtliche Legitimation, auf den Gesamtbereich: Öffentlichkeit auszudehnen ist.

4. *Öffentlicher Status*

Bei anderen wird — vorsichtiger — nur vom „öffentlichen Status“ der intermediären Gruppen gesprochen; anstelle einer unmittelbaren und globalen Konstitutionalisierung des öffentlichen Bereichs wird ein individueller öffentlicher „Gesamtstatus“ vorgeschlagen, der — im allgemeinen — an positive verfassungsrechtliche Privilegierungen anknüpft[207].

5. *Öffentlichkeit als Staatsersatz*[208]

Zwischen Resignation und „Vorwärtsverteidigung“ schwanken schließlich jene Autoren, die angesichts eines von gesellschaftlichen („öffentlichen“) Gruppen beherrschten[209], „entpersönlichten“ Staates die Ausdehnung des staatlichen um den öffentlichen Bereich vorschlagen. Die faktische Machtposition gesellschaftlicher Gruppen wird so zur „öffentlichen Gewalt“ i. S. des Art. 19 Abs. 4 GG erhoben[210]; durch eine „Pflichtenlehre“ erfolgt umgekehrt die Gleichschaltung von Staat und Intermediären, deren rechtliche oder ethische Bindungen auf staatliches Niveau hochgeschraubt werden[211].

II. Staat und Öffentlichkeit

1. *Zur Bestimmung des Öffentlichen*

a) Materialisierung und Institutionalisierung

Auf die Schwierigkeiten, die eine Privilegierung bestimmter Gruppen durch Zuerkennung eines „öffentlichen Status“ bereitet, wurde schon

---

[204] *Ridder,* a.a.O., S. 16.

[205] Vgl. z. B. *Abendroth,* a.a.O., S. 128: „Die innere Verflechtung der Momente der Demokratie und der Sozialstaatlichkeit ...“ Ähnlich *Preuß,* a.a.O., und *Ridder,* a.a.O.

[206] Vgl. oben sub 1.

[207] Vgl. im einzelnen oben sub § 1 B I 3, 4, 5.

[208] Vgl. den gleichnamigen Aufsatz *H. J. Arndt's* in ARSP 42 (1956) S. 239 ff.

[209] Vgl. oben sub § 1 B I 6 d a. E.

[210] *Scheffler,* a.a.O., S. 851 f. *Krüger,* Allgemeine Staatslehre, S. 522, erwägt gegen gesellschaftliche Macht den Weg zur Verfassungsgerichtsbarkeit, jedenfalls für den Fall, daß „gesellschaftliche zu staatsartiger Gewalt denaturiert“ ist; a.a.O., S. 522 Anm. 54.

[211] Vor allem *Krüger,* a.a.O., S. 371 ff., 379 ff., 504 ff., 619 ff.

oben hingewiesen[212]. Verfassungsrechtlich abgesichert ist höchstens ein „Sonderstatus" von politischen Parteien, Kirchen und Gewerkschaften. Partielle Teilhabe an der staatlichen Sonderrechtsordnung, „Überlassung" eines staatlichen Bereichs, Anerkennung privater als staatliche Rechtsakte usw.[213] sind aber individuelle verfassungsrechtliche Konstruktionen, die zur Erklärung des gesamten öffentlichen Bereichs kaum geeignet sind. Schon deshalb scheint Zurückhaltung geboten, wenn der Status von politischen Parteien, Kirchen und Gewerkschaften auf den nahezu unüberschaubaren Bereich „privater" Mitwirkung an der staatlichen Willensbildung ausgedehnt werden soll. Auch scheint eine *„Materialisierung"* des Öffentlichen i. S. des Staatsbezogenen nicht möglich[214], wenn es nicht — wie z. B. bei *Smend* — auf das Gemeinwesen selbst bezogen wird, womit aber das Öffentliche seiner verfassungsrechtlichen Individualität verlustig ginge.

Ebenso wird eine *„Institutionalisierung"* immer nur Teilbereiche des Öffentlichen erfassen können; spontane, staatsbezogene Aktionen[215] oder „halb-öffentliche" Einrichtungen[216] werden jeden Versuch einer institutionellen Verfestigung sprengen.

Eine innere Widersprüchlichkeit des Öffentlichkeits-Begriffs läßt sich schließlich in seinem Verhältnis zur Staatlichkeit erkennen. Als substantielle Strukturzone müßte das Öffentliche entweder den Staat-Gesellschaft-Dualismus fortschreiben[217] oder das Staatliche im Öffentlichen aufgehen lassen, was wiederum die Besonderheit des staatlichen Geltungsanspruchs ungeklärt ließe und — in Konsequenz — das Ende eines staatlichen Ordnungsauftrags bedeuten könnte[218].

---

[212] § 1 B I.

[213] Ebenso ein historisch gerechtfertigter Sonderstatus der Kirchen, vgl. oben sub § 1 Anm. 64.

[214] Vgl. insbes oben sub C.

[215] Wozu z. B. auch Demonstrationen gezählt werden müßten.

[216] Als „halb-öffentlich" können z. B. die privaten Gemeinnützigen gelten oder auch jene Verbände, die — weil z. B. nicht Massenorganisationen oder wegen bescheidener Zielsetzung — einen nur limitierten „Öffentlichkeits-Anspruch" geltend machen. Ähnlich kann der Versuch bezeichnet werden, öffentlichrechtliche Zwangskörperschaften aus der Staatssphäre heraus in das Öffentliche zu überführen. Vgl. z. B. *Preuß*, Das politische Mandat der Studentenschaft, passim. Ein solches „politisches Mandat" — wie es auch rechtlich zu beurteilen ist — würde wohl nur eine spontan artikulierte Zwitterstellung bezeichnen. Vgl. dazu z. B. *H. H. Rupp*, Zum politischen Mandat der Studentenschaften, ZRP 1969, S. 288.

[217] Dessen Überwindung aber nicht zuletzt die Begriffsentwicklung galt; vgl. z. B. *Ridder*, Die verfassungsrechtliche Stellung der Gewerkschaften, S. 14, sowie oben sub C I 2 c.

[218] Vgl. dazu vor allem *Heller*, Staatslehre, S. 49 f., sowie z. B. *Czajka*, a.a.O., S. 137 ff., und oben sub § 2 D III.

b) „Verfassungsrealismus"[219]

Während für diese, behelfsmäßig: „realistisch" genannte „Richtung"[220] der Staatsrechtslehre der Öffentlichkeitsbegriff normative mit „wirklichkeitsnaher" Betrachtungsweise des Staates zu kombinieren verspricht, dient er vor allem der sog. „liberalen Rechtsstaatsschule"[221] mehr zur Bezeichnung des pathologischen Zustands moderner Staatlichkeit; statt „öffentlichem Bereich" wird hier von „Verbändestaat", den „Intermediären", „neofeudalen Mächten" usw. gesprochen. *Hans Huber* hat beide „Richtungen" mit der Unsicherheit erklären wollen, welche die Staatsrechtslehre angesichts der gestörten „Gleichgewichtslage" zwischen der „normativen Verfassung und ihren Realien"[222] ergriffen hat und die — wenn auch mit unterschiedlichem Akzent — zugunsten erhöhter „Wirklichkeitsorientierung" aufgelöst werden soll.

„Verfassungsrealismus" als verfassungsrechtliche „Methode" will also die Normen der Verfassung mit einer nicht „vorausgesehenen"[223] Wirklichkeit harmonisieren, um insbesondere das Phänomen des „Wandels" normativ miterfassen zu können; die sog. „Verfassungswirklichkeit" wird damit in die Nähe verfassungsrechtlichen Gewohnheitsrechts gerückt und also wohl zur „Rechtsquelle" erhoben[224].

Leibholz[225] hat den „Verfassungsrealismus" deshalb zum „soziologischen Positivismus" erklärt, der das Recht seiner Substanz beraube, während *Hesse*[226] in einer dann möglichen Anerkennung „verfassungswidriger Verfassungswirklichkeit" eine „Option gegen die normative Verfassung" sieht, die den Boden verfassungsrechtlicher Argumentation bereits verlassen hat. Mit Blick auf den „staatlichen Bereich" erscheint aber „Verfassungsrealismus"[227] noch aus anderem Grunde bedenklich: Für einen staatlichen Gestaltungsauftrag[228] bliebe nämlich nur wenig Raum, wenn der „Wirklichkeit" bzw. dem „Wandel" faktisch-norma-

---

[219] Nach *H. Huber*, Staat und Verbände, S. 14.

[220] Versuche der „Materialisierung" und „Institutionalisierung" des Öffentlichen finden sich keineswegs nur im Umkreis der „Integrationslehre"; vgl. oben sub I.

[221] Vgl. oben sub § 1 A bei Anm. 5 ff.

[222] *H. Huber*, Staat und Verbände, S. 14.

[223] Vgl. z. B. *Scheuner*, Der Bereich der Regierung, S. 253 ff., wonach die Verfassung die „Wirklichkeit" jeweils nur für begrenzte Zeit binden kann und also — auf längere Sicht — zwangsläufig auf den status quo ante abstellt.

[224] Vgl. z. B. *Wittkämper*, Grundgesetz und Interessenverbände, S. 141 f.

[225] Demokratie und Rechtsstaat, S. 279 f.

[226] Grundzüge, S. 20, sowie *ders.*, Die normative Kraft der Verfassung, S. 4 ff.

[227] Sofern damit mehr als nur verfassungskonforme „Aktualisierung" der Verfassung gemeint ist; vgl. dazu auch oben in B Anm. 93.

[228] Wie er oben sub § 2 D III und § B III, C II angedeutet wurde.

tive[229], gleichsam konkurrierende Qualität eingeräumt würde. Eine „Entpolitisierung" des Staates wäre die Folge, wenn sich die Ordnung des Gemeinwesens „neben" oder gar „über" einem Staat entwickeln sollte, dessen Telos gerade die Gestaltung dieser Ordnung sein sollte[230]. Mit solchem Resultat muß aber rechnen, wer sich für autogene, „gesellschaftliche" „öffentliche Gewalt", „öffentlichen Status" usw. ohne staatliche Anerkennung bzw. außerhalb der Verfassung entscheidet[231].

c) Verfassung und Utopie

Auch der „demokratisierte" Öffentlichkeitsbegriff bei *Abendroth, Habermas, Ridder* u. a.[232] wird auf die wiederholt bemerkte[233] Schwierigkeit stoßen, den Bezirk des Öffentlichen und seiner „Institutionen" nicht ausreichend fixieren zu können. Auffallender jedoch ist die besondere Überlagerung verfassungsrechtlicher mit sozialtheoretischen Überlegungen, die den „demokratisierten" Öffentlichkeitsbegriff von anderen deutlich abhebt. Deshalb mag zwar die extensive Auslegung des Sozialstaatsbegriffs[234] methodisch angreifbar sein[235] — der Zielrichtung dieses „dialektischen" Ansatzes kann solche Argumentation jedoch kaum gerecht werden[236]. Es scheint (insbesondere) *Abendroth* und *Ridder* nämlich weniger um die aktuelle Verfassungssituation, als um den „Weg" zu gehen, auf dem sich die gesellschaftliche Ordnung der Bundesrepublik fortzubewegen habe. Diese Konsequenz hat mit aller Deutlichkeit zumal *Habermas* aus der verfassungstheoretischen Vorarbeit von *Abendroth* und *Ridder* gezogen[237]: In einer demokratisierten Öffentlichkeit würden sich danach die staatlichen („bürokratischen") Dezisionen sukzessive erübrigen, die staatlichen Entscheidungsmechanismen durch solche der „Gesellschaft" ersetzt; das Volk würde sich in

---

[229] Nach der Formel *G. Jellinek's* von der „normativen Kraft des Faktischen"; vgl. *ders.*, Allgemeine Staatslehre, S. 337 ff.

[230] Vgl. insbes. unten sub II sowie § 4 B.

[231] Mit solcher Konsequenz wäre auch die „Staatsgewalt" — oben (sub § 2 D) als zentraler Begriff des staatlichen Aufgabenbereichs bezeichnet — wiederum in Frage gestellt.

[232] s. o. sub I 3.

[233] Zuletzt oben sub a).

[234] Vgl. oben sub I 3.

[235] So z. B. *Contiades*, Verfassungsgesetzliche Staatsstrukturbestimmungen, S. 90 ff., 94; *Hesse*, Der Rechtsstaat im Verfassungssystem des Grundgesetzes, S. 566 Anm. 27; *Maunz-Dürig-Herzog*, a.a.O., Art. 1 II GG Anm. 5 zu Rdnr. 98 und Art. 5 GG Rdnr. 182 ff.; *W. Weber*, Die Sozialpartner in der Verfassungsordnung, S. 529 Anm. 3.

[236] Während sich aber z. B. *Ridder*, a.a.O., S. 16 f., 25 ff., unmittelbar auf die „Textlogik" (a.a.O., S. 7) des Grundgesetzes beruft, stellt *Abendroth*, a.a.O., S. 132 ff., noch mehr auf die Grundgesetz-Konformität der „sozialen Demokratie" ab.

[237] Strukturwandel der Öffentlichkeit, S. 244 ff.

jeweils aktualisierter (spontaner bzw. „kritischer") Öffentlichkeit selbst regieren, der Staat langsam absterben[238].

Das mag sozialtheoretische oder ideologische „Einsicht in die Notwendigkeit"[239] sein — eine Beschreibung der positiven Lage des Staatswesens ist das sicherlich nicht. Auf staatstheoretischer Ebene erscheint solche Verquickung ideologischer Einsichten mit verfassungsrechtlicher Realanalyse höchstens verwirrend.

2. *Zum Staatsverständnis*

a) Begriffsunsicherheit

Eine augenfällige Begriffsunsicherheit hat sich im Lehrstreit um das Öffentliche breit gemacht. Dabei scheint sich im Öffentlichkeitsbegriff nur jene Unsicherheit widerzuspiegeln, in die der Staatsbegriff selbst geraten ist: Soll doch das Öffentliche entweder der „Rettung", „Erweiterung" oder „Überwindung" des Staatlichen dienen. Ursachen und Tendenzen dieser Entwicklung sind sicher zu komplex, als daß sie mit wenigen Formeln zu erklären wären. Als typisch „konfliktauslösend" wurden aber schon bisher[240] die liberal-rechtsstaatliche Vorstellung vom Staat-Gesellschaft-Antagonismus und — damit zusammenhängend — der Demokratie-Begriff bezeichnet. Das wiederholt in Frage gestellte statische „Fronten"-Denken in staatlichen und privaten Bereich — ohnehin obsolet, angesichts der allseits verkündeten Verschränkung von Staat und Gesellschaft[241] — scheint nämlich im Öffentlichen seine letzte Legitimierung zu verlieren: Weil die Identität von Staat und Souverän — das „Eigenleben" der „Staatsperson" — im offensichtlichen Widerspruch zum demokratisch verfaßten Gemeinwesen steht, wird im Öffentlichen die geeignete Ersatzfunktion für Vorgänge gesehen, die vormals zwanglos dem Staate selbst zuordenbar waren.

b) Zum Staatsbegriff

Diese „Aufspaltung" des Staatlichen trifft vor allem die staatliche Willensbildung. Im nicht-demokratischen Staatswesen mag sie naheliegenderweise oder doch idealtypisch auf den personifizierbaren Souverän eingrenzbar sein; im demokratischen Staat soll Willensbildung aber „von unten nach oben" stattfinden[242] und dabei in einem „öffentlichen

---

[238] *Habermas*, a.a.O., S. 255 f. Zum „Absterben des Staates" vgl. vor allem die marxistische Staatslehre, insbes *Engels*, Herrn Eugen Dührings Umwälzung der Wissenschaft („Anti-Dühring"), S. 348.

[239] Nach *Engels*, a.a.O., S. 138.

[240] Vgl. oben sub § 2 D III, § 3 A II.

[241] Vgl. z. B. oben sub § 3 A II 1.

[242] Vgl. z. B. BVerfGE 20, 56, 99, wo jedoch zwischen der „staatsfreien" Willensbildung des Volkes und der des Staates unterschieden wird. Dagegen vor allem *Leibholz-Rinck*, a.a.O., Art. 21 GG Rdnr. 9 (Nachtrag N. 109).

Bereich" vorgeformt werden, der zwar „staatsbezogen", nicht aber schon selbst staatlich sein soll[243]. Staatliches und Nicht-Staatliches vermag diese Differenzierung freilich nur noch zu unterscheiden, wenn sie ausschließlich die institutionelle Sphäre als „Staat" bezeichnet[244] — was wiederum ein „hinkendes" Staatsbild beschwören hieße, das ein gleichsam willenloses Werkzeug zur Exekution der Resultate extrastaatlicher Willensbildungsprozesse beschreibt.

Die Widersinnigkeit solcher Konsequenz scheint aber höchstens dann lösbar, wenn der Begriff: Staat selbst „sinnvariabel" verstanden wird, nämlich sowohl das Gemeinwesen in seiner „Gesamtheit" meinen kann, das in differenzierter, von der Verfassung dirigierten Weise, mit zwar typischen Kristallisationen (Staatsorgane, Parteien, Verbände usw.), aber ohne durchgehende institutionelle Verfestigung „staatsbezogen", also der Bereich *politischer Integration* ist („Staat im weiteren Sinne") — als auch die institutionelle Zone der staatlichen Organe, mit der gleichsam eine „Plattform" geschaffen ist, auf der letztverbindliche Entscheidungen für das Gemeinwesen zu fällen sind. Dieser „engere" Staatsbegriff würde sich dann als „Funktion der Gesellschaft"[245] darstellen, die nicht „neben" oder „über", sondern „in" ihr existiert[246] und die spezifisch staatliche Ordnung des Gemeinwesens erzeugen soll.

Die Frage nach dem *„staatlichen Bereich"* würde dann nicht eigentlich die „Reichweite" des Staats „gegenüber" der Gesellschaft meinen, sondern den entweder zulässigen oder gebotenen bzw. jeweiligen *„Organisationsgrad" des Gemeinwesens.*

Kein „neuer" Staatsbegriff soll damit vorgeschlagen sein[247]. „Staat", als eindeutiger Begriff verstanden, auf beliebige Gemeinwesen überge-

---

[243] Vgl. oben sub I sowie z. B. *Hesse*, Grundzüge, S. 60, und *Scheuner*, Pressefreiheit, VVDStRL 22 (1965) S. 30 f.

[244] So z. B. *Scheuner*, a.a.O. Dagegen vor allem *Ehmke*, „Staat" und „Gesellschaft", S. 25.

[245] Zur „funktionellen" Betrachtungsweise des Staates vgl. vor allem *Bäumlin*, Verfassung und Verwaltung in der Schweiz, S. 79 f.; *ders.*, Staat, Recht und Geschichte, insbes. S. 17 ff.; *Drath*, Art. Staat, EvStL Sp. 2121 ff.; *ders.*, Über eine kohärente sozio-kulturelle Theorie des Staates und des Rechts, S. 35 ff., 46 ff.; *v. d. Gablentz*, Staat und Gesellschaft, PVS 1961, S. 14 ff., 20 ff.; *Heller*, Staatslehre, S. 205, 228 ff., 236 f. Sie wird begünstigt von einem „funktionellen Verfassungsbegriff" (vgl. z. B. *Hesse*, Grundzüge, S. 5 ff. m. w. N.) und entspricht z. B. der „Kratologie" *Löwensteins;* vgl. *ders.*, Verfassungslehre, S. 6 f. Die politische Gewaltenteilung (z. B.) ist deshalb auch nicht auf den Staat im institutionellen Sinne beschränkt, sondern umschließt („vertikal", *Löwenstein*, a.a.O., S. 333 ff., 367 ff.) auch Presse, Verbände, Grundrechtsträger usw. Vgl. zu diesem „weiteren" Staatsbegriff auch *Lerche*, Art. Presse, Pressefreiheit, EvStL Sp. 1603.

[246] Weshalb die „Organwalter" vom Willensbildungsprozeß gar nicht auszuschließen sind und die Vorstellung einer Willensbildung ausschließlich „von unten nach oben" (vgl. oben in Anm. 242) schon theoretisch angreifbar ist.

stülpt, wird nur jene Verfremdungen hervorrufen, die z. B. beim Öffentlichkeits-Begriff konstatiert wurden. Zur Deutung konkreter „Zustände", „Vorgänge" usw. eines Gemeinwesens kann er nicht mehr sein, als inhaltlich offene, konkretisierungsbedürfige Chiffre[248]. Ein Quantum Theorie-Verlust kann bzw. muß auf normativer Ebene hingenommen werden; „Staat" ist eben nicht nur eine Sache der Juristen[249].

III. Ergebnis

In diesen Einschränkungen mag der Bereich der politischen Integration „öffentlich"[250] genannt werden, in dem jene Inhalte formuliert werden, die durch Transformation in staatliche Geltung die Ordnung des Gemeinwesens mitbestimmen und ausgestalten. Ein „funktionales" Staatsverständnis spart dem Staatlichen deshalb keinen „eigenen" Raum aus, sondern versucht es auf eine spezifische[251] Ordnungsfunktion „im" Gemeinwesen zurückzuführen.

IV. Government — Civil Society

Die irreführende Vieldeutigkeit bzw. Unbestimmtheit des Begriffs: Staat hat den Ruf nach einer neuen Sprachregelung laut werden lassen. Anstelle: „Staat" — „Gesellschaft" wird vor allem, dem anglo-amerika-

---

[247] Die vorangehenden Überlegungen wollen im Gegenteil die Angemessenheit begrifflicher Festlegung „des" Staatlichen bezweifeln.

[248] Vgl. auch *Scheuner*, Das Wesen des Staates und der Begriff des Politischen, S. 249.

[249] Was — wiederum — nicht bedeuten soll, das Phänomen: Staat partiell zu ignorieren, sondern nur, den Staatsbegriff den (selbst variablen) normativen Fragestellungen zu adaptieren.

[250] Wenn aber das „Öffentliche" als das „Staatsbezogene" (wie hier) als substanzloser Begriff — ähnlich einem „Blankettbegriff" — bezeichnet wird, kann auch nicht dort, wo „gemeinwesenbezogene" Aktivitäten grundrechtlich verbürgt sind, insbes. also in Art. 5 I, 8 GG, zwischen Verfolgung „öffentlicher" und „nicht-öffentlicher" Angelegenheiten unterschieden werden. *Zu Art. 5 I GG* für viele *Hesse*, Grundzüge, S. 149; *Maunz-Dürig-Herzog*, a.a.O., Art. 5 Rdnr. 127 ff. Bedenklich ist daher z. B. die in BGH, NJW 1963, S. 665 ff., vertretene Ansicht, nach der einem „Skandalblatt" das Grundrecht der Pressefreiheit abgesprochen wird, weil es den Erörterungsrahmen „öffentlicher Angelegenheiten" bzw. „Aufgaben" verläßt; vgl. auch *v. Mangoldt-Klein*, a.a.O., S. 245.

Zu Art. 8 GG wie hier insbes. *Frowein*, Versammlungsfreiheit und Versammlungsrecht, NJW 1969, S. 1082, und *Maunz-Dürig-Herzog*, a.a.O., Art. 8 GG Rdnr. 43. Dagegen rechnet die wohl h. M. die Erörterung „öffentlicher Angelegenheiten" als notwendigen Versammlungszweck zum Versammlungsbegriff; vgl. z. B. BVerwGE 26, 135, 137 und *v. Mangodt-Klein*, a.a.O., S. 304. *Maunz-Dürig-Herzog*, a.a.O., lassen demgegenüber jeden Zweck ausreichen, während *Frowein*, a.a.O., auf „das Ziel der Meinungsbetätigung" abstellt.

[251] Aber keineswegs die einzige; für viele *Drath*, Art. Staat, EvStL Sp. 2122 ff.

nischen Verfassungsdenken angelehnt, das Begriffspaar: „government" — „civil society" vorgeschlagen[252].

Die offensichtlich wenig zureichende Terminologie auszuwechseln, mag zwar verlockend sein, macht jedoch gegen weitere Mißdeutungen mit neuer Begrifflichkeit nicht gefeit[253]. Denn „civil society" bzw. „politisches Gemeinwesen"[254] kann wiederum zu der Frage führen, was dann das „unpolitische", z. B. „private" Gemeinwesen sei, so daß der Staat-Gesellschaft-Dualismus nur dem Worte, nicht aber der Sache nach verdrängt wäre[255].

E. „Konkreter" Staatsbegriff

I. „Politisierung" des Staatsbegriffs

Das Verständnis des Staates als die Ordnungsfunktion eines Gemeinwesens muß aber — auf normativer Ebene — apriorische Aussagen über „den" Staat „an sich" erheblich relativieren.

1. Staat und Geschichte

Wie auch der staatliche Bereich auf die Jeweiligkeit des „konkreten" Gemeinwesens zurückgeführt werden mußte, wird auch der Staat selbst juristisch nur als „geschichtlicher" Begriff faßbar sein, nämlich insoweit er sich in der Verfassungsstruktur eines konkreten staatlichen Gemeinwesens individualisiert[256]. Jeder Staat verkörpert dann aber einen selbständigen Typus, dessen Begriff sich allein aus seiner konkreten Verfaßtheit ergeben kann. Man kann dies „Politisierung" des Staatsbegriffs nennen, mit der, unter Preisgabe (nicht Leugnung) von Abstraktheit, jene historisch-politische „Entscheidung" bezeichnet sein soll, der in der Verfassung Ausdruck verliehen ist. Der (konkrete, „politisierte") Staatsbegriff gewinnt also Gestalt in der Aufdeckung des politischen

---

[252] Vgl. z. B. *Bracher*, Staatsbegriff und Demokratie in Deutschland, PVS 1968, S. 26; *Ehmke*, a.a.O., S. 25 f.; *v. d. Gablentz*, a.a.O., S. 20 f..

[253] Auch entspricht „government" keinem Begriff des deutschen Verfassungsdenkens, während der Begriff: Staat zu etabliert ist (vgl. z. B. Rechts-, Sozial-, Bundesstaat u. a.) und auch seinerseits im anglo-amerikanischen Rechtskreis keine Gegenstück findet; vgl. dazu z. B. *Bäumlin*, Art. Rechtsstaat, Sp. 1739; *Ehmke*, a.a.O.; *Hesse*, a.a.O., S. 8.

[254] *Ehmke*, a.a.O.

[255] *Hesse*, a.a.O., schlägt deshalb vor, den Begriff: Staat beizubehalten, jedoch die damit gemeinte „Ordnungsfunktion" jeweils stärker zu akzentuieren.

[256] So z. B. *Badura*, Das Verwaltungsmonopol, S. 94; *Drath*, Über eine kohärente sozio-kulturelle Theorie des Staates und des Rechts, S. 45 f.; *Gehlen*, Soziologische Voraussetzungen im gegenwärtigen Staat, S. 321; z. T. auch *G. Jellinek*, Allgemeine Staatslehre, S. 96.

„Vorverständnisses" des Staates, wie ihm in der Verfassung Ausdruck verliehen ist[257].

2. *Staatsbegriff und Demokratie*

Für einen vom Grundgesetz her zu entwickelnden Staatsbegriff muß das insbesondere Homogenität von Staat und Demokratie bedeuten. Jede Staatslehre, die den Staatsbegriff zunächst „wertfrei", d. h. für beliebige „Staatsformen" konzipiert, droht aber diesen („politisierten") Ansatzpunkt, nämlich: Verfassungskonformität, zu verkennen. Der Staatsbegriff kann nicht „über", sondern nur „aus" der konkreten Verfaßtheit des Gemeinwesens entwickelt werden; der Staat ist — insoweit — nichts „Vorgefundenes" und aktuelle Staatsrechtslehre daher notwendig (auch) „Demokratiewissenschaft"[258].

3. *Verfassungsrealismus, Integrationslehre, Dezisionismus*

Ein historisch-politisches Staatsverständnis ist zunächst abzugrenzen von der als „Verfassungrealimus" bezeichneten „Tendenz" innerhalb

[257] Dazu vor allem *Ehmke*, Prinzipien der Verfassungsinterpretation, VVDStRL 20 (1963) S. 70; *Hesse*, Grundzüge, S. 26 f. Im staatsrechtlichen Methodenstreit wird die Gegenmeinung insbes. von *Forsthoff* angeführt; vgl. *ders.*, Die Umbildung des Verfassungsgesetzes, S. 35 ff. Ein geschichtliches Verständnis des Staatsbegriffs scheint um so angebrachter, als seine maßgeblichen Elemente oft nur zur Lösung jeweiliger politischer Konflikte entwikkelt wurden. Vgl. insbes. den Souveränitätsbegriff (dazu oben sub § 2 D III) sowie z. B. die Lehre der „Legisten"; z. B. *Dagtoglou*, Art. Souveränität, EvStL Sp. 1980 f., und *Mitteis-Lieberich*, Deutsche Rechtsgeschichte, § 32 I 4. Auch der Begriff: Staat ist aufs Engste mit der nach-mittelalterlichen Geschichte verbunden; vgl. z. B. *Kern*, Moderner Staat und Staatsbegriff, S. 22 ff. Auf die Kette von Mißverständnissen, die sich ergeben muß, wenn aktuelle Tatbestände des Staatsrechts mit historisch beladenen Begriffen bezeichnet werden, hat vor allem *O. Brunner* hingewiesen; vgl. *ders.*, Moderner Verfassungsbegriff und mittelalterliche Verfassungsgeschichte, S. 5 ff., 9 ff., 16 ff. Vgl. auch *C. Schmitt*, Verfassungslehre, S. IX f. Wenn daher Begriffe wie „Staat", „Gesellschaft", „Recht", „Staatsgewalt" nicht unter dem Vorbehalt der Aktualisierung stehen, drohen sie — worauf vor allem *Brunner*, a.a.O., hingewiesen hat — ein wirklichkeitsfernes „Eigenleben" zu entwickeln.

[258] Zur „Wertfreiheit" in einer (noch nachwirkenden) Tradition der deutschen Staatsrechtslehre vor allem *Bracher*, Staatsbegriff und Demokratie in Deutschland, PVS 1968, S. 2 ff., 12 ff. Zur „Entpolitisierung" des Staatsbegriffs in der „Reinen Rechtslehre" vgl. z. B. *Contiades*, Verfassungsgesetzliche Staatsstrukturbestimmungen, S. 45 ff. Zur Einheit von Staats- und Demokratiebegriff vor allem *Hesse*, Die verfassungsrechtliche Stellung der politischen Parteien, VVDStRL 17 (1959) S. 17 f.; *ders.*, Grundzüge, S. 52 f.; *Zippelius*, Das Wesen des Rechts, S. 32 ff.; *ders.*, Allgemeine Staatslehre, S. 58, sowie z. B. *Grimm*, Recht und Politik, JuS 1969, S. 510. Einen „demokratischen Staatsbegriff" sollte im übrigen auch Art. 79 III GG nahelegen. Das BVerfG scheint sich vor allem im „KPD-Urteil" (BVerfGE 5, 85 ff.) und in den Entscheidungen zur Pressefreiheit (vgl. oben sub C II 1 b) für ein historisch-politisches Staatsverständnis entschieden zu haben. In der Rspr. zu Art. 21 GG nimmt dagegen z. B. *Hesse*, Grundzüge, S. 53, „inkonsequente ‚Gesamtinterpretation'" wahr.

der Staatsrechtslehre[259]. „Politisierung" des Staatsbegriffs meint nämlich nicht eine Automatik der rechtlichen Überhöhung des jeweiligen politisch-sozialen status quo, sondern will durch Freilegen derjenigen Grundentscheidungen, welche die Individualität eines Staates bestimmen und seine politisch-soziale Ordnung determinieren, den Staatsbegriff konkretisieren bzw. aktualisieren.

Das unterscheidet auch von der „Integrationslehre" der Smend-„Schule", weil ein politisiertes Staatsverständnis nicht erst bei dem Prozeß einsetzen kann, in dem sich der Staat verwirklicht[260], sondern bei der Verfassung, deren „normative Kraft"[261] die Ordnung des Gemeinwesens[262] vorformt bzw. „begleitet"[263].

Abzugrenzen ist schließlich gegenüber dem „dezisionistischen" Verfassungsbegriff *Carl Schmitt's*[264]. Die „Substanz der Verfassung" *(C. Schmitt)* mag zwar in einer ursprünglichen „Gesamt-Entscheidung" begründet sein, welche den individuellen Staats-Typus ausmacht. Die „Dezision" kann jedoch nur erheblich sein, soweit sie „in" der Verfassungsordnung fortwirkt; konkretes Staatsverständnis blickt auf die normativen, nicht die irrationalen Bedingungen der Staatlichkeit[265].

4. *Ergebnis*

Weil der Staatsbegriff aktuellen Inhalt erst in der jeweiligen Verfaßtheit eines Gemeinwesens findet, kann auch (deshalb) der staatliche Aufgabenbereich nur „konkret", d. h. aus der rechtlichen Gesamtordnung des Gemeinwesens verstanden werden.

II. Ideologiekritische Funktion der Staatslehre

Die kritische Beurteilung der Begrifflichkeit der Staatsrechtslehre, wird aber noch weiter auszudehnen sein: Ambivalenz der Begriffe ist nämlich unvermeidbar, weil die Staatslehre keine Domäne der Rechtswissenschaft ist[266]. Kontroversen innerhalb der Staatsrechtslehre sind daher — worauf zumal *Badura* hingewiesen hat[267] — oft nur Spiegelungen außer-disziplinärer Differenzen, wenn staatstheoretische, -philo-

---

[259] Vgl. oben sub D II 1 b.

[260] Vgl. *Smend,* Verfassung und Verfassungsrecht, S. 119 ff., 136 ff., 189.

[261] Nach *Hesse,* Die normative Kraft der Verfassung.

[262] Vgl. *Kaegi,* Die Verfassung als rechtliche Grundordnung des Staates, insbes. S. 40 ff.

[263] Dazu auch *Heller,* Staatslehre, S. 49.

[264] Verfassungslehre, S. 20 ff.

[265] Vgl. dazu z. B. *Badura,* Art. Verfassung, EvStL Sp. 2353.

[266] Dazu insbes. *Badura,* Die Methoden der neueren allgemeinen Staatslehre, S. 73—83.

[267] a.a.O., S. 7, 114.

sophische, theologische, soziologische oder politologische Begriffsinhalte mehr oder minder behutsam ins Juristische überführt werden[268, 269].

Wenn es auch näherer Begründung nicht bedarf, wie sehr die Staatsrechtslehre, deren Materie im höchsten Maße „inter-disziplinär" ist, der meta-rechtlichen Ergänzung bedarf[270], verlangt doch die Rationalität des Rechts nach Offenlegung der „Einbruchsstellen": Darin kann eine „ideologiekritische" Aufgabe der Staatsrechtslehre gesehen werden, insoweit sie Interdependenzen freilegt, im „Vorverständnis" transparent macht oder dialektisch verwertet[271].

---

[268] Auch der staatsrechtliche Methodenstreit beruht zumeist auf philosophischen bzw. erkenntnistheoretischen, nicht aber unmittelbar juristischen Differenzen; vgl. z. B. *Badura*, a.a.O., S. 7; *Lerche*, Stil, Methode, Ansicht, DVBl. 1961, S. 690 ff., Vgl. auch die oft nachgewiesene Grundlegung der „Reinen Rechtslehre" im „Marbuger Neukantianismus"; z. B. bei *Badura*, a.a.O., S. 21; *Tsatsos*, Zur Problematik des Rechtspositivismus, S. 20, sowie *Häfelin*, Die Rechtspersönlichkeit des Staates, S. 166.

[269] Überlagerung von normativer und meta-rechtlicher Begriffswelt innerhalb der Staatsrechtslehre wurde schon oben, vor allem bei den Begriffen „Gemeinwohl" und „Öffentlichkeit" vermerkt; vgl. oben sub B, D.

[270] Vgl. auch *Grimm*, a.a.O., S. 507; *Martens*, a.a.O., S. 40.

[271] Vgl. z. B. *Ehmke*, a.a.O.; *Lerche*, a.a.O., S. 696, sowie oben in B Anm. 93.

§ 4 Die Staatsaufgaben nach dem Grundgesetz

A. Zur Rechtsprechung des Bundesverfassungsgerichts

Die Erfüllung öffentlicher oder staatlicher Aufgaben ist als tragende Begründung unterschiedlichster Rechtsfolgen in einer beachtlichen Zahl von Entscheidungen des Bundesverfassungsgerichts[1] berücksichtigt worden[2].

I. Begriffsverwendung

1. Öffentliche und staatliche Aufgaben

Die Begriffe: „öffentliche" und „staatliche" Aufgaben werden vom BVerfG sowohl gleich- wie entgegengesetzt verwendet. Die Tätigkeit der Notare z. B. wird als *öffentliche* Aufgabe bezeichnet[3], weil sie Rechtspflege und freiwillige Gerichtsbarkeit umfaßt und damit Erfüllung *„originäre(r) Staatsaufgaben"*[4] ist. Ebenso wird die *staatliche* Aufgabe der Abhaltung von politischen Wahlen[5] eine *öffentliche* Aufgabe genannt[6]. *Öffentliche* i. S. von *staatlichen* Aufgaben sollen auch die juristischen Personen des öffentlichen Rechts erfüllen, soweit sie nicht — wie die Kirchen oder Universitäten — „im außerstaatlichen Bereich wurzeln"[7]. Nach dem „Fernsehurteil" des BVerfG scheinen die *öffent-*

---

[1] Vgl. insbes. BVerfGE 5, 85, 134, 196, 206 f. („KPD-Urteil"; Presse); 6, 246, 257 (ärztliche Betreuung und Heilmittelversorgung der Bevölkerung); 7, 99, 104 (Rundfunkanstalten); 7, 377, 397 f. („Apotheken-Urteil"); 8, 51 ff.; 10, 89, 102 ff. (Regelung der Wasserwirtschaft); 10, 302, 326 f. (Vormund); 22, 30, 39 („Kassenarzt-Urteil"); 12, 113, 128 (Presse); 12, 205, 243 ff. („Fernseh-Urteil"); 15, 46, 68 (Fürsorge für Soldaten); 15, 235, 240 ff. (Industrie- und Handelskammer); 16, 147, 172; 17, 371, 376 f. (Notare); 20, 56, 111, 113 („Parteienfinanzierungs-Urteil"); 20, 162, 175, 177 (Presse); 21, 362, 369 f. (Grundrechtsschutz).

[2] Kritische Gesamtdarstellungen der einschlägigen Rechtsprechung haben vor allem *H. H. Klein*, Zum Begriff der öffentlichen Aufgabe, DÖV 1965, S. 755 ff., und *Leisner*, Werbefernsehen und öffentliches Recht, entworfen. In zahlreichen Einzelabhandlungen wurden insbes. die öffentliche Aufgabe der Presse (Nachweise oben in § 3 Anm. 165) sowie das Verhältnis von Erfüllung öffentlicher Aufgaben und Berufsfreiheit (Nachweise oben sub § 1 B I 1, 2) behandelt.

[3] BVerfGE 17, 371, 377.

[4] BVerfGE 17, 371, 376.

[5] Vgl. oben sub § 1 B I 4 b.

[6] BVerfGE 8, 51 (Ls. 1), 63; differenzierter BVerfGE 20, 56, 113.

[7] BVerfGE 21, 362, 369 f.; so auch schon BVerfGE 18, 385, 386 f.; 19, 1, 5.

lichen Aufgaben sogar einen Kernbereich der *staatlichen* Aufgaben auszumachen, wenn zwar nicht „jede staatliche Tätigkeit schlechthin“[8], aber doch jedenfalls die *öffentlichen* Aufgaben *staatliche* Aufgaben i. S. des Art. 30 GG sein sollen[9].

Andererseits werden die *öffentlichen* Aufgaben von Presse und politischen Parteien sehr deutlich von den Staatsaufgaben unterschieden[10]. Dagegen soll die ärztliche Betreuung der Bevölkerung *staatliche* Aufgabe[11], die kassenärztliche Tätigkeit wiederum *öffentliche* und gerade nicht *staatliche* Aufgabe sein[12].

2. *Grundrechte und Staatsaufgaben*

Nicht minder widersprüchlich ist der Aufgabenbegriff des BVerfG im Verhältnis zu den Grundrechten: Die Erfüllung öffentlicher i. S. staatlicher Aufgaben soll einerseits den Aufgabenträgern die Grundrechtsfähigkeit nehmen[13] oder sie — umgekehrt — zu Grundrechtsadressaten werden lassen[14]. Die Rechtsprechung des BVerfG zur Pressefreiheit weitet dagegen den Schutzbereich der Grundrechte gerade *wegen* Erfüllung einer öffentlichen Aufgabe aus[15], während andererseits mit derselben Begründung das Berufsfreiheitsrecht eingeschränkt wird[16].

II. Bestimmung der staatlichen Aufgaben

Recht unterschiedlich werden auch die Kriterien gewählt, nach denen das BVerfG die Staatlichkeit einer Aufgabe bestimmt. Die Frage wird zudem in aller Regel nur am Rande erwähnt, wobei es meist bei dem Hinweis auf die Tradition oder die Natur der Sache bleibt. Deshalb soll z. B. die „Veranstaltung von Rundfunksendungen ... nach der deutschen Rechtsentwicklung“[17] oder auch die „Fürsorge für Soldaten und ihre Angehörigen“[18] — „gerade in Preußen“[19] — als öffentliche[20] Aufgabe zu betrachten sein. Der dabei zu beobachtende Rückzug auf bestehende bzw. traditionelle[21] gesetzgeberische Befassung hat zu wieder-

[8] BVerfGE 12, 205, 244.
[9] BVerfGE, a.a.O.
[10] Vgl. oben in § 3 C Anm. 165 und unten in Anm. 15 bzw. BVerfGE 20, 56, 100, 107.
[11] BVerfGE 6, 246, 252.
[12] BVerfGE 11, 30, 39 f.
[13] BVerfGE 21, 362 (Ls. 1), 369 f.
[14] BVerfGE 10, 302, 326 f. für das Mündel-Vormund-Verhältnis.
[15] BVerfGE 5, 85, 134, 196, 206 f.; 7, 198, 208, 212; 10, 118, 121; 20, 162, 175, 177.
[16] BVerfGE 21, 362 (Ls. 1), 369 f.
[17] BVerfGE 12, 205, 206 (Ls. 7 a), 243.
[18] BVerfGE 15, 46, 68.
[19] BVerfGE a.a.O.
[20] Hier i. S. einer *staatlichen* Aufgabe.
[21] Vgl. aber auch oben in § 2 C Anm. 95.

holter Kritik, insbesondere an der Rechtsprechung zu Art. 12 Abs. 1 GG geführt[22].

Ob eine Materie staatlicher Intervention zugänglich ist, mag zwar im Regelfall unproblematisch und mit der einfachgesetzlichen Rechtslage hinreichend zu erklären sein. Die Beschränkung auf das „wie" staatlicher Eingriffe vermag jedoch — zumal bei den Grundrechten — zu dem bedenklichen Schluß verleiten, der Gesetzgeber könnte durch Steigerung im Quantitativen einen „privaten" Bereich sukzessive aushöhlen, um ihn dann schließlich zur staatlichen Aufgabe zu verwandeln[23].

Erheblich differenzierter argumentiert das BVerfG demgegenüber z. B. im „Investitionshilfe"-[24], „Erftverband"-[25] und „Parteienfinanzierungs-Urteil"[26, 27], wo jeweils zunächst als Vorfrage die Zulässigkeit staatlicher Befassung geklärt wird, was ggf. — so beim „Parteienfinanzierungs-Urteil" — eine weitere Prüfung der staatlichen Intervention sogar erübrigen kann. Das Verständnis der staatlichen Aufgaben „aus der Verfassung" hat auch — insbesondere beim „Investitionshilfe-" und „Erftverband-Urteil" — zur stärkeren Akzentuierung der gestalterischen Aufgabe des Staates führen können[28].

III. Ergebnis

Die Begriffsverwendung von „öffentlicher" bzw. „staatlicher Aufgabe" durch das BVerfG läßt Homogenität vermissen. Es bedürfte gründlicher Neu-Formulierung der Begrifflichkeit, bevor weiterhin staatliche Eingriffe mit dem Prädikat staatlicher oder öffentlicher Aufgabenerfüllung legitimiert werden. Die Rückführung der Staatsaufgaben auf die Verfassung, wie sie z. B. im „Investitionshilfe-Urteil" vorgenommen wird, könnte dafür Ansätze liefern.

B. Staatsaufgaben und Verfassungsbegriff

I. Das Verfassungsgesetz

Die oben[29] versuchte Rückführung des staatlichen Bereichs auf die „Verfaßtheit" des Gemeinwesens läßt es naheliegen, den Beruf staatlicher

[22] Nachweise oben sub § 1 B I 2; vgl. auch oben sub § 2 C.

[23] Vgl. insbes. BVerfGE 7, 377, 398.

[24] BVerfGE 4, 7, 8 (Ls. 6), 17 f.

[25] BVerfGE 10, 89, 102 ff.

[26] BVerfGE 20, 56, 111.

[27] Vgl. auch BVerfGE 15, 235, 240 ff.

[28] Vgl. unten sub B III 2.

[29] Vgl. oben sub § 3 D II 2.

Organe auf „Ausführung der Verfassung“ festzulegen. Wenn nämlich die Verfassung die Gesamtheit der normativen Ziele eines Staates enthält, würden Bestimmung bzw. Verwirklichung des staatlichen Aufgabenbereichs letztlich nur Verfassungsexegese voraussetzen.

In dieser Vereinfachung ließe sich aber der staatliche Bereich skizzieren, wenn er dem Verfassungsbegriff der „liberalen Rechtsstaatsschule“ und insbesondere *Forsthoffs* entsprechend definiert werden soll. Sollte das Grundgesetz auch als Verfassung zunächst und vor allem „Gesetz“ sein, müßte es Aufgabe des Staates sein, die Verfassung nach anerkannten Regeln juristischer Hermeneutik auszulegen, um — im Vollzug — derart den grundgesetzlich „vorgesehenen“ staatlichen Bereich zu realisieren.

Forsthoff[30] selbst sieht den beschriebenen, „rechtsstaatlichen“ Verfassungsbegriff vor allem durch die *Sozialstaatsklausel* des Grundgesetzes[31] gefährdet[32] oder gar überwältigt[33].

II. Insbes.: Rechtsstaat und Sozialstaat[34]

1. *Das Sozialstaatsprinzip*

Während *Grewe*[35], *v. Mangoldt*[36], *Wernicke*[37] u. a.[38] das Sozialstaatsprinzip des Grundgesetzes noch als „substanzlosen Blankettbegriff“ oder nur „programmatische Forderung“ verstanden[39], sieht die heute

[30] Insbes.: Die Umbildung des Verfassungsgesetzes, S. 35 ff. Zur Kritik am *Forsthoff*'schen Verfassungs- und Rechtsstaatsbegriff vgl. insbes. *Ehmke*, Wirtschaft und Verfassung, S. 63 ff., 74, 669; *Hesse*, Der Rechtsstaat im Verfassungssystem des Grundgesetzes, S. 565 f.; *Kaegi*, Von der klassischen Dreiteilung zur umfassenden Gewaltenteilung, S. 160 ff.; *Lerche*, Übermaß und Verfassungsrecht, S. 53 ff.; *ders.*, Stil, Methode, Ansicht, DVBl. 1961, S. 692 ff.; *Ridder*, Zur verfassungsrechtlichen Stellung der Gewerkschaften, S. 3 ff., 6 f.; *Zippelius*, Allgemeine Staatslehre, S. 135 ff.

[31] Art. 20 I, 28 I 1 GG.

[32] Vgl. insbes. *Forsthoff*, Begriff und Wesen des sozialen Rechtsstaats, S. 165 ff., 173 ff.; *ders.*, Verwaltungsrecht, S. 66 f.

[33] *Forsthoff*, Verwaltungsrecht, S. 59 ff. Ähnlich z. B. *Dagtoglou*, Der Private in der Verwaltung, S. 159 ff.; *W. Weber*, Spannungen und Kräfte, S. 58 ff., 116 ff.

[34] Die Problematik ist — auf die Fragestellung der Arbeit hin — verkürzt wiederzugeben. Zum Lehrstreit vgl. die Nachweise in Anm. 30 sowie die von *Forsthoff* besorgte Anthologie: Rechtsstaatlichkeit und Sozialstaatlichkeit, Darmstadt 1968.

[35] Das bundesstaatliche System des Grundgesetzes, DRZ 1949, S. 351.

[36] Das Bonner Grundgesetz, Art. 20 Anm. 2 b.

[37] Bonner Kommentar, Art. 20 Anm. II 1 d.

[38] Nachweise z. B. bei *Menger*, Der Begriff des sozialen Rechtsstaates im Bonner Grundgesetz, S. 4 ff.

[39] Als „unverbindlich“ wurden in der Lehre auch die Sozialartikel der Weimarer Reichsverfassung erachtet; vgl. dazu *Apelt*, Geschichte der Weimarer Reichsverfassung, S. 352.

h. M. darin vielmehr eine der tragenden „Grundentscheidungen" der Verfassung[40]. Das Sozialstaatsprinzip ist danach „Rechtsbegriff"[41], und zwar „Staatszielbestimmung"[42] bzw. „Verfassungsdirektive"[43, 44]; es verpflichtet den Staat zur Sicherung des Existenzminimums der Bevölkerung[45] und — darüber hinausgehend — zur Schaffung gerechter sozialer Verhältnisse[46]; es legitimiert bzw. verpflichtet deshalb den Staat zur permanenten Intervention in die gesellschaftliche Ordnung[47].

2. *Ernst Forsthoff*

Diesen herrschenden Sozialstaatsbegriff hält insbesondere *Forsthoff*[48] mit dem Grundsatz der Rechtsstaatlichkeit für nicht vereinbar. Weil das, was sozial angemessen ist, der fortwährenden und nicht mehr prognostizierbaren Veränderung unterliegt, kann auch der Begriff des „Sozialen" nicht normativ — im Sinne der rechtsstaatlichen Doktrin — eingefaßt werden. In Ermangelung — damit — einer rechtlich verbindlichen sozialstaatlichen Programmatik, wird der Sozialstaatsbegriff notwendig „unvollziehbar"; ihn als Rechtssatz anerkennen, bedeutete, deshalb das in jedem Falle vorrangige Rechtsstaatsprinzip in Frage zu stellen[49].

3. *Beurteilung*

a) Grundgesetz

Die Analyse *Forsthoffs* kann freilich schon vom Ergebnis her kaum zufriedenstellen. Weil sie bei Ablehnung einer Konzeption des Grund-

---

[40] BVerfGE 6, 32, 41. Ähnlich auch BVerfGE 5, 85, 197 ff.; 8, 51, 67 f.

[41] Vgl. die Diskussion auf der Staatsrechtslehrertagung 1953 (VVDStRL 12 [1954] S. 85 ff.), insbes. die Beiträge von *Abendroth* (S. 85 ff.), *Bühler* (S. 98 f.), *Krüger* (S. 109 ff.), *Merk* (S. 99 ff.), *Nipperdey* (S. 92 ff.), *Schüle* (S. 106 ff.) u. a.

[42] Für viele *Leisner*, Werbefernsehen und öffentliches Recht, S. 35.

[43] *Lerche*, Das Bundesverfassungsgericht und die Verfassungsdirektiven, AöR 90 (1965) S. 349 f.

[44] Vgl. auch die Übersicht bei *Contiades*, a.a.O., S. 80.

[45] Als Anspruchsgrundlage für staatliche Leistungen soll es jedoch i. d. R. nicht ausreichen; vgl. z. B. BSGE 15, 1, 8. Bestehende gesetzliche Anspruchsgrundlagen vermag das Sozialstaatsprinzip jedoch zu erweitern; vgl. z. B. BGHZ 25, 231 ff.; 31, 187 ff.

[46] Den Zusammenhang mit dem Begriff der Menschenwürde (Art. 1 I GG) betonen z. B. BVerfGE 1, 97, 105; *Leisner*, a.a.O.; *Lerche*, Übermaß und Verfassungsrecht, S. 231 f.

[47] *Forsthoff*, Verwaltungsrecht, S. 65 f.

[48] Vgl. zum folgenden insbes. *Forsthoff*, Begriff und Wesen des sozialen Rechtsstaats, S. 165 ff., 173 ff., 177 ff. sowie Thesen IV, VI, XII, XV (S. 198 ff.).

[49] Nur als Ermessensbindung bei der Gesetzesanwendung soll das Sozialstaatsprinzip noch gelten. *Forsthoff*, a.a.O., S. 177, räumt ein, daß der Rechtsstaat daher „in hohem Maße an den gesellschaftlichen status quo gebunden" sei.

gesetzes endet, soweit sie die „gleichrangige“[50] Zuordnung von Rechts- und Sozialstaatlichkeit[51] nicht anerkennen will, muß sie die Ebene der lex lata unvermeidlich verlassen[52].

b) Verfassungsbegriff

Die Kritik am Sozialstaatsbegriff der „bürgerlichen Rechtsstaatsschule“[53] hat sich daher vor allem deren Prämissen, dem Verfassungs- bzw. Gesetzesbegriff zugewandt[54, 55] und versucht, die Verfassung nicht nur als apriorische Ordnungsidee, sondern ebenso oder vor allem als schöpferisches Gestaltungsprinzip zu verstehen, das die Entfaltung und Fortentwicklung der Staatlichkeit mehr „begleitet“[56] oder initiiert, als sie schon in toto zu antizipieren[57].

c) Sozialprogramm der Verfassung

Der liberal-rechtsstaatliche Verfassungsbegriff vermag das Sozialstaatsprinzip wiederum nur zu integrieren, wenn die Verfassung bereits eine ausreichend verifizierbare soziale Programmatik enthält, die vom Gesetzgeber nur noch differenziert zu werden bräuchte. Das Grundgesetz enthält aber so wenig ein verbindliches und umfassendes wirtschafts- oder sozialpolitisches Konzept[58], wie es auch nicht auf eine „ideologische“ Programmatik festgelegt ist, die es z. B. erlaubte, geschlossene Sozialideen in die Verfassung zu projizieren[59, 60].

---

50 Vgl. aber auch *Ridder*, a.a.O., der dem Sozialstaatsprinzip den Vorrang zu geben scheint. Dazu z. B. oben in § 3 D II 1 c Anm. 235.

51 Vgl. dazu die Nachweise oben in Anm. 30.

52 Vgl. auch die oben in Anm. 33 genannten Autoren: Die innere Widersprüchlichkeit des Grundgesetzes, welche die Vertreter der „bürgerlichen Rechtsstaatsschule“ wahrnehmen wollen, habe zum Autoritätsverlust von Staat und Gesetz geführt.

53 Zum Begriff auch oben in § 1 Anm. 5.

54 Nachweise oben in Anm. 30. Zum Gesetzesbegriff insbes. *Ehmke*, a.a.O.; zum Verfassungsbegriff *Lerche*, a.a.O.

55 Daneben will z. B. *Bracher*, Staatsbegriff und Demokratie in Deutschland, PVS 1968, S. 4 ff., 11 ff., 15 ff., eine „anti-demokratische“ Tradition wahrnehmen, während *Kirchheimer*, Politische Herrschaft, S. 129, von „Rückzugsgefechten“ liberalistischer Ideologien spricht.

56 Vgl. auch oben sub § 3 D II 2.

57 Dazu unten sub III.

58 Zu den Sozialartikeln der Weimarer Reichsverfassung vgl. z. B. *Apelt*, a.a.O., S. 352; *C. Schmitt*, Verfassungslehre, S. 160, 169, der in bezeichnendem Mißverständnis von „sozialistischen Rechten“ spricht (a.a.O., S. 169).

59 Vgl. oben sub § 3 B I 2 b m. w. N. Eine umfassende „ideologische“ Festlegung durch die Verfassung ist auch wohl nur in Regimen mit totalitärem Anstrich möglich; vgl. z. B. *Talmon*, Die Ursprünge der totalitären Demokratie, S. 11 f., 225 ff.

60 Weil „Neutralität“ der Verfassung nicht „Indifferenz“ bedeutet (vgl. oben sub § 3 B I 2 b), ist auch nicht einzusehen, inwiefern das Fehlen eines Sozialprogramms, sozialer Grundrechte usw. im Grundgesetz einen sozialen Rückschritt gegenüber der Weimarer Reichsverfassung darstellen sollte. So

d) Kompetenzen

Auch differenzierte Kompetenzvorschriften[61] vermögen das rechtsstaatliche Defizit nicht auszufüllen; sie würden im Gegenteil „eine Bresche in den klassischen Rechtsstaat" schlagen[62], weil die Verweisung auf Kompetenzen die Preisgabe einer Ordnungsidee im liberal-rechtsstaatlichen Sinne gerade eingestehen hieße[63].

4. *Sozialstaat und Gemeinwohl*

Das Sozialstaatsprinzip scheint seiner Struktur nach daher in vielem dem Gemeinwohlbegriff zu ähneln[64]. Weil es zunächst nur eine allgemeine Zielvorstellung von „sozialer Gerechtigkeit" postuliert, die es selbst aber nicht hinreichend beschreiben kann, ist der Inhalt des Sozialstaatsbegriffs weithin „offen" und daher auf jeweilige Aktualisierung angewiesen[65].

III. Staatsziele und staatlicher Bereich

1. *Antinomien der Staatsziele*

Sozialstaats- und Rechtsstaatsprinzipien, Demokratiegebot und m. E. die Grundrechte werden einer Gruppe von Verfassungsnormen zugerechnet, die — im einzelnen z. T. unterschiedlich — als „Staatsstruktur-

aber wohl *Herzog,* Der demokratische Verfassungsstaat in Deutschland — Entwicklung und Ausblick, JuS 1969, S. 398, und *Menger,* a.a.O., S. 20 ff. Weil Sozialstaatlichkeit (auch) ständiges „Einwirken", „Ändern" usw. bedeutet, würde seine umfassende Konstitutionalisierung auch nur entweder den sozialen status quo garantieren können oder aber — ständiger Revision bedürftige — Projektionen enthalten. Vgl. insbes. auch *Tomandl,* der eine Positivierung sozialer Grundrechte deshalb für unbefriedigend hält, weil die „Institutionalisierung" des Sozialen stets „retrospektiv" sein muß, das Sozialstaatliche aber „motorisch" ist; vgl. *Tomandl,* Der Einbau sozialer Grundrechte in das positive Recht, S. 24 ff., 41 ff. Der — freilich verständliche — Wunsch nach weitgehender Absicherung in der Verfassung droht deshalb auch nur den zugrundeliegenden staatlichen Gestaltungsauftrag zu verschütten. Vgl. zu dem hier verfehlten „Harmonie-Denken" auch unten sub § 5 C II 1 b.

[61] Vgl. vor allem Art. 31 ff. Bundesverfassung der Schweizerischen Eidgenossenschaft.

[62] *Petermann,* Die Grenzen der Mitwirkung der privaten Verbände bei der Durchführung öffentlicher Aufgaben, S. 93.

[63] Ähnlich *Forsthoff,* Verwaltungsrecht, S. 66 f. Vgl. aber auch die Kritik *Lerche's* (Übermaß und Verfassungsrecht, S. 146), der in der (scheinbar) freiheitssichernden Konstitutionalisierung auch die Gefahr der Ausweitung des jeweiligen Interventionsbereichs sieht soweit materielle Grundsätze dann hinter der „Privilegierung" zurückzutreten drohen.

[64] Dazu oben sub § 3 B. Ähnlich wohl BVerfGE 5, 85, 198.

[65] Soweit das Sozialstaatsprinzip etablierte soziale Garantien umfaßt, wird es — daneben — als „Kristallisation der schon gegebenen einfachgesetzlichen Rechtsnormen" zu verstehen sein; vgl. *Lerche,* Werbung und Verfassung, S. 33.

bestimmungen", „verfassungsgestaltende Grundentscheidungen", meistens „Staatsziele" bezeichnet werden[66]. Sie beinhalten die „tragenden rechtlichen Grundsätze" des Gemeinwesens[67], weil sie entweder Struktur oder Ziele des Staates am allgemeinsten erfassen. Die Staatszielbestimmungen verkörpern jedoch weder „in sich" homogene Begriffsinhalte, noch sind sie untereinander konfliktfrei harmonisiert. Das Grundgesetz weist deshalb (z. B.) ebenso eine Gemengelage repräsentativ- und plebiszitär-demokratischer Elemente auf[68], wie es auch die Spannungslage zwischen den rechtsstaatlichen Prinzipien: „Gerechtigkeit" und „Rechtssicherheit" bestehen läßt[69]. Der Streit um die sogenannten „Maßnahme-" bzw. „Einzelfallgesetze"[70] resultiert andererseits aus den virulenten Antinomien zwischen Sozialstaats- und Rechtsstaatsprinzip.

2. *Einheit der Verfassung*

Weil aber die staatszielbestimmenden Verfassungsnormen daher die Realisierung des Staatlichen weithin offenlassen müssen[71], wird es zur staatlichen „Aufgabe", die „Einheit der Verfassung", die Konkordanz der Staatsziele erst noch in deren „Vollzuge" herzustellen[72]. Der Beruf des Staates, die „sinnvolle Einheit"[73] der Verfassung zu schaffen, kann mit *Löwenstein*[74] als die staatliche Grund-Funktion der „policy decision" bzw. „determination" bezeichnet werden, nämlich die jeweiligen Ziele, Aufgaben, Gegenstände des Gemeinwesens zu benennen und zu gestalten.

---

[66] Vgl. z. B. *Achterberg,* Antinomien verfassungsgestaltender Grundentscheidungen, Der Staat 8 (1969) S. 159 ff.; *Badura,* Das Verwaltungsmonopol, S. 332; *Contiades,* Verfassungsgesetzliche Staatsstrukturbestimmungen, S. 74 ff., 105; *Krüger,* Allgemeine Staatslehre, S. 759 ff., 814; *Lerche,* Übermaß und Verfassungsrecht, S. 61 ff.; *ders.,* Das Bundesverfassungsgericht und die Verfassungsdirektiven, AöR 90 (1965) S. 349 f.

[67] Vgl. *Contiades,* a.a.O.

[68] Vgl. z. B. BVerfGE 20, 56, 100 ff., 113, sowie *Leibholz,* Strukturprobleme, S. 142 ff.

[69] Vgl. z. B. BVerfGE 7, 89, 92; 7, 194, 196; 15, 313, 319.

[70] Dazu z. B. *Maunz-Dürig-Herzog,* a.a.O., Art. 20 Rdnr. 100 ff. m. w. N. sowie zuletzt BVerfG, NJW 1969, S. 1023 ff.

[71] Vgl. aber *Hesse,* Grundzüge, S. 28, 105, der m. E. zu sehr auf vorgegebene bzw. axiomatische „Harmonie" bzw. Einheit der Verfassung anstatt aufgegebene „Harmonisierung" abstellt. Vgl. dazu insbes. *Achterberg,* a.a.O., S. 176 f., und *Lerche,* Übermaß und Verfassungsrecht, S. 125 ff.

[72] Dazu vor allem *Achterberg,* a.a.O., und *Lerche,* Das Bundesverfassungsgericht und die Verfassungsdirektiven, AöR 90 (1965) S. 349 f.

[73] *Ehmke,* Prinzipien der Verfassungsinterpretation, VVDStRL 20 (1963), S. 77.

[74] Verfassungslehre, S. 40 ff. bzw. *ders.,* Political Power and the Governmental Process, S. 42 ff. Vgl. auch oben sub § 3 C III.

C. Ergebnis

Auch der Verfassungsbegriff hindert, den staatlichen Bereich anders als „dynamisch“ zu denken. Das von Verfahrensordnungen und materiellen Rechtsgeboten geschaffene Gerüst[75] kann nur den Operationsrahmen darstellen für die spezifische staatliche Funktion, den staatlichen Bereich zu bestimmen[76, 77].

---

[75] Vgl. auch oben sub § 3 B II, III.

[76] Vgl. oben sub § 3 D II 2.

[77] Im Ergebnis wie hier vor allem *Martens*, Öffentlich als Rechtsbegriff, S. 117 ff. Allerdings unterscheidet *Martens*, a.a.O., S. 121, 131, nicht ganz konsequent zwischen „staatlichen öffentlichen Aufgaben“ und „staatsfremden“ öffentlichen Aufgaben (in der mittelbaren Staatsverwaltung), was auch deshalb nicht einsichtig wird, weil *Martens* im übrigen die „Staatsqualität“ ganz auf die staatliche (öffentlich-rechtliche) Sonderrechtsordnung hin definiert; vgl. z. B. a.a.O., S. 135 ff., 144 ff. Dazu auch unten sub § 5 A I.

§ 5 Erfüllung öffentlicher Aufgaben durch Private: „Einbau“ in die Verfassungsordnung[1]

A. Ausgangspunkt

I. Zum Begriff der öffentlichen Aufgaben

1. Staatliche und öffentliche Aufgaben

Wenn sich — wie gezeigt[2] — der Begriff der staatlichen Aufgaben nur unter Rückführung auf seine formalen Strukturprinzipien fassen läßt, entfällt aber auch die Grundlage für jene Begriffsbildungen, die zwischen „originären“ und „öffentlichen“ Aufgaben des Staates unterscheiden möchten[3]. Staatliche Aufgaben werden freilich immer auch „öffentliche“ Aufgaben sein, versteht man darunter solche Agenden, an deren Wahrnehmung ein Interesse der Öffentlichkeit besteht[4] — nur ist mit solcher Etikettierung als „öffentlich“ nichts gewonnen, was die staatlichen Aufgaben noch zusätzlich definieren könnte. Der Begriff der öffentlichen Aufgaben sollte daher besser auf die Vorfelder des Staatlichen beschränkt werden, auf „öffentlichkeits-relevante“ Tätigkeiten also, die *nicht* von staatlichen Organen wahrgenommen werden.

2. Öffentliche Aufgaben

Für die Praxis wird dieser Begriff allerdings nur wenig Spezifisches aufweisen können: „Öffentliche Bedeutung“, „Maßgebliches Interesse der Öffentlichkeit“ u. ä.[5] mußten schon bei der Bestimmung des staatlichen Bereichs als unzureichende, da unverifizierbare Werturteile zurückgestellt werden[6]. Aufgaben, die unter Teilhabe an der staatlichen Sonderrechtsordnung wahrgenommen werden, können ebenso als „öffentliche“ Aufgaben bezeichnet werden[7] wie auch private, gemeinnüt-

[1] Vgl. die Formulierung *Winkler's*, Staat und Verbände, VVDStRL 24 (1966) S. 66.

[2] Vgl. oben sub § 4 C.

[3] Am deutlichsten bei *Peters*, Öffentliche und staatliche Aufgaben, S. 878 ff. Weitere Nachweise oben in § 2 D Anm. 101 mit 110.

[4] Vgl. z. B. *Leisner*, Werbefernsehen und öffentliches Recht, S. 25 f.; *Martens*, Öffentlich als Rechtsbegriff, S. 117; *Peters*, a.a.O., S. 878.

[5] Vgl. insbes. *Peters*, a.a.O.

[6] Oben sub §§ 2 D; 3.

[7] Vgl. aber oben sub § 1 B I 3, insbes. in Anm. 73 sowie oben in § 4 C Anm. 77.

zige Tätigkeiten[8]. Auch die auf Umsetzung in staatliche Agenden abzielende „private" Wirksamkeit im „öffentlichen Bereich"[9] mag Erfüllung öffentlicher Aufgaben sein. Private Organisationen können schließlich einen „Öffentlichkeitsanspruch" behaupten[10] und damit „an die Öffentlichkeit gerichtete" Aufgaben wahrnehmen. Je „mächtiger" solche Organisationen werden, d. h. je mehr sie befähigt sind, eigene Interessen im Gemeinwesen durchzusetzen, Abhängigkeiten zu schaffen[11] usw., desto mehr werden sie auch selbst zur „öffentlichen Angelegenheit"[12].

„Einbau in die Verfassungsordnung" kann angesichts solcher Vielzahl von Bedeutungsinhalten nur heißen, die jeweilige „Nähe" privater Tätigkeiten zu staatlichen Aufgaben bzw. die Bewertung privater Tätigkeit durch das Verfassungsrecht zu untersuchen, um insbesondere mögliche Privilegierungen[13] oder auch Sonder-Verpflichtungen[14] festzustellen.

II. „Einbau in die Verfassung"[15]

Der Ruf nach „Konstitutionalisierung" „extra-konstitutioneller"[16], also wohl „privater" Bereiche, ist unüberhörbar geworden, seit sich die Staatslehre dem Phänomen des „Pluralismus" zugewandt hat[17]. Ganz ähnlich und von nicht minderer Aktualität hat sich ein Lehrstreit um die sogenannten „sozialen Grundrechte" etabliert[18].

Die Diskussion verläuft zumeist auf exponierter verfassungspolitischer Höhe: Die Einführung zusätzlicher oder neuartiger Institutionen oder Anforderungen wird gefordert, erwogen oder verworfen[19].

---

[8] Vgl. oben sub § 1 B I 6 a, b.

[9] Vgl. oben sub § 3 D III.

[10] Vgl. oben sub § 3 D II 1 a.

[11] Der Mitglieder, anderer Gruppen bzw. Organisationen, staatlicher Organträger usw.

[12] Vgl. oben sub § 1 B I 6 d a. E.

[13] Dazu unten sub C I.

[14] Dazu unten sub C II.

[15] Vgl. oben in Anm. 1.

[16] Nach *Kaiser*, Die Repräsentation organisierter Interessen, S. 310.

[17] Eine ausführliche Bibliographie zum Problemkreis ist *Wittkämpfer's* Grundgesetz und Interessenverbände beigegeben.

[18] Vgl. dazu insbes. *Daum*, Soziale Grundrechte, RdA 1968, S. 81 ff.; *H. Huber*, Soziale Verfassungsrechte?, S. 1 ff.; *Ders.*, Die Bedeutung der Grundrechte für die sozialen Beziehungen unter den Rechtsgenossen, S. 259 ff.; *Tomandl*, Der Einbau sozialer Grundrechte in das positive Recht, passim, jeweils mit zahlr. Nachweisen. Vgl. auch oben in § 4 B Anm. 60.

[19] Zum Verbände-Problem vgl. z. B. *Herzog*, Das Verbandswesen im modernen Staat, S. 8 ff., 12 ff.; *Kaiser*, a.a.O., S. 310 ff., 349 ff., jeweils m. w. N. Zur Forderung nach „Drittwirkung" der Grundrechte und „Demokratisierung" vgl. unten sub C II.

1. Zur Forderung nach Verfassungsrevision

Mag auch die Eingrenzung der Untersuchung auf die positive Verfassungslage mitunter zwangsläufig zur Aufdeckung antiquierter oder defizitärer Rechtsbestände führen, so scheint doch der vorschnelle Ruf nach „Verfassungsrevision" m. E. dem oben[20] angedeuteten Verständnis der Verfassung nur wenig zu entsprechen. Verfassung als Grundordnung des Gemeinwesens ist nämlich mit der Vorstellung „verfassungsfreier" Räume kaum verträglich, weil im Gemeinwesen nur Bestand haben kann, was mit der Verfassung harmonisiert. Die Forderung nach Ausweitung der Verfassung ins Private hinein, etwa im Zuge ihrer „Totalrevision"[21], droht vielmehr von der Primär-Aufgabe, die Verfassung („harmonisierend") zu *verwirklichen*[22], abzulenken. Es wird also mehr nach der entweder positiven Verfassungslage oder den bereits von der Verfassung selbst initiierten oder mit ihr doch harmonisierbaren staatlichen Gestaltungsmöglichkeiten, als gleich nach „Verfassungsreform" zu fragen sein.

2. Liberale, demokratische Funktion Privater

Unterspielung des staatlichen Gestaltungsauftrags ist aber auch ein „Verfassungsrealismus"[23], der, gebannt vom status quo, je nach Couleur, in der Erfüllung öffentlicher Aufgaben durch Private entweder die Auflösung der Staatlichkeit befürchtet[24] oder — im Gegenteil — ihre Verfestigung erhofft. Dieser Einwand scheint besonders dort angebracht, wo es zur Postulierung letztlich doch wenig verbindlicher „liberaler" oder „demokratischer" Funktionen der Mitwirkung Privater kommt[25], was sich dann ohnehin meist beim Appell an den „Bürgersinn" verläuft[26, 27]. Bedenken sind aber auch anzumelden, wenn die

---

[20] Sub § 4 B III.

[21] Vgl. Art. 119 f. Bundesverfassung der Schweizerischen Eidgenossenschaft. Eine solche Forderung stellt z. B. *Thieme*, Für eine Totalrevision des Grundgesetzes, ZRP 1969, S. 32 f., auf. Zum Diskussionsstand in der Schweiz vgl. z. B. *Riccardo L. Jagmetti*, Unsere Bundesverfassung als juristisches Gebäude, und *Peter Schäppi*, Antworten der Universität Zürich auf den Fragenkatalog zur Totalrevision in der Neuen Zürcher Zeitung vom 20. Okt. 1968, Nr. 647 (Fernausgabe Nr. 288) S. 21 bzw. vom 26. Jan. 1969, Nr. 53 (Fernausgabe Nr. 25) S. 21.

[22] Vgl. oben sub § 4 B III.

[23] Zum Begriff oben sub § 3 D II 1 b.

[24] Nachweise oben in § 1 Anm. 5, 7—10.

[25] Vgl. z. B. *Dagtoglou*, Der Private in der Verwaltung als Fachmann und Interessenvertreter, S. 121 ff., 123 ff.

[26] Vgl. z. B. *v. d. Groeben*, Mitwirkung von Ausschüssen in der staatlichen Verwaltung, VerwArch 49 (1958) S. 241.

[27] Weitergehende Überlegungen zur demokratischen Funktion privater Mitwirkung an staatlichen Entscheidungen wurden dagegen vor allem im Umkreis des Planungsrechts angestellt. Dazu unten sub B II.

„gesellschaftlichen Mächte" in das staatliche Gewaltenteilungsprinzip unmittelbar eingebracht werden oder es gar ersetzen sollen[28]. Weil dem klassischen Macht-Gleichgewichts- bzw. -Balance-Modell die Vorstellung geschützter Macht-„Besitzstände" zugrundeliegt[29], würden die Grundlagen des staatlichen Gestaltungsauftrags von daher nur erneut gefährdet[30, 31].

B. Institutionelle Lösungen

I. Korporative Modelle

1. Befund

Von „korporativem" bzw. „berufsständischem" Gedankengut wird gesprochen, wenn die Interessengruppen, Verbände, Stände usw., also die sozio-ökonomischen Gruppierungen der Gesellschaft in staatlich-organschaftliche Form überführt werden sollen, um sie dadurch unmittelbarer an staatlichen Entscheidungsprozessen zu beteiligen.

Weil die theoretischen Grundlagen des Korporativismus keineswegs homogen sind, muß auch zwischen seinen jeweils praktischen Zielsetzungen erheblich differenziert werden: Quellen des berufsständischen Gedankens sind nämlich theologische[32] oder historisch-philosophische[33] Überlegungen ebenso wie anti-demokratische[34] oder auch radikal-demokratische[35] Vorstellungen; berufsständische Organe sollen demokratisch legitimierte Staatsorgane ergänzen, d. h. eine zusätzliche fachliche Legitimation verschaffen[36] oder sie verdrängen bzw. ersetzen[37]; die Kon-

---

[28] Vgl. insbes. *W. Weber*, Die Teilung der Gewalten als Gegenwartsproblem, S. 253 ff., 265 f.

[29] Vgl. dazu neuerdings *Luhmann*, Klassische Theorie der Macht, ZfP 1969, S. 149 ff., 158 ff., 164 ff.

[30] Das muß kein Widerspruch sein zur schon oben (in § 3 D II 2 a Anm. 245) bemerkten politischen („vertikalen") Kontrollfunktion Privater. Kontrollfunktion und „Immobilismus" sind gegenläufige Erscheinungen, die jeweils „bahnengerecht" zu behandeln sind.

[31] Parallelen lassen sich auch zur (angeblich) „friedensstiftenden" Funktion des zwischenstaatlichen „Gleichgewichts" ziehen, dessen Tauglichkeit u. a. wegen der Unfähigkeit zu „peaceful change" zweifelhaft erscheint. Vgl. z. B. *Berber*, Lehrbuch des Völkerrechts, Bd. III, S. 122 ff., 141 ff.

[32] Vgl. besonders die päpstliche Enzyklika „Quadragesimo Anno" (1931) und die im wesentlichen daran orientierte Endersche Verfassung (1934) des Dollfuß-Regimes. Dazu insbes. *Adolf Merk*, Die berufsständische Verfassung, Wien 1935.

[33] Insbes. der „ständische" oder „ganzheitliche" Staatsgedanke *Othmar Spann's;* vgl. besonders *ders.*, Der wahre Staat, S. 151 ff., 203 ff.

[34] Vor allem in neueren autoritären Regimen; vgl. dazu *Löwenstein*, Verfassungslehre, S. 405 ff.

[35] Vgl. die korporativen Tendenzen im „Räte"-Staat; dazu z. B. *Löwenstein*, a.a.O., S. 410 ff.

[36] Meist als „2. Kammer" oder als institutionalisierte Sachverständigen- und Interessen-Gremien im Gesetzgebungsverfahren. Vgl. z. B. den „Reichs-

zeption der korporativ verfaßten Rundfunk- und Fernsehräte[38] scheint sogar „gegen“ den Staat gerichtet zu sein, soweit sie die Unabhängigkeit des staatlich-anstaltlich verfaßten Mediums „innerhalb“ des Staates sichern soll[39].

2. *Beurteilung*

a) Lehrmeinungen

Die Lehre zeigt in der Ablehnung korporativer Lösungen weitgehende Einmütigkeit[40, 41]. Private Mitwirkung an staatlichen Entscheidungen wird zumeist auf den Bereich der „Beiräte“, „Sachverständigengremien“, „Anhörungsverfahren“ usw. verwiesen[42]. Gegen die Institutionalisierung von Interessenverbänden (insbesondere) als Legislativorgane werden staatstheoretische wie auch mehr praktische Bedenken vorgetragen: Zum einen soll ein korporatives Parlament nicht echtes „Repräsentativorgan“ sein können, weil es „nicht die politische Einheit, sondern eine Vielheit, nämlich die in Interessengruppen gegliederte und gespaltene Gesellschaft“[43] „repräsentieren“ würde; Interessen seien jedoch der Repräsentation nicht fähig[44]; andererseits wird bezweifelt, ob

---

wirtschaftsrat“ der Weimarer Reichsverfassung (Art. 165 WRV), den Bayerischen Senat (Art. 34 ff. Bay. Verfassung) u. a. Dazu und zu vergleichbaren Einrichtungen im Ausland z. B. *Dagtoglou,* Der Private in der Verwaltung, S. 92 ff., 96 ff., und *Schambeck,* Ist der moderne Staat ein Ständestaat?, S. 60 ff. Vgl. auch die neuerliche Forderung des Deutschen Gewerkschaftbundes (DGB) nach Schaffung eines „Wirtschafts- und Sozialrats auf Bundesebene“, dazu RdA 1969, S. 119.

[37] Vgl. oben in Anm. 35. Auch der preußische „Volkswirtschaftsrat“ (1880) wurde von *Bismarck* vor allem zur Entmachtung des Parlaments geschaffen; vgl. dazu *Dagtoglou,* a.a.O., S. 89 ff., und *Löwenstein,* a.a.O., S. 404.

[38] Dazu z. B. *Jank,* Die Rundfunkanstalten der Länder und des Bundes, besonders S. 59 ff.

[39] BVerfGE 12, 205, 262 f.

[40] Vgl. jedoch die — inzwischen abgeflaute (aber oben in Anm. 36!) — Diskussion um einen „Bundeswirtschaftsrat“; Nachweise bei *Herzog,* Das Verbandswesen im modernen Staat, S. 17 Anm. 72. Dagegen fordert z. B. *Klecatsky* für Österreich die Schaffung eines „Verbänderats“ als 2. Kammer; vgl. *ders.,* Die kollektiven Mächte im Arbeitsleben und die Bundesverfassung. S. 38 ff.

[41] Auch die Konstruktion der Rundfunk- und Fernsehräte sieht sich wachsender Kritik ausgesetzt, wobei sowohl die Funktionsfähigkeit der Gremien bezweifelt und die Zufälligkeit ihrer Zusammensetzung beanstandet (vgl. z. B. *Jank,* a.a.O.; *Maunz-Dürig-Herzog,* a.a.O., Art. 5 GG Rdnr. 226 ff.), als auch die Blockierung einer (inneren) demokratischen Ordnung der Anstalten bemängelt wird; vgl. z. B. DIE ZEIT vom 19. 12. 1969, Nr. 51, S. 13 f. *(Reinhold E. Thiel* und *Dietrich E. Zimmer).*

[42] Zum Problemkreis vor allem *Dagtoglou,* a.a.O., passim.

[43] *Kaiser,* a.a.O., S. 352.

[44] Vgl. für viele *Dagtoglou,* a.a.O., S. 44 ff.; *Kaiser,* a.a.O., S. 352 ff.; *Leibholz,* Strukturprobleme der modernen Demokratie, S. 197 ff., 326 ff.

eine Kanalisierung des Interesseneinflusses[45] überhaupt möglich ist, weil die Interessenverbände ihre bisherigen Aktionsformen gleichwohl beibehalten würden[46]. Sie könnten dazu sogar gezwungen sein, wenn die fluktuierende Interessensituation, soziale Bedeutung von Gruppen usw. im ständischen Organ keine Entsprechung fänden[47].

b) Repräsentation von Interessen

Daß Interessen der Repräsentation nicht fähig seien, wird zwar zum Gemeingut der neueren Staatslehre zu rechnen sein[48], bedarf jedoch näherer Differenzierung. Die Problematik scheint nämlich m. E. weniger bei der Repräsentation von Interessen, als vielmehr der von „Gruppen" durch Verbände zu liegen. Die traditionelle Monopolisierung der Repräsentation für das (im staatlichen Sinne) „Gemeinwohl"[49] ist überdies schon im staatlichen Bereich fragwürdig geworden, wenn — unter sozialstaatlichem Vorzeichen — Individualinteressen zum staatlichen Schutz bzw. Interventionsobjekt avancieren und der Gemeinwohlbegriff — auch deshalb — zur formelhaften Begriffshülse schrumpft[50]. Es sind auch keineswegs typischerweise nur „Interessen", die verbandlich organisiert werden, sondern zunächst und vor allem Angehörige jeweiliger Gruppen[51, 52].

Der Kritik gegenüber dem Anspruch auf Interessen- bzw. Gruppen-Repräsentation kann daher nur insoweit zugestimmt werden, als damit fehlende *Legitimation* einer Organisation gemeint ist, für eine Gruppe auftreten zu können[53].

---

[45] Die Furcht vor einem „anarchischen Pluralismus der Oligarchien" (*Kafka*, Die verfassungsrechtliche Stellung der politischen Parteien im modernen Staat, VVDStRL 17 (1959) S. 97) hat aber nicht zuletzt zu korporativen Lösungen inspiriert.

[46] So z. B. *Herzog*, Der demokratische Verfassungsstaat in Deutschland — Entwicklung und Ausblick, JuS 1969, S. 399.

[47] Vgl. z. B. *Herzog*, Das Verbandswesen im modernen Staat, S. 15 f.; *Kaiser*, a.a.O., S. 351, 362.

[48] Vgl. oben in Anm. 44. Auch *Kaiser's* Unterscheidung von „echter" und „faktischer" Repräsentation hält daran fest; vgl. *ders.*, a.a.O., S. 355. Eine abweichende Auffassung wird vor allem von Seiten der Gewerkschaften vertreten; vgl. *J. Hirsch*, Die öffentlichen Funktionen der Gewerkschaften, S. 124 ff., 129 ff. m. w. N. *J. Hirsch* i. Erg. wieder stark einschränkend; vgl. *ders.*, a.a.O., S. 130 f., 134 f. Nicht ohne Widersprüchlichkeit scheint demgegenüber die „Tarifausschlußklausel"-Politik der Gewerkschaften; a. A. z. B. *Gamillscheg*, Die Differenzierung nach der Gewerkschaftszugehörigkeit, S. 46. Vgl. auch unten sub C I.

[49] Vgl. oben sub § 3 B I.

[50] Vgl. oben sub §§ 3 B II, III; 4 B II.

[51] Irreführend daher der Buchtitel von *Kaiser's* Die Repräsentation organisierter Interessen.

[52] Bezeichnenderweise erstreckt sich das Engagement von Interessenverbänden auch auf Fragen, die außerhalb des unmittelbaren Interessenbereichs liegen. Vgl. auch oben zum „Öffentlichkeitsanspruch" sub § 3 D II 1 a.

[53] Wie hier — im Ansatz — z. B. *Rittstieg*, Verbände und repräsentative

c) Immobilismus

Die Institutionalisierung des „Verbändewesens“[54] würde aber vor allem der Gefahr der Zementierung des sozialen status quo wenig entgegensetzen können. Die rechtliche Anerkennung von Verbänden und damit bestimmter Interessenlagen dürfte nicht ohne Zwangsläufigkeit zur Verfestigung deren sozialer Positionen führen[55], die dann aber rechtlich abgesichert wären. Der sozialstaatliche Gestaltungsauftrag wäre jedoch an einer empfindlichen Stelle gelähmt, wenn durch „Konstitutionalisierung“ Privater zugleich soziale bzw. wirtschaftliche Besitzstände — über das z. B. grundrechtlich gebotene Maß hinaus — mitversichert wären.

II. Kooperative Modelle

1. „Zug zur Kooperation“[56]

So verlockend — zumal für den Juristen — die institutionelle Lösung der „Privaten im ‚öffentlichen Bereich‘“ auch sein mag, so wenig wird sie doch der Aufgabenveränderung im modernen Staat entsprechen können: Der oft beschriebene Wandel der staatlichen Aufgaben im „Sozialstaat“[57], die permanente Intervention in die vormals — jedenfalls verfassungstheoretisch — „privaten“ Bereiche des Sozial-Wirtschaftlichen, der aus Steuerung sozio-ökonomischer Prozesse folgernde Zwang zur vorausschauenden Planung sowohl wie punktuellen Eingriffen, deren Objekt eine zunehmend selbst-organisierte Gesellschaft ist, mit grundrechtlich abgesicherten Ansprüchen und verbürgter „Bewegungsfreiheit“, mit Einfluß auf die staatlichen Entscheidungsgremien, sei es unmittelbar (Beiräte, Sachverständige usw.) oder mittelbar (innerparlamentarische Lobby u. ä.) — dies alles scheint nach flexiblerem Verhältnis zwischen Staat und „Öffentlichkeit“ zu verlangen, als es mit schwerfälliger, problemabschleifender Institutionalisierung zu erreichen wäre. Dies um so mehr, als das herkömmliche, insbesondere hoheitliche Arsenal staatlicher Eingriffsmittel die hochdifferenzierten Steuerungsaufgaben auch gar nicht mehr zu leisten befähigt ist.

Demokratie, JZ 1968, S. 411 f. m. w. N., auf den insoweit verwiesen wird. Vgl. auch unten sub C I.

[54] Wozu i. w. S. alle organisierten Aktionen gerechnet werden müßten, die im „öffentlichen Bereich“ stattfinden (vgl. oben sub § 3 D III), also auf Teilnahme am staatlichen Willensbildungsprozeß zielen. Abgrenzungen nach „Bedeutung“, „Größe“ usw. wird nicht einmal mittelfristig möglich sein; vgl. auch oben in Anm. 52 sowie *Dagtoglou*, a.a.O., S. 108 ff., 170 f. zur Frage des „repräsentativsten“ Verbandes. *Dagtoglou*, a.a.O., S. 110, hält dies freilich auf quantitativer Ebene für lösbar.

[55] So auch *Kaiser*, a.a.O., S. 361.

[56] Nach *Löwisch*, Die Ausrichtung der tariflichen Lohnfestsetzung am gesamtwirtschaftlichen Gleichgewicht, RdA 1969, S. 135.

[57] Nachweise oben sub § 4 B.

Zur adäquaten Einspielung Privater in staatliche Aktionsformen ist es deshalb vor allem im Umkreis der staatlichen Planungsaufgaben gekommen, bei denen die Mittel insbesondere hoheitlicher Verwaltung recht eindrucksvoll versagen mußten[58]. Der Zwang zur *Kooperation* zwischen Staat und betroffenen (insbesondere privaten) Planungs-„Subjekten" z. B. auf dem Felde von Wirtschafts-, Sozial-, Bildungs-, Städteplanung scheint einen Ausweg zu zeigen aus der verfassungsmäßig bedingten Diskrepanz zwischen Aufgabenstellung und Durchsetzungsmöglichkeiten des modernen Staates. Die Materie selbst verlangt mehr nach Verständigung, statt Durchsetzung[59, 60, 61].

2. *Beurteilung*

a) „Vergesellschaftung staatlichen Handelns"[62]

Solch ungewohntes staatliches Vorgehen hat Kritik hervorrufen müssen, aber auch zu manchem Mißverständnis geführt. Vor allem *Biedenkopf*[63] sieht darin — mit Blick auf die sogenannte „konzertierte Aktion"[64] — die Gefahr unzulässiger „Vergesellschaftung staatlichen Han-

[58] Vgl. dazu vor allem *Gygi*, Rechtsfragen der Wirtschaftsplanung, S. 132 ff., 142 ff.; *Ipsen*, Fragestellungen zu einem Recht der Wirtschaftsplanung, S. 56 ff. (Rz 77 ff.); *ders.*, Rechtsfragen der Wirtschaftsplanung, S. 100 ff., 104 ff.; *Löwisch*, a.a.O., S. 135; *Petermann*, Die Grenzen der Mitwirkung der privaten Verbände bei der Durchführung öffentlicher Aufgaben, S. 79, 100 f.

[59] Ähnlich z. B. *Gygi*, a.a.O., S. 142 ff. und *Löwisch*, a.a.O.

[60] *Gygi*, a.a.O., S. 246, und *Löwisch*, a.a.O., S. 136, haben auch darauf hingewiesen, daß sich die von einschlägigen staatlichen Gesetzen rezipierten ökonomischen Formeln (z. B. „gesamtwirtschaftliches Gleichgewicht", § 1 des Gesetzes zur Förderung der Stabilität und des Wachstums der Wirtschaft vom 8. 6. 1967, BGBl. I S. 582) der Justiziabilität mehr und mehr entziehen, weshalb fehlender Rechtsschutz durch Kooperation bei Auslegung bzw. Anwendung kompensiert werden könnte. Zur Ummünzung ökonomischer Formeln in Rechtsbegriffe vgl. auch oben in § 3 B Anm. 93.

Vereinzelt wird in Kooperation auch „die Möglichkeit eines zweiten Weges demokratischer Legitimation" der Planungsgewalt gesehen; vgl. *Ipsen*, VVDStRL 24 (1966) S. 104 (Diskussionsbeitrag).

[61] Beispiele für kooperatives Vorgehen vor allem bei *Ipsen*, Rechtsfragen der Wirtschaftsplanung, S. 101 f. Vgl. auch die „Lohn- und Preisabkommen" in Österreich; dazu kritisch *Adamovich-Spanner*, Handbuch des Österreichischen Verfassungsrechts, S. 124. Zur in hohem Maße kooperativen „planification" in Frankreich z. B. *Ipsen*, a.a.O., S. 102 f., sowie *Kaiser*, Exposé einer pragmatischen Theorie der Planung, S. 27 f. Für Großbritannien vgl. z. B. das „Abkommen" zwischen der britischen Regierung und dem Gewerkschaftsbund T. U. C. vom 18. 6. 1969, auf Grund dessen ein geplantes Anti-Streik-Gesetz zurückgezogen wurde; vgl. DER SPIEGEL vom 23. 6. 1969 (Nr. 26) S. 92. *Zacher* sieht auch im Subventionswesen ein Stück kooperativer Wirtschaftslenkung; vgl. *ders.*, Verwaltung durch Subventionen, VVDStRL 25 (1967) S. 319, 441 f. Vgl. neuerdings vor allem die sog. „konzertierte Aktion" gem. § 3 StabilitätsG; dazu unten sub 3.

[62] Nach *Biedenkopf*, Rechtsfragen der konzertierten Aktion, BB 1968, S. 1009.

[63] a.a.O., S. 1005 ff.

[64] § 3 StabilitätsG.

delns" und *Hans Huber* hat schon früher ein Koordinationsverhältnis zwischen Staat und Verbänden als „soziales Traumgebilde" bezeichnet[65].

Es hieße freilich die Voraussetzungen von Kooperation verkennen, wenn darin ein Angriff gegen die staatliche „Souveränität" erblickt würde. Daß ein „verständigendes" Vorgehen des Staates den Anschein der „Gleichheit"[66] zwischen den Kooperanten erweckt, kann in keinem Falle Leugnung der zugrundeliegenden staatlichen „Letztverantwortlichkeit"[67] bedeuten. Es wird sich die Staatlichkeit — im Gegenteil — um so mehr realisieren, als die von der Verfassung intendierten Ordnungsvorstellungen adäquat verwirklicht werden — und d. h. hier: durch einvernehmliches Ein- und Zusammenwirken von Staat auf bzw. mit den Ordnungssubjekten.

Weil es die staatliche Ordnung- bzw. Lenkungsfunktion ist, die kooperative Verhältnisse erfordert und rechtfertigt, erscheint es aber auch verfehlt, den Staat insoweit nur als „ausgleichenden Dritten" gegenüber „den Interessenten"[68] zu bezeichnen.

b) „Grundrechtsverschleiß"[69]

Da jedoch — was schwerer wiegt — bei Kooperation ein gewisser Grundrechtsverschleiß unvermeidbar erscheint[70], wird dabei den materiellen Bindungen der Staatsgewalt, insbesondere den Grundsätzen von Erforderlichkeit und Verhältnismäßigkeit, erhöhte Bedeutung beizumessen sein[71].

3. *Modell: konzertierte Aktion*

Soweit typische Aufgabenbereiche zur Stetigkeit in der Kooperation führen und daher unvermeidbar zu deren „Ritualisierung", also i. w. S. Institutionalisierung führen, verspricht das im Stabilitätsgesetz[72] entworfene Modell der „konzertierten Aktion" (§ 3 StabilitätsG) in besonderem Maße übertragbar oder doch ausbaufähig zu sein. Die konzer-

---

[65] *H. Huber*, Staat und Verbände, S. 31.

[66] Neuerdings stark angezweifelt, wird „Gleichberechtigung" dagegen z. T. im Verhältnis Staat — Kirchen behauptet; vgl. z. B. *Pirson*, Die freie Kirche ih der freiheitlichen Verfassungsordnung des Grundgesetzes, S. 95 f. m. w. N.

[67] Vgl. dazu oben sub § 2 D III.

[68] So aber *Dagtoglou*, a.a.O., S. 167.

[69] Nach *Zacher*, Verwaltung durch Subventionen, VVDStRL 25 (1967) S. 343.

[70] *Zacher*, a.a.O., insbes. zum Subventionswesen.

[71] Z. B. zur Hinderung unzulässigen staatlichen Drängens auf „verträgliche" Regelung; vgl. z. B. *Gygi*, a.a.O., S. 146, und *Zacher*, a.a.O. Die Problematik ähnelt der des verwaltungsrechtlichen Vertrags; vgl. z. B. *Gygi*, a.a.O., S. 144 f. Jedoch handelt es sich *hier* nicht typischerweise um „subordinationsrechtliche" Verhältnisse!

[72] Gesetz zur Förderung der Stabilität und des Wachstums der Wirtschaft vom 8. 6. 1967 (BGBl. I S. 582).

tierte Aktion ist weder staatliches Gremium, noch durch bürokratischen Apparat institutionell verfestigt[73]; der Kreis der Beteiligten ist nicht abschließend festgelegt bzw. selbst Gegenstand des „konzertierten" Vorgehens[74]; die Beteiligten sind zur Kooperation nicht verpflichtet und an Vereinbarungen rechtlich nicht gebunden[75] — jedoch darauf angewiesen; eine behutsame, evtl. fallweise Fortentwicklung der konzertierten Aktion zum rechtsverbindlichen Vertrag ist gleichwohl nicht ausgeschlossen[76].

III. Ergebnis

Institutionalisierung scheint im öffentlichen Bereich nur bei gemäßigter Formalisierung im Verfahren effizient zu sein.

C. Öffentlicher Status Privater

Die Ansiedlung Privater im Bereich des Öffentlichen, die Nähe zum staatlichen Entscheidungsprozeß, verfassungsrechtliche Heraushebung u. a. haben es zur schon oben[77] erörterten Postulierung eines „öffentlichen Status" Privater kommen lassen, dem insbesondere im Hinblick auf den Begriff des staalichen Bereichs — abschließend — nachgegangen werden soll.

I. Privilegierung Privater

1. Öffentlich-rechtlicher Status

a) Zuweisung öffentlich-rechtlicher Kompetenzen

Bereits oben[78] wurde beobachtet, daß die Zuerkennung eines „öffentlichen" bzw. „verfassungsrechtlichen" bzw. „öffentlich-rechtlichen" Status durchaus unterschiedliche Funktionen Privater umfassen kann. Gemeinsamkeiten sind vor allem dann zu vermerken, wenn der Sonderstatus auch oder nur Teilhabe an der staatlichen Sonderrechtsordnung

---

[73] Vgl. *Möller*, Kommentar zum Gesetz zur Förderung der Stabilität und des Wachstums der Wirtschaft, § 3 Anm. 6.

[74] *Möller*, a.a.O. Ein Anspruch auf Teilnahme, etwa auf Grund des Gleichheitssatzes, z. B. von *Friauf* gefordert, scheint deshalb m. E. die Grundlagen des einvernehmlichen Zusammenwirkens zu gefährden; vgl. *Friauf*, Öffentlicher Haushalt und Wirtschaft, VVDStRL 27 (1969) S. 37. Vgl. aber das oben sub 2 b Ausgeführte!

[75] *Möller*, a.a.O.

[76] Dazu vor allem *Löwisch*, a.a.O., S. 136 f.

[77] Sub § 1 B I.

[78] Sub § 1 B I und C.

bezeichnen soll, so daß die Rechtsakte derart qualifizierbarer Privater — in prozessualer Fragestellung — von den staatlichen nicht mehr zu unterscheiden sind. Diese i. w. S. „Beleihung“ unterwirft Private daher den Anforderungen, die die Rechtsordnung dem Staat auferlegt, in entsprechender Weise, insbesondere hinsichtlich Rechtsschutz, Grundrechtsgeltung u. a.[79]; die Rechtsakte von Privaten beanspruchen umgekehrt (insoweit) staats-„gleiche“ Wirksamkeit bzw. Geltung.

Es erscheint daher wenig ergiebig, einen so verstandenen „öffentlichrechtlichen“ Status Privater mit Übertragung „staatlicher Aufgaben“ zu begründen[80]: Im „Außenverhältnis“ (zum Bürger hin) wie hinsichtlich des oben vertretenen, formalisierten Staatsaufgabenbegriffs kann nur von Zuweisung öffentlich-rechtlicher Kompetenzen gesprochen werden[81, 82].

b) Ergebnis

Der Begriff: „öffentlich-rechtlicher Status“ wäre daher auch besser auf den Bereich privater Partizipation an der staatlichen Sonderrechtsordnung zu beschränken. Private mit öffentlich-rechtlichem Sonderstatus verkörpern bzw. verwirklichen dann aber ein Stück staatlichen Bereichs.

2. *Verfassungsrechtlicher Status*

a) Presse, Gewerkschaften, politische Parteien

Auf „öffentlichen“ bzw. „verfassungsrechtlichen Status“ wird auch geschlossen, wenn für Private, ohne gleichzeitige Übertragung öffentlich-rechtlicher Kompetenzen, bereits vom Grundgesetz eine privilegierte Rechtsposition vorgesehen ist, also vor allem bei Presse[83], Ge-

---

[79] Vgl. dazu auch die Diskussion um Demokratisierung „Privater“ mit öffentlich-rechtlichem Status. Für beliehene Unternehmer z. B. *Herzog*, Art. Beliehener Unternehmer, EvStL Sp. 146; zur Demokratisierung der Kirchen, insbes. hinsichtlich der Steuerhoheit vgl. z. B. die Kontroverse zwischen *Heinze* und *Scheuner* (*Heinze*, Plädoyer für ein zeit- und verfassungsgemäßes Kirchensteuersystem, ZRP 1969, S. 98; *Scheuner*, Kirchensteuer und Verfassung, ZRP 1969, S. 195 ff.). Im weiteren kann hierzu auch die Forderung nach Demokratisierung im Hochschulbereich gerechnet werden; vgl. dazu die (ablehnenden) Stellungnahmen von *Geck*, Die Stellung der Studenten in der Universität, VVDStRL 27 (1969) S. 153 ff., 184 (These II), und *H. H. Klein*, „Demokratisierung“ der Universität?, S. 14 ff. jeweils m. w. N.

[80] So aber z. B. BVerfGE 17, 377, 397 ff.; *Leibholz-Rinck*, a.a.O., Art. 33 GG Rdnr. 3; *Martens*, Öffentlich als Rechtsbegriff, S. 120 f.

[81] Sei es auf Grund Beleihung oder von Verfassungs wegen, wie bei den Kirchen.

[82] Vgl. dazu auch den Streit um die Technischen Überwachungsvereine; dazu oben in § 1 Anm. 53. In der Begründung wie hier BGH, NJW 1968, S. 443 ff.

[83] Art. 5 I 2 GG.

werkschaften[84] und politischen Parteien[85, 86]. Ihr „staatsbezogenes" Agieren[87] bei der politischen Willensbildung und damit der Vorformung staatlicher Dezisionen[88], verbunden mit der verfassungsmäßigen Garantie ihres Wirkungsbereichs, mag zwar die Verweisung in einen vergleichbaren, spezifisch „verfassungsrechtlichen" Status im öffentlichen Bereich nahelegen. Ebenso muß jedoch gesehen werden, daß sich der Sonderstatus zunächst nur in einem nicht-staatlichen Bereich realisiert, soweit er nämlich z. B. extensiveren Grundrechtsschutz[89], Anspruch auf staatliche Finanzierung[90], prozessuale Sonderstellung[91] u. ä. zu bewirken vermag.

Die jeweilige Nähe zum staatlichen Bereich unterscheidet dagegen Presse, Gewerkschaften und politische Parteien erheblich: Während der Presse ein unmittelbarer Zugang zum staatlichen Geltungsbereich fehlt, sind dorthin die politischen Parteien verlagert, wenn sie als Wahlvorbereitungsorganisationen die Wahlbewerber (nahezu) exklusiv benennen können[92], wohingegen die Gewerkschaften als Sozialpartner immerhin noch einen von Staat bzw. Verfassung überlassenen oder ausgesparten Bereich zu gestalten vermögen[93].

b) Repräsentativfunktion der Gewerkschaften

Der verfassungsrechtliche Status der politischen Parteien rückt daher in größte Nähe zum staatlichen („Geltungs"-)Bereich, weil Parteien das Wahlrecht auf die eigenen Vorschläge hin gemeinverbindlich beschränken können[94, 95]. Ein vergleichbarer, auf die Gruppe der „Arbeitneh-

---

[84] Art. 9 III GG. Vgl. dazu auch oben sub § 1 B I 5 mit Anm. 103.

[85] Vgl. auch oben sub § 1 B I 4.

[86] Wie der Status der Kirchen zu bezeichnen ist, hängt weitgehend vom Standpunkt im staatskirchenrechtlichen Lehrstreit ab. Er kann danach „öffentlicher" i. S. eines „verfassungsrechtlichen" Status sein (so wohl *Hesse*, *Smend* u. a.), aber auch „öffentlich-rechtlicher" Status (so wohl *Martens*) oder spezifisch kirchlicher Sonderstatus (wohl die h. M.); Nachweise oben sub § 1 B I 3.

[87] Vgl. auch oben sub § 3 D I 1.

[88] Vgl. oben sub § 3 D III.

[89] Vgl. oben sub § 3 C II 1 b zur Pressefreiheit.

[90] § 18 ParteienG.

[91] Vgl. BGH, NJW 1968, S. 1830 ff. zur Prozeßfähigkeit der Gewerkschaften.

[92] Vgl. oben sub § 1 B I 4 b.

[93] Dazu oben sub § 1 B I 5 c.

[94] Vgl. oben sub § 1 B I 4 b.

[95] Es ließe sich deshalb auch von einem „öffentlich-rechtlichen" Status (vgl. oben sub 1) sprechen, in dem dann freilich die „öffentliche" Funktion (Meinungsbildung, Fraktionen usw.) der Parteien Fremdkörper wäre. Die Klassifizierung nach „Status" wird daher immer nur partielle Funktionen erfassen können: Das bestätigt die Bedenken gegenüber — letztlich nur „optisch" befriedigender — Institutionalisierung des Öffentlichen; vgl. oben sub § 1 B I 4 (bei Anm. 85 ff.), § 3 D II 1 a, § 5 B.

mer" beschränkter Anspruch kann in der Forderung der Gewerkschaften gesehen werden, „die" Arbeitnehmerschaft zu „repräsentieren", sie also dem Staate oder auch dem Sozialpartner gegenüber gruppenverbindlich zu vertreten[96, 97].

aa) Repräsentation der Arbeitnehmerschaft?

Im deutlichen Gegensatz zum traditionellen Repräsentationsbegriff, der die Interessen-Repräsentation schon begrifflich ausschließen möchte[98] oder doch nur als — von den Mitgliedern demokratisch legitimierte — Verbands-Repräsentation anerkennt[99], wird dabei entweder aus der verfassungsrechtlichen Einräumung von Tarifhoheit[100] oder der „Identität der Klassenlage aller abhängig Beschäftigten"[101] die Repräsentativfunktion der Gewerkschaften auch ohne umfassende demokratische Legitimation bejaht.

Diese Konsequenz muß freilich schon deshalb bedenklich erscheinen, weil mit der Tarifhoheit ein Stück Normsetzung aus der Legitimation der Normunterworfenen ausgebrochen würde[102] und auch nicht durch — evtl. kompensierende — Staatsaufsicht ersetzt wäre[103, 104]. Repräsentation ohne demokratische Legitimation und gemein- bzw. gruppenverbindliche Geltung ohne staatliche Anerkennung („autogene" Repräsentativfunktion) sind aber mit Grundvorstellungen des Grundgesetzes unvereinbar; dies um so mehr, wenn in der Tarifhoheit delegierte oder „beliehene" staatliche Aufgaben gesehen werden[105]. Daran kann auch die allfällige Bemühung des „Gemeinwohls" nichts ändern, weil dessen

---

[96] Vgl. *J. Hirsch*, Die öffentlichen Funktionen der Gewerkschaften, S. 129 ff. m. w. N.

[97] *Leibholz* scheint umgekehrt in den Parteien Repräsentanten des „selbstorganisierte(n)" Volkes zu sehen; vgl. *ders.*, Repräsentativer Parlamentarismus und parteienstaatliche Demokratie, S. 354. Dazu auch oben sub § 3 A II 1 e.

[98] Nachweise oben in Anm. 43, 44.

[99] So z. B. *Biedenkopf*, Die Grenzen der Tarifautonomie, S. 47 ff., 292 ff.; *ders.*, Koalitionsfreiheit und Tarifautonomie als Strukturelemente der modernen Demokratie, S. 199 ff.; *Richardi*, Rezension, RdA 1969, S. 149 f.

[100] So z. B. *Gamillscheg*, Die Differenzierung nach der Gewerkschaftszugehörigkeit, S. 94 ff., 97; *Kunze*, Koalitionsfreiheit und Tarifautonomie aus der Sicht der Gewerkschaften, S. 110.

[101] *J. Hirsch*, a.a.O., S. 130 m. w. N.

[102] *Biedenkopf*, Die Grenzen der Tarifautonomie, a.a.O.

[103] Zur Zulässigkeit von Staatsaufsicht in diesem „Kernbereich" der Koalitionsfreiheit z. B. *Dietz*, Die Koalitionsfreiheit, S. 460; *Peters-Ossenbühl*, Die Übertragung von öffentlich-rechtlichen Befugnissen auf die Sozialpartner, S. 101 ff., 159.

[104] Wenn durch Staatsaufsicht fehlende Legitimation ersetzt werden soll, wäre allerdings die Nähe zu „Syndikalisierung" oder „Arbeiterkammern" offensichtlich; so z. B. *Gamillscheg*, a.a.O., S. 96.

[105] So aber z. B. *Gamillscheg*, a.a.O., S. 97. Vgl. auch oben sub § 1 B I 5 c.

Inhalt den Gewerkschaften als Sozialpartner nicht vorgegeben, sondern von ihnen erst zu bestimmen ist[106].

bb) Allgemeinverbindlicherklärung

Zum „Repräsentanten" der Arbeitnehmerschaft werden Gewerkschaften jedoch, sobald die, zunächst auf Verbandsangehörige beschränkten, Tarifverträge[107] durch hinzukommenden Staatsakt für allgemeinverbindlich erklärt werden[108]. Die Allgemeinverbindlicherklärung (AVE) könnte deshalb auch zur adäquaten Einbruchsstelle für einen „verfassungsrechtlichen" Status der Gewerkschaften, ähnlich dem der politischen Parteien, ausgebaut werden: Auch die politischen Parteien sind keineswegs umfassend legitimierte Repräsentanten der Wähler[109], jedoch läßt es das Grundgesetz zur Anerkennung von Allgemeinverbindlichkeit der Wahlvorschläge ausreichen, wenn — verbunden mit einem staatlichen Kontrollrecht[110] — die innerparteiliche Willensbildung mit den oben[111] beschriebenen inhaltlichen und verfahrensmäßigen Prinzipien übereinstimmt. Es wäre deshalb zu erwägen, ob nicht die „Kann"-Bestimmung des § 5 Abs. 1 TVG dann als „Muß"-Bestimmung zu interpretieren ist, wenn vergleichbare Voraussetzungen[112] auch bei der vertragschließenden Gewerkschaft vorliegen[113, 114].

---

[106] Vgl. dazu *Lerche*, Verfassungsrechtliche Zentralfragen des Arbeitskampfes, S. 29 f.; *Richardi*, a.a.O., S. 150, sowie z. B. BAG, SAE 1965, S. 203.

[107] Vgl. § 3 I TVG.

[108] § 5 TVG. Von gewerkschaftlicher Repräsentativfunktion spricht dann z. B. auch *Bötticher*, Tarifliche Zuschläge für Gewerkschaftsangehörige, BB 1965, S. 1079.

[109] Vgl. aber oben in Anm. 97.

[110] Vgl. oben in § 1 Anm. 94 sowie z. B. Art. 21 II GG, §§ 23, 30 ParteienG.

[111] Vgl. oben sub § 3 A II 1 d.

[112] Auf freilich viel weitergehender dogmatischer Grundlegung, hat z. B. *Ridder* Satzung und Praxis der IG Metall nach den Maßstäben des Art. 21 GG untersucht; vgl. *ders.*, Die verfassungsrechtliche Stellung der Gewerkschaften, S. 43 ff.

[113] Gegenüber dem Recht der politischen Parteien würde sich vor allem wegen § 5 I Ziff. 2 TVG ein viel weitgehenderes staatliches Prüfungsrecht ergeben. Allerdings gilt schon jetzt ein „öffentliches Interesse" an der AVE i. d. R. als indiziert; vgl. *Hueck-Nipperdey-Stahlhacke*, Tarifvertragsgesetz, § 5 Rdnr. 8.

[114] Sobald — in den Grenzen von § 5 I Ziff. 1, 2 TVG — eine Automatik hergestellt wäre zwischen Tarifhoheit und AVE, bliebe freilich für „Tarifausschlußklauseln" kein Raum mehr, weil sie mit der dann anerkannten repräsentations-ähnlichen Stellung der Gewerkschaften nicht mehr zu vereinbaren wären. Das Bundesarbeitsgericht kommt zwar schon jetzt zu einem ähnlichen Ergebnis: die Rspr. ist jedoch nicht ohne Widersprüche, was bei Anerkennung einer gewerkschaftlichen „Repräsentativ-Funktion" u. U. zu vermeiden wäre. Wenn nämlich Tarifausschlußklauseln das drittwirkende Grundrecht der negativen Koalitionsfreiheit verletzen sollten (so BAG, AP Art. 9 GG, Nr. 13), würde dem vom BAG selbst postulierten „Koalitionspluralismus" (z. B. BAG, RdA 1969, S. 123 f.) die Grundlage entzogen, weil

II. Anforderungen an Private

Während die Zuerkennung eines „öffentlichen Status" die Tätigkeit Privater im öffentlichen Bereich rechtlich privilegieren soll[115], kann „Konstitutionalisierung" ebenso die Steigerung von rechtlichen Bindungen meinen. Die verfassungsrechtlichen Aspekte werden sich dabei so unterschiedlich darstellen, wie auch über den „öffentlichen Bereich" selbst kaum generelle Aussagen gemacht werden können. Typische Problemkreise sind vor allem:

(1) Die „sozialen Mächte", d. h. die Ausbildung sozialer Abhängigkeiten in oder von sozio-ökonomischen Gruppen, deren Funktion bei binnengesellschaftlichen Prozessen unersetzbar geworden ist, deren Einfluß auf die staatliche Willensbildung, andererseits, als übermächtig erkannt wird[116].

(2) Die Hinzuziehung Privater bei staatlichen Entscheidungen oder deren Vorformung, insbesondere bei Planung in kooperativen Verhältnissen[117]. Problematisch erscheint dabei vor allem die Gefahr der Abhängigkeit staatlicher Entscheidungen von „para-konstitutionellen" Institutionen, die, ohne an den Legitimationsprinzipien der Verfassung teilzuhaben, staatliche Entscheidungen faktisch (mit-)bestimmen[118].

Als Wege zur Konstitutionalisierung werden vor allem genannt[119]:

1. Verstärkte staatliche Kontrolle;
2. Inhaltliche oder/und verfahrensmäßige Auflagen, womit vor allem Grundrechtsbindung und Demokratisierung gemeint sind.

1. Grundrechte, Demokratisierung

a) Homogenität zwischen Staat und Gesellschaft

Die Forderung nach grundrechtlicher Bindung sozialer Gewalten (als sog. „Drittwirkung") wird erhoben, seit die Freiheitsbedrohung des

---

das Ergebnis nicht „Wettbewerb", sondern nur „Meistbegünstigung" bzw. „Kartellisierung" sein könnte. Die Berücksichtigung der Repräsentativ-Funktion der Gewerkschaften als „bargaining representative" hat dagegen z. B. den US-Supreme Court die Diskriminierung durch „closed-shop"-Klauseln erheblich einschränken lassen. Dazu eingehend *Ehmke*, Wirtschaft und Verfassung, S. 607 ff., 628 ff., 636 ff. mit zahlr. Rspr.-Nachweisen. Zum Diskussionsstand in Deutschland vgl. insbes. *Gamillscheg*, a.a.O., passim; *Hanau*, Gemeingebrauch am Tarivertrag?, JuS 1969, S. 213 ff.; *Hueck-Nipperdey*, Lehrbuch des Arbeitsrechts, Bd. II, S. 122 f.; *Hueck-Nipperdey-Stahlhacke*, a.a.O., § 1 Rdnr. 133 f.

[115] Vgl. aber auch oben sub § 3 A II 1 d (politische Parteien) und § 5 C II 2 b bb (Gewerkschaften) sowie oben sub § 5 C I 1 („öffentlich-rechtlicher Status").

[116] Vgl. dazu oben sub § 1 B I 6 d m. w. N.

[117] Vgl. oben sub B II.

[118] Nachweise oben in § 1 Anm. 200 sowie unten sub 2.

[119] Nachweise im folgenden.

Bürgers nicht nur vom staatlichen Grundrechtsadressaten, sondern in gleichem Maße von der „Gesellschaft" befürchtet wird[120]. Weil die verfassungsmäßigen Freiheitsverbürgungen in privat-gesellschaftlichen Abhängigkeiten minimalisiert zu werden drohen, sollen auch die außerstaatlichen Mächte den gleichen oder entsprechenden Bindungen unterliegen wie die öffentliche Gewalt[121, 122].

Die unmittelbare Drittwirkung der Grundrechte wird von der h. M. zwar verneint[123], als Inbegriff eines Wertsystems der Gesamt-Rechtsordnung sollen die Grundrechte jedoch schon objektiv in die Privatrechtsordnung hineinwirken[124], um insbesondere über deren „Generalklauseln" in private Rechtsbeziehungen eingeschleust zu werden[125].

Die bekannten Einwände gegen die „Drittwirkungslehre"[126] scheinen jedoch m. E. so sehr auf dem dogmatisch abgesicherten, traditionellen Grundrechtsverständnis zu beruhen, daß die Beweggründe für eine Ausweitung des grundrechtlichen Schutzbereichs zu kurz kommen müssen. Gerade dort würde sich aber ein Parallelismus zwischen Drittwirkungs- und Demokratisierungsforderungen verzeichnen lassen: Wenn nämlich z. B. *Ridder* u. a.[127] „gleichheitsverzerrende Herrschaft"[128] innerhalb der „staatsbezogen agierenden freien Gesellschaft"[129] nach Demokratisierung verlangen läßt, zielt dies — wie auch bei der Drittwirkungsforderung — auf Herstellung von *Homogenität* zwischen Staat und Gesellschaft bzw. „Öffentlichkeit"[130].

---

[120] *Krüger* sieht die Freiheit sogar eher von sozialen Mächten als vom Staat bedroht; vgl. *ders.*, Der Staat und die Verbände, S. 38.

[121] So z. B. *Herzog*, Das Verbandswesen im modernen Staat, S. 10 f.; *Hesse*, Grundzüge, S. 141 f.; *H. Huber*, Die Bedeutung der Grundrechte für die sozialen Beziehungen unter den Rechtsgenossen, S. 280 ff.; *Leisner*, Grundrechte und Privatrecht, S. 378 ff.; *Winkler*, Staat und Verbände, VVDStRL 24 (1966) S. 66; *Wittkämper*, Grundgesetz und Interessenverbände, S. 68 ff.; *Zippelius*, Allgemeine Staatslehre, S. 218 ff.

[122] Die Verweisung auf die Privatautonomie wird schon deshalb als unzureichend bezeichnet, weil Verbände-Patronage im Pluralismus unersetzbar erscheint und daher z. B. die Möglichkeit des Verbandsaustritts u. ä. — im Grenzfall — die soziale Existenz gefährden könnte; vgl. z. B. *Dagtoglou*, a.a.O., S. 167 ff.

[123] Die Gegenmeinung führt *Nipperdey* an; vgl. z. B. *Enneccerus-Nipperdey*, Allgemeiner Teil des Bürgerlichen Rechts, 1. Halbbd. S. 74 ff. Zum Meinungsstand vgl. z. B. *Maunz-Dürig-Herzog*, a.a.O., Art. 1 III GG Rdnr. 127 ff.

[124] So vor allem BVerfGE 5, 85, 204; 7, 198, 204; 21, 362, 372.

[125] BVerfG seit BVerfGE 7, 198 ff. und insbes. *Maunz-Dürig-Herzog*, a.a.O.

[126] Vgl. z. B. *Maunz-Dürig-Herzog*, a.a.O., m. w. N.

[127] Nachweise oben sub § 3 D I 3.

[128] *Ridder*, Die verfassungsrechtliche Stellung der Gewerkschaften, S. 19.

[129] *Ridder*, a.a.O., S. 18.

[130] Vgl. *Ridder*, a.a.O., zur „Normativwirkung der Sozialstaatsklausel als Homogenisierungsbestimmung zwischen Staat und Gesellschaft".

b) Staatlicher Gestaltungsauftrag

Es kann dahingestellt bleiben, ob oder in welchen Grenzen das Grundgesetz für „gesellschaftliche" Demokratie und Drittwirkung offen ist — bedenklich müssen die Homogenisierungsforderungen nämlich schon deshalb erscheinen, weil sie — in Konsequenz — bei einem unangebrachten „Harmoniemodell" enden müssen[131], das durch Garantie einer bestimmten Ordnung[132] die Regelung gesellschaftlicher Prozesse so ausreichend abgesichert zu haben meint, daß sich notwendig verfassungskonforme Harmonie einstellen müßte. Die Modernität der Postulate kann den Verdacht nicht hindern, daß dabei jene rechtsstaatlichen Vorstellungen fortleben, auf deren Unvereinbarkeit mit dem sozialstaatlichen Gestaltungsauftrag schon oben einzugehen war[133].

Nur als flexibel und individuell zu handhabende „Modelle" bei der sozialstaatlichen Beeinflussung und Fortentwicklung gesellschaftlicher Strukturen, Abläufe usw. sind daher Drittwirkung und Demokratisierung zu verstehen[134] — insoweit ist aber ihre besondere Tauglichkeit unübersehbar, besonders dann, wenn (insbesondere) die Sozialstaatsklausel des Grundgesetzes den beschriebenen Gestaltungsauftrag zur Gestaltungspflicht umschlagen läßt[135].

2. *Quasi-Staatsfunktionen*

Ein vergleichbarer „Auftrag" wird auch überall dort zu sehen sein, wo der Staat die Verformung eigener Entscheidungen auf Private überträgt und sich damit — zumindest faktisch — in deren „Abhängigkeit" begibt. Daran ist vor allem zu denken, wenn z. B. in der sogenannten „Vorbereitungsphase"[136] Planentscheidungen auf z. T. vom Staat selbst initiierte private Gremien verlagert werden. Auch wenn die Planungsentscheidung dann eine formal „staatliche" bleibt, droht nämlich, insbesondere bei Monopolisierung von Planungsaufgaben in außer-staatlichen Einrichtungen, die vom Grundgesetz geforderte Legitimation für staatliche Entscheidungen faktisch unterlaufen zu werden[137].

---

[131] So vor allem *Ehmke*, Wirtschaft und Verfassung, S. 666.

[132] Inhaltlich und im Verfahren.

[133] Insbes. sub § 4 B.

[134] Wie hier vor allem *Ehmke*, a.a.O. Vgl. auch *H. Huber*, a.a.O., sowie z. B. *Lerche*, Übermaß und Verfassungsrecht, S. 199 f., und *Martens*, Öffentlich als Rechtsbegriff, S. 126 Anm. 284.

[135] Mit ähnlichem Ergebnis z. B. *Tomandl* zu den „sozialen Grundrechten"; vgl. *ders.*, Der Einbau sozialer Grundrechte in das positive Recht, S. 41 ff.

[136] Vgl. dazu *Grauhan*, Zur Struktur der planenden Verwaltung, S. 135.

[137] Vgl. z. B. *Böckenförde*, Die Organisationsgewalt im Bereich der Regierung, S. 258 f., und *Grawert*, Verwaltungsabkommen zwischen Bund und Ländern in der Bundesrepublik Deutschland, S. 257, 275, zum Sachverständigenrat zur Begutachtung der gesamtwirtschaftlichen Entwicklung sowie zu Wissenschaftsrat und Deutschem Bildungsrat; Nachweise oben in § 1 Anm. 200. Durch ein „faktisches Planungsmonopol" (*Grawert*, a.a.O., S. 276) seien

Staatlicher Reglementierung scheinen freilich auch hier enge Grenzen gesetzt zu sein. Rechtsstaatlich befriedigende Kontrolle mag zwar durch Demokratisierung, parlamentarische Kontrolle, Publizitätspflicht u. a. erreicht werden, würde aber unvermeidbar zu immer schwergewichtigerer und staatsnäherer Institutionalisierung führen, was wiederum die gewünschte Einspielung privater Interessen bzw. privaten Sachverstands beeinträchtigen müßte[138]. Weil insbesondere die staatlichen Planungsaufgaben Kooperation mit Privaten erfordern, scheint der gleichermaßen legitime und effiziente Lösungsweg daher mehr bei verstärkter, vor allem frühzeitiger („kooperativer“) Mitwirkung der staatlichen Entscheidungsgremien selbst bereits in der „Vorbereitungsphase“ zu liegen[139, 140]; das Legitimationsproblem würde dabei wohl an Schärfe verlieren.

„essentielle Regierungsfunktionen auf außerstaatliche ... Gremien“ verlagert (*Grawert*, a.a.O., S. 257) bzw. „quasipolitische Organe mit Regierungsfunktionen“ geschaffen (so *Böckenförde*, a.a.O., S. 259).

138 Dazu oben sub B II, III. Zur Öffnung der planenden Verwaltung gegenüber der „Öffentlichkeit“ insbes. im kommunalen Bereich vgl. zuletzt *Pflaumer*, Öffentlichkeit und Verwaltung in einem demokratisierten Planungsprozeß (mit Dokumentation).

139 Gerade die Effektivität der aus rechtsstaatlichen Gründen eingeschränkten Mitwirkung Privater — vor allem von sozialwissenschaftlicher Seite angemahnt — könnte dadurch erheblich gesteigert werden. Vgl. z. B. *Lompe*, Die Rolle von Sachverständigengremien im Prozeß der politischen Willensbildung, ZfP 1969, S. 223 ff., 239 ff., der auch die Mitwirkung der oben in Anm. 137 erwähnten Gremien wegen zu eng begrenzter Aufgabenstellung für so „unzulänglich“ (S. 239) hält, daß, fern vom politischen Entscheidungsprozeß, eine Tendenz zu „abstrakte(m)“ Modellplatonismus“ (S. 245) zu fürchten sei.

140 Zur Frage, ob die überkommene Verwaltungsstruktur ein entsprechend „politisiertes“ Verwaltungshandeln zuläßt, vgl. zuletzt *Grauhan*, a.a.O., passim.

Literaturverzeichnis

Abelein, Manfred: Die Kulturpolitik des Deutschen Reiches und der Bundesrepublik Deutschland, Köln und Opladen 1968

Abendroth, Wolfgang: Zum Begriff des demokratischen und sozialen Rechtsstaates im Grundgesetz der Bundesrepublik Deutschland (1954), auch in: Rechtsstaatlichkeit und Sozialstaatlichkeit, Hg. Ernst Forsthoff, Darmstadt 1968, S. 114—144

— Wirtschaft, Gesellschaft und Demokratie in der Bundesrepublik, Frankfurt a. M. 1965

Achterberg, Norbert: Antinomien verfassungsgestaltender Grundentscheidungen, in: Der Staat 8 (1969) S. 159—180

Adamovich, L. und Hans *Spanner:* Handbuch des Österreichischen Verfassungsrechts, 5. Aufl., Wien 1957

Agnoli, Johannes: Die Transformation der Demokratie, Frankfurt a. M. 1968

Altmann, Rüdiger: Das Problem der Öffentlichkeit und seine Bedeutung für die moderne Demokratie, Diss. phil. Marburg 1954

— Zur Rechtsstellung der öffentlichen Verbände, in: ZfP 2 (1955) S. 211—227

Apelt, Willibalt: Geschichte der Weimarer Reichsverfassung, München 1946

Arndt, Adolf: Das Öffentliche, in: NJW 1960, S. 423—425

Arndt, Hans-Joachim: Öffentlichkeit als Staatsersatz, in: ARSP 42 (1956) S. 239—247

Bachof, Otto: Begriff und Wesen des sozialen Rechtsstaats (1954), auch in: Rechtsstaatlichkeit und Sozialstaatlichkeit, Hg. Ernst Forsthoff, Darmstadt 1968, S. 201—258

— Teilrechtsfähige Verbände des öffentlichen Rechts, in: AöR 83 (1958) S. 208—279

Badura, Peter: Die Methoden der neueren allgemeinen Staatslehre, Erlangen 1959

— Das Verwaltungsmonopol, Berlin 1963

— Art. Verfassung, in: Evangelisches Staatslexikon, hg. v. Hermann Kunst und Siegfried Grundmann in Verbindung mit Wilhelm Schneemelcher und Roman Herzog, Stuttgart 1966, Sp. 2343—2354

Bäumlin, Richard: Staat, Recht und Geschichte, Zürich 1961

— Verfassung und Verwaltung in der Schweiz, in: Festschrift für Hans Hubert, Bern 1961 S. 69-93

— Art. Rechtsstaat, in: Evangelisches Staatslexikon, hg. v. Hermann Kunst und Siegfried Grundmann in Verbindung mit Wilhelm Schneemelcher und Roman Herzog, Stuttgart 1966, Sp. 1733—1743

Barion, Hans: Gleich und ungleich in der Schulfinanzierung, in: DÖV 1967, S. 516—519

Baur, Fritz: Neue Verbindungslinien zwischen Privatrecht und öffentlichem Recht, in: JZ 1963, S. 41—47

Becker, Erich: Diskussionsbeitrag, in: VVDStRL Heft 19, Berlin 1961, S. 249

Bentley, Arthur F.: The Process of Government, Ed. Peter H. Odergard, Cambridge, Massachusetts 1967

Berber, Friedrich Joseph: Lehrbuch des Völkerrechts, Bd. I und III, München-Berlin 1960 und 1964

Bericht der vom Bundesminister des Innern eingesetzten Parteienrechtskommission, Frankfurt a. M.-Berlin 1957

Bettermann, Karl-August: Juristische Personen des öffentlichen Rechts als Grundrechtsträger, in: NJW 1969, S. 1321—1328

Beutler, Wilhelm, Gustav *Stein* und Hellmuth *Wagner* (Hg.): Der Staat und die Verbände, Heidelberg 1957

Biedenkopf, Kurt H.: Die Grenzen der Tarifautonomie, Karlsruhe 1964

— Rechtsfragen der konzertierten Aktion, in: BB 1968, S. 1005—1011

— Koalitionsfreiheit und Tarifautonomie als Strukturelemente der modernen Demokratie, in: Koalitionsfreiheit und Tarifautonomie als Probleme der modernen Demokratie, Hg. Helmut Duvernell, Berlin 1968, S. 199—211

Böckenförde, Ernst-Wolfgang: Die Organisationsgewalt im Bereich der Regierung, Berlin 1964

Bötticher, Eduard: Tarifliche Zuschläge für Gewerkschaftsangehörige, in: BB 1965, S. 1077—1082

Bonner Kommentar zum Grundgesetz, Hamburg 1950 ff.

Bracher, Karl Dietrich: Gegenwart und Zukunft der Parlamentsdemokratie in Europa (1964), auch in: Parlamentarismus, Hg. Kurt Kluxen, Köln-Berlin 1967, S. 70-87

— Staatsbegriff und Demokratie in Deutschland, in: PVS 9 (1968) S. 2—27

Braun, Dieter (Hg.): Deutsche Kulturpolitik im Ausland, München 1966

Brunner, Otto: Moderner Verfassungbegriff und mittelalterliche Verfassungsgeschichte, auch in: Herrschaft und Staat im Mittelalter, Hg. Hellmut Kämpf, Darmstadt 1960, S. 1—19

Bullinger, Martin: Vertrag und Verwaltungsakt, Stuttgart u. a. 1962

— Öffentliches Recht und Privatrecht, Stuttgart u. a. 1968

Burger, Friedrich: Artikel 33 Grundgesetz und die sogenannten staatlich gebundenen Berufe, Diss. jur. Marburg 1967

v. Campenhausen, Axel: Der Rechtsschutz der kirchlichen Bediensteten, in: Festschrift für Erich Ruppel, Hannover-Berlin 1968, S. 262—276

Christensen, Bent: Die Mitwirkung von Ausschüssen in der staatlichen Verwaltung — Dänemark und England, in: VerwArch 49 (1958) S. 312—322

Cicero, Marcus Tullis: De legibus, Hg. Johannes Vahlen, Berlin 1883

Contiades, Ion: Verfassungsgesetzliche Staatsstrukturbestimmungen, Stuttgart u. a. 1967

Czajka, Dieter: Pressefreiheit und „öffentliche Aufgabe" der Presse, Stuttgart u. a. 1968

Dagtoglou, Prodromos: Der Private in der Verwaltung als Fachmann und Interessenvertreter, Heidelberg 1964

— Art. Souveränität, in: Evangelisches Staatslexikon, hg. v. Hermann Kunst und Siegfried Grundmann in Verbindung mit Wilhelm Schneemelcher und Roman Herzog, Stuttgart 1966, Sp. 1979—1987

Daum, Werner: Soziale Grundrechte, in: RdA 1968, S. 81—87

Deutsches Rechtswörterbuch, Bd. I, hg. v. der Preußischen Akademie der Wissenschaften, Weimar 1914—1932

Dietz, Rolf: Die Koalitionsfreiheit, in: Die Grundrechte, Bd. III/1, Hg. Bettermann-Nipperdey-Scheuner, Berlin 1958, S. 417—473

Doka, Carl: Kulturelle Außenpolitik, Zürich 1956

Drath, Martin: Art. Staat, in: Evangelisches Staatslexikon, hg. v. Hermann Kunst und Siegfried Grundmann in Verbindung mit Wilhelm Schneemelcher und Roman Herzog, Stuttgart 1966, Sp. 2114—2149

— Über eine kohärente sozio-kulturelle Theorie des Staates und des Rechts, in: Festschrift für Gerhard Leibholz, Bd. 1, Tübingen 1966, S. 35—80

Dreier, Ralf: Art. Organlehre, in: Evangelisches Staatslexikon, hg. v. Hermann Kunst und Siegfried Grundmann in Verbindung mit Wilhelm Schneemelcher und Roman Herzog, Stuttgart 1966, Sp. 1424—1430

Drewes, Günter: Die Gewerkschaften in der Verwaltungsordnung, Heidelberg 1958

Duvernell, Helmut (Hg.): Koalitionsfreiheit und Tarifautonomie als Probleme der modernen Demokratie, Berlin 1968

Ebers, Godehard Josef: Art. Staat, in: Staatslexikon, Hg. Görres-Gesellschaft, 5. Aufl., Bd. 4, Freiburg 1931, Sp. 1803—1833

Ehmke, Horst: Wirtschaft und Verfassung, Karlsruhe 1961

— „Staat" und „Gesellschaft" als verfassungstheoretisches Problem, in: Festgabe für Rudolf Smend, Tübingen 1962, S. 23—49

— Prinzipien der Verfassungsinterpretation, in: VVDStRL Heft 20, Berlin 1963, S. 53—102

— Diskussionsbeitrag, in: VVDStRL Heft 24, Berlin 1966, S. 94—96

Ellwein, Thomas: Das Regierungssystem der Bundesrepublik Deutschland, Köln und Opladen, 2. Aufl. 1965

— Einführung in die Regierungs- und Verwaltungslehre, Stuttgart u. a. 1966

Emge, Richard Martinus: Auswärtige Kulturpolitik, Berlin 1967

Engels, Friedrich: Herrn Eugen Dührings Umwälzung der Wissenschaft („Anti-Dühring"), Berlin (Ost) 1958

— Der Ursprung der Familie, des Privateigentums und des Staats, in: Karl Marx und Friedrich Engels, Ausgewählte Schriften, Bd. II, Berlin (Ost) 1960

Engisch, Karl: Einführung in das juristische Denken, 2. Aufl., Stuttgart 1959

Enneccerus-Nipperdey: Allgemeiner Teil des Bürgerlichen Rechts, 2 Halbbände, 15. Aufl., Tübingen 1959

Eschenburg, Theodor: Herrschaft der Verbände?, Stuttgart 1955

Evers, Hans-Ulrich: Verbände — Verwaltung — Verfassung, in: Der Staat 3 (1964) S. 41—60

Forsthoff, Ernst: Begriff und Wesen des sozialen Rechtsstaats (1954), auch in: Rechtsstaatlichkeit und Sozialstaatlichkeit, Hg. Ernst Forsthoff, Darmstadt 1968, S. 165—200

— Zur neueren Rechtsprechung des Bundesverfassungsgerichts, in: DÖV 1956, S. 513—517

— Verfassungsprobleme des Sozialstaats (1956), auch in: Rechtsstaatlichkeit und Sozialstaatlichkeit, Hg. Ernst Forsthoff, Darmstadt 1968, S. 145—164

— Die Umbildung des Verfassungsgesetzes, in: Festschrift für Carl Schmitt, Berlin 1959, S. 35—62

— Die Bundesrepublik Deutschland, Umrisse einer Realanalyse, in: MERKUR, Jg. XIV (1960) S. 807—821

— Strukturwandlungen der modernen Demokratie, Berlin 1964

— Lehrbuch des Verwaltungsrechts, 1. Bd., Allgemeiner Teil, 9. Aufl., München und Berlin 1966

— Verfassung und Verfassungswirklichkeit der Bundesrepublik, in: MERKUR, Jg. XXII (1968) S. 401—414

— (Hg.), Rechtsstaatlichkeit und Sozialstaatlichkeit, Darmstadt 1968

Fraenkel, Ernst: Art. Pluralismus, in: Staat und Politik, Hg. Ernst Fraenkel und Karl-Dietrich Bracher, Frankfurt a. M. 1957, S. 234—236

— Die repräsentative und die plebiszitäre Komponente im demokratischen Verfassungsstaat (1958), auch in: Zur Theorie und Geschichte der Repräsentation und Repräsentativverfassung, Hg. Heinz Rausch, Darmstadt 1968, S. 330—385

Frantzen, Franz-Heinz: Der beliehene Unternehmer nach geltendem Recht, Diss. jur. Würzburg 1960

Friauf, Karl Heinrich: Bemerkungen zur verfassungsrechtlichen Problematik des Subventionswesens, in: DVBl. 1966, S. 729—738

— Öffentlicher Haushalt und Wirtschaft, in: VVDStRL Heft 27, Berlin 1969, S. 1—46

Friedrich, Carl J.: Der Verfassungsstaat der Neuzeit, Berlin-Göttingen-Heidelberg 1953

Frowein, Johann Abr.: Versammlungsfreiheit und Versammlungsrecht, in: NJW 1969, S. 1081—1086

v. d. Gablentz, Otto Heinrich: Staat und Gesellschaft, in: PVS 2 (1961) S. 2 bis 23

Gamillscheg, Franz: Die Differenzierung nach der Gewerkschaftszugehörigkeit, Berlin 1966

Gause, Hermann: Die öffentliche Indienststellung Privater als Rechtsinstitut der Staatsorganisation, Diss. jur. Kiel 1967

Geck, Wilhelm Karl: Die Stellung der Studenten in der Universität, in: VVDStRL Heft 27, Berlin 1969, S. 143—187

Gehlen, Arnold: Soziologische Voraussetzungen im gegenwärtigen Staat (1956), auch in: Rechtsstaatlichkeit und Sozialstaatlichkeit, Hg. Ernst Forsthoff, Darmstadt 1968, S. 320—339

Götz, Volkmar: Recht der Wirtschaftssubventionen, München und Berlin 1966

Grauhan, Rolf-Richard: Wandlungen im Typ des Verwaltungsgeneralisten, in: Konstanzer Blätter für Hochschulfragen Nr. 24 (1969) S. 51—59

— Modelle politischer Verwaltungsführung, in: PVS 10 (1969) S. 268—284

— Zur Struktur der planenden Verwaltung, in: Stadtbauwelt Heft 22 (1969) S. 132—137

Grawert, Rolf: Verwaltungsabkommen zwischen Bund und Ländern in der Bundesrepublik Deutschland, Berlin 1967

Grewe, Wilhelm: Das bundesstaatliche System des Grundgesetzes, in: DRZ 1949, S. 349—352

— Zum Begriff der politischen Partei, in: Festschrift für Erich Kaufmann, Stuttgart und Köln 1950, S. 65—82

Grimm, Dieter: Recht und Politik, in: JuS 1969, S. 501—510

Grimm, Jakob und Wilhelm: Deutsches Wörterbuch, Bd. I, Leipzig 1854

v. d. Groeben, Klaus: Mitwirkung von Ausschüssen in der staatlichen Verwaltung, in: VerwArch 49 (1958) S. 231—249

Gundlach, Gustav: Art. Gemeinwohl, in: Staatslexikon, Hg. Görres-Gesellschaft, Bd. 3, 6. Aufl., Freiburg 1959, Sp. 737—740

Gygi, Fritz: Rechtsfragen der Wirtschaftsplanung, in: Planung II, Hg. Joseph H. Kaiser, Baden-Baden 1966, S. 113—148

Habermas, Jürgen: Strukturwandel der Öffentlichkeit, 4. Aufl., Neuwied-Berlin 1969

Häberle, Peter: Die Wesensgehaltsgarantie des Art. 19 Abs. 2 Grundgesetz, Karlsruhe 1962

— Allgemeine Staatslehre, Verfassungslehre oder Staatsrechtslehre?, in: ZfP 12 (1965) S. 381—395

— Entscheidungsanmerkung, in: DVBl. 1966, S. 216—219

— Unmittelbare staatliche Parteifinanzierung unter dem Grundgesetz — BVerfGE 20, 56, in: JuS 1967, S. 64—74

— „Fiskalische" Interessen als „öffentliche" Interessen i. S. des § 80 Abs. 2 Nr. 4 VwGO?, in: DVBl. 1967, S. 220—225

— Rezension, in DÖV 1969, S. 150 f.

— Öffentlichkeit und Verfassung, in: ZfP 16 (1969) S. 273—287

Häfelin, Ulrich: Die Rechtspersönlichkeit des Staates, Tübingen 1959

Hättich, Manfred: Grundbegriffe der Politikwissenschaft, Darmstadt 1969

Hanau, Peter: Gemeingebrauch am Tarifvertrag? — BAG (GS), AP Art. 9 GG Nr. 13, in: Jus 1969, S. 213—220

Hegel, Georg Wilhelm Friedrich: Grundlinien der Philosophie des Rechts oder Naturrecht und Staatswissenschaft im Grundrisse, in: Sämtliche Werke (Hg. H. Glockner), Bd. 7, Stuttgart 1928

Heinze, Gerhard B.: Plädoyer für ein zeit- und verfassungsgemäßes Kirchensteuersystem, in: ZRP 1969, S. 97—99

Heller, Hermann: Staatslehre, Leiden 1934

Henke, Wilhelm: Das Recht der politischen Parteien, Göttingen 1964

Henkel, Heinrich: Einführung in die Rechtsphilosophie, München-Berlin 1964

Hennis, Wilhelm: Zum Problem der deutschen Staatsanschauung (1959), auch in: Die Entstehung des modernen souveränen Staates, Hg. Hans Hubert Hofmann, Köln-Berlin 1967, S. 73—93

Herschel, Wilhelm: Zur Rechtsnatur der Allgemeinverbindlicherklärung von Tarifverträgen, in: Festschrift für Walter Bogs, Berlin 1959, S. 125 bis 137

Herzog, Roman: Das Verbandswesen im modernen Staat, in: Gesellschaft und Politik NF, Bd. 1 (1965) H. 3, S. 4—22

— Gesetzgeber und Verwaltung, in: VVDStRL Heft 24, München 1966, S. 183 bis 209

— Der Mensch des technischen Zeitalters als Problem der Staatslehre, in: Evangelisches Staatslexikon, hg. v. Hermann Kunst und Siegfried Grundmann in Verbindung mit Wilhelm Schneemelcher und Roman Herzog, Stuttgart 1966, S. XXI—XLVI

— Art. Beliehener Unternehmer, in: Evangelisches Staatslexikon, hg. v. Hermann Kunst und Siegfried Grundmann in Verbindung mit Wilhelm Schneemelcher und Roman Herzog, Stuttgart 1966, Sp. 145 f.

— Art. Berufsfreiheit, in: Evangelisches Staatslexikon, hg. v. Hermann Kunst und Siegfried Grundmann in Verbindung mit Wilhelm Schneemelcher und Roman Herzog, Stuttgart 1966, Sp. 155—159

— Art. Subsidiaritätsprinzip, in: Evangelisches Staatslexikon, hg. von Hermann Kunst und Siegfried Grundmann in Verbindung mit Wilhelm Schneemelcher und Roman Herzog, Stuttgart 1966, Sp. 2266—2271

— Der demokratische Verfassungsstaat in Deutschland — Entwicklung und Ausblick, in: JuS 1969, S. 397—403

Hespe, Klaus: Zur Entwicklung der Staatszwecklehre in der deutschen Staatsrechtswissenschaft des 19. Jahrhunderts, Köln und Berlin 1964

Hesse, Konrad: Der Rechtsschutz durch staatliche Gerichte im kirchlichen Bereich, Göttingen 1956

— Die normative Kraft der Verfassung, Tübingen 1959

— Die verfassungsrechtliche Stellung der politischen Parteien im modernen Staat, in: VVDStRL Heft 17, Berlin 1959, S. 11—52

— Der Rechtsstaat im Verfassungssystem des Grundgesetzes (1962), auch in: Rechtsstaatlichkeit und Sozialstaatlichkeit, Hg. Ernst Forsthoff, Darmstadt 1968, S. 557—588

— Art. Kirche und Staat, in: Evangelisches Staatslexikon, hg. v. Hermann Kunst und Siegfried Grundmann in Verbindung mit Wilhelm Schneemelcher und Roman Herzog, Stuttgart 1966, Sp. 904—926

— Grundzüge des Verfassungsrechts der Bundesrepublik Deutschland, 2. Aufl., Karlsruhe 1968

Hirsch, Joachim: Die öffentlichen Funktionen der Gewerkschaften, Stuttgart 1966

Höfig, Dagmar und Wilfried *Skupnik*: Die Organisationsformen der Auslandskulturarbeit ausgewählter Staaten, in: Materialien der Wissenschaftlichen Abteilung des Deutschen Bundestages, Heft 3, Bonn 1966

Huber, Ernst Rudolf: Wirtschaftsverwaltungsrecht, 2. Aufl., Band 1 und 2, Tübingen 1953 und 1954

Huber, Hans: Soziale Verfassungsrechte? (1948), auch in: Rechtsstaatlichkeit und Sozialstaatlichkeit, Hg. Ernst Forsthoff, Darmstadt 1968, S. 1—15

— Niedergang des Rechts und Krise des Rechtsstaates, in: Festgabe für Zaccaria Giacometti, Zürich 1953, S. 59—88

— Die Bedeutung der Grundrechte für die sozialen Beziehungen unter den Rechtsgenossen (1955), auch in: Rechtsstaatlichkeit und Sozialstaatlichkeit, Hg. Ernst Forsthoff, Darmstadt 1968, S. 259—290

— Staat und Verbände, Tübingen 1958

Hueck, Alfred und Hans C. *Nipperdey:* Lehrbuch des Arbeitsrechts, Bd. II, 7. Aufl., Berlin-Frankfurt 1966

Hueck, Alfred, H. C. *Nipperdey,* E. *Tophoven* und Eugen *Stahlhacke:* Tarifvertragsgesetz. Kommentar, 4. Aufl., München und Berlin 1964

Ipsen, Hans Peter: Gesetzliche Indienstnahme Privater für Verwaltungsaufgaben, in: Festgabe für Erich Kaufmann, Stuttgart und Köln 1950, S. 141 bis 161

— Öffentliche Subventionierung Privater, in: DVBl. 1956, S. 461—469, 498 bis 505, 602—613

— Diskussionsbeitrag, in: VVDStRL Heft 24, Berlin 1966, S. 103—106

— Fragestellungen zu einem Recht der Wirtschaftsplanung, in: Planung I, Hg. Joseph H. Kaiser, Baden-Baden 1956, S. 35—66

— Rechtsfragen der Wirtschaftsplanung, in: Planung II, Hg. Joseph H. Kaiser, Baden-Baden 1966, S. 63—112

— Verwaltung durch Subventionen, in: VVDStRL Heft 25, Berlin 1967, S. 257 bis 307

Ischreyt, Heinz: Deutsche Kulturpolitik, Bremen 1964

Jank, Klaus Peter: Die Rundfunkanstalten der Länder und des Bundes, Berlin 1967

Jellinek, Georg: Allgemeine Staatslehre, 3. Aufl. (7. Neudruck), Bad Homburg v. d. H. 1960

— System der subjektiven öffentlichen Rechte, 2. Aufl. (2. Nachdruck), Darmstadt 1963

Jellinek, Walter: Verwaltungsrecht, 3. Aufl., Berlin 1931

Kaegi, Werner: Die Verfassung als rechtliche Grundordnung des Staates, Zürich 1945

— Rechtsstaat und Demokratie (Antinomie und Synthese), in: Festgabe für Zaccaria Giacometti, Zürich 1953, S. 107—142

— Von der klassischen Dreiteilung zur umfassenden Gewaltenteilung, in: Festschrift für Hans Huber, Bern, 1961, S. 151—173

Kafka, Gustav E.: Die verfassungsrechtliche Stellung der politischen Parteien im modernen Staat, in: VVDStRL Heft 17, Berlin 1959, S. 53—102

— Diskussionsbeitrag, in: VVDStRL Heft 24, Berlin 1966, S. 93

— Beiräte in der österreichischen Verwaltung, in: Gedächtnisschrift Hans Peters, Berlin-Heidelberg-New York 1967, S. 168—186

Kaiser, Joseph H.: Die Repräsentation organisierter Interessen, Berlin 1956

— Diskussionsbeitrag, in: VVDStRL Heft 22, Berlin 1965, S. 178

— (Hg.), Planung I, Baden-Baden 1965

Kaiser, Joseph H.: Exposé einer pragmatischen Theorie der Planung, in: Planung I, Hg. Joseph H. Kaiser, Baden-Baden 1965, S. 11—34

— (Hg.), Planung II. Baden-Baden 1966

Kassimatis, Georg: Der Bereich der Regierung, Berlin 1968

Kaufmann, Erich: Kritik der neukantischen Rechtsphilosophie, Tübingen 1921

Kelsen, Hans: Hauptprobleme der Staatsrechtslehre, Tübingen 1923

— Allgemeine Staatslehre, Berlin 1925

Kern, Ernst: Moderner Staat und Staatsbegriff, Hamburg 1949

Kipp, Heinrich: Entstehung, Aufgaben und Rechtsstellung von Hilfseinrichtungen von Regierung und Parlament, in: DÖV 1957, S. 513—521

Kirchheimer, Otto: Politik und Verfassung, Frankfurt 1964

— Politische Herrschaft, Frankfurt 1967

Kirchhof, Paul: Der Begriff der hoheitsrechtlichen Befugnisse in Artikel 33 Absatz IV des Grundgesetzes, Diss. jur. München 1968

Klecatsky, Hans: Die kollektiven Mächte im Arbeitsleben und die Bundesverfassung, in: Die kollektiven Mächte im Arbeitsleben, hg. v. Hans Floretta u. Rudolf Strasser, Wien 1963, S. 29—41

— Interessenverbände und Parlament, in: Gesellschaft und Politik NF, Bd. 1 (1965), H. 3 S. 23—37

Klein, Hans H.: Zum Begriff der öffentlichen Aufgabe, in: DÖV 1965, S. 755 bis 759

— Die Teilnahme des Staates am wirtschaftlichen Wettbewerb, Stuttgart u. a. 1968

— „Demokratisierung" der Universität?, Göttingen 1968

Klein, Karl-Heinz: Die Übertragung von Hoheitsrechten, Berlin 1952

Klüber, Franz: Art. Staat (katholisch), in: Evangelisches Staatslexikon, hg. v. Hermann Kunst und Siegfried Grundmann in Verbindung mit Wilhelm Schneemelcher und Roman Herzog, Stuttgart 1966, Sp. 2160—2165

Köttgen, Arnold: Die erwerbswirtschaftliche Betätigung der öffentlichen Hand und das öffentliche Recht, Tübingen 1928

— Subventionen als Mittel der Verwaltung, in: DVBl. 1953, S. 485—491

Krause, Hermann: Allgemeine Geschäftsbedingungen und das Prinzip des sozialen Rechtsstaates (1955), auch in: Rechtsstaatlichkeit und Sozialstaatlichkeit, Hg. Ernst Forsthoff, Darmstadt 1968, S. 291—308

Krüger, Herbert: in: Der Staat und die Verbände, Hg. Beutler-Stein-Wagner, Heidelberg 1957, S. 35—40

— Allgemeine Staatslehre, Stuttgart 1964

— Rechtssetzung und technische Entwicklung, in: NJW 1966, S. 617—624

Küchenhoff, Günther: Die Rechtsstellung des Bayerischen Senats, in: DÖV 1965, S. 79—81

— Diskussionsbeitrag, in: VVDStRL Heft 24, Berlin 1966, S. 89

Kunst, Hermann und Siegfried *Grundmann* in Verbindung mit Wilhelm *Schneemelcher* und Roman *Herzog* (Hg.): Evangelisches Staatslexikon, Stuttgart 1966

Kunze, Otto: Koalitionsfreiheit und Tarifautonomie aus der Sicht der Gewerkschaften, in: Koalitionsfreiheiten und Tarifautonomie als Probleme der modernen Demokratie, Hg. Helmut Duvernell, Berlin 1968, S. 101—117

Laski, Harold J.: Das Recht und der Staat, in: ZföR Bd. X (1931) S. 1—27

Larenz, Karl: Methodenlehre der Rechtswissenschaft, Berlin-Göttingen-Heidelberg 1960

— Lehrbuch des Schuldrechts, Bd. I, Allgemeiner Teil, 5. Aufl., München und Berlin 1962

Leibholz, Gerhard: Repräsentativer Parlamentarismus und parteienstaatliche Demokratie (1951), auch in: Parlamentarismus, Hg. Kurt Kluxen, Köln-Berlin 1967, S. 349—360

— Demokratie und Rechtsstaat, Bad Gandersheim 1957

— Staat und Verbände, in: VVDStRL Heft 24, Berlin 1966, S. 5—33

— Strukturprobleme der modernen Demokratie, 3. Aufl., Karlsruhe 1967

— Die Zukunft der nationalstaatlichen Souveränität im 20. Jahrhundert, auch in: Die Entstehung des modernen souveränen Staates, Hg. Hans Hubert Hofmann, Köln-Berlin 1967, S. 377—385

Leibholz, Gerhard und Hans Justus *Rinck:* Grundgesetz für die Bundesrepublik Deutschland, Kommentar, 2. Aufl. 1966 mit Nachtrag 1968, Köln-Marienburg

Leisner, Walter: Grundrechte und Privatrecht, München MCMLX

— Öffentlichkeitsarbeit der Regierung im Rechtsstaat, Berlin 1966

— Werbefernsehen und öffentliches Recht, Berlin 1967

— Öffentliches Amt und Berufsfreiheit, in: AöR 93 (1968) S. 162—199

Lenin, Wladimir Iljitsch: Staat und Revolution, in: Ausgewählte Werke, Bd. II, Berlin (Ost) 1963, S. 315—420

Lent, Friedrich und Othmar *Jauernig:* Zivilprozeßrecht, 14. Aufl., München-Berlin 1969

Lerche, Peter: Stil, Methode, Ansicht, in: DVBl. 1961 S. 690—701

— Übermaß und Verfassungsrecht, Köln 1961

— Verfassungsfragen um Sozialhilfe und Jugendwohlfahrt, Berlin 1963

— Das Bundesverfassungsgericht und die Verfassungsdirektiven, in: AöR 90 (1965) S. 341—372

— Art. Presse, Pressefreiheit, in: Evangelisches Staatslexikon, hg. v. Hermann Kunst und Siegfried Grundmann in Verbindung mit Wilhelm Schneemelcher und Roman Herzog, Stuttgart 1966, Sp. 1600—1607

— Art. Sozialhilfe, in: Evangelisches Staatslexikon, hg. v. Hermann Kunst und Siegfried Grundmann in Verbindung mit Wilhelm Schneemelcher und Roman Herzog, Stuttgart 1966, Sp. 2053—2058

— Werbung und Verfassung, München 1967

— Verfassungsrechtliche Zentralfragen des Arbeitskampfes, Bad Homburg v. d. H.-Berlin-Zürich 1968

— Zur Verfassungsposition der Landkreise, in: DÖV 1969, S. 46—56

Locke, John: The Second Treatise of Government, ed. with an introduction by Thomas P. Peardon, New York 1952

Löwenstein, Karl: Verfassungslehre, Tübingen 1959

Loewenstein, Karl: Political Power and the Governmental Process, Second Edition, Chicago & London 1965

Löwisch, Manfred: Die Ausrichtung der tariflichen Lohnfortsetzung am gesamtwirtschaftlichen Gleichgewicht, in: RdA 1969, S. 129—137

Lompe, Klaus: Die Rolle von Sachverständigengremien im Prozeß der politischen Willensbildung, in: ZfP 16 (1969) S. 222—260

Luhmann, Niklas: Funktionale Methode und juristische Entscheidung, in: AöR 94 (1969) S. 1—31

— Klassische Theorie der Macht, in: ZfP 16 (1969) S. 149—170

Mallmann, Walter: Schranken nichthoheitlicher Verwaltung, in: VVDStRL Heft 19, Berlin 1961, S. 165—207

v. Mangoldt, Hermann: Das Bonner Grundgesetz, Berlin-Frankfurt 1953

v. Mangoldt, Hermann und Friedrich *Klein:* Das Bonner Grundgesetz, 2. Aufl., Bd. I, Berlin und Frankfurt a. M. 1957

Marcic, René: Öffentlichkeit als staatsrechtlicher Begriff, in: Richter und Journalisten, Hg. Günther Nenning, Wien-Frankfurt a. M.-Zürich 1965, S. 153—228

Marré, Heiner und Karl-Eugen *Schlief:* Der öffentlich-rechtliche Gesamtstatus der Kirchen, in: NJW 1965, S. 1514—1517

Martens, Wolfgang: Öffentlich als Rechtbegriff, Bad Homburg v. d. H.-Berlin-Zürich 1969

Maunz, Theodor: Die staatliche Verwaltung der Zuschüsse und Subventionen, in: BayVBl. 1962, S. 1—5

— Deutsches Staatsrecht, 16. Aufl., München 1968

Maunz, Theodor, Günter *Dürig* und Roman *Herzog:* Grundgesetz, 3. Aufl., München-Berlin 1969

Mayer, Ernst: Die Staatsziele im Wandel der Geschichte, in: Festgabe für Julius Binder, Berlin 1930, S. 137—187

Meinecke, Friedrich: Die Idee der Staatsraison in der neueren Geschichte, 2. Aufl., München-Berlin 1925

Menger, Christian-Friedrich: Zur verfassungsrechtlichen Stellung der politischen Parteien, in: AöR 78 (1952/53) S. 149—162

— Der Begriff des sozialen Rechtsstaates im Bonner Grundgesetz, Tübingen 1953

Menger, Christian-Friedrich und Hans-Uwe *Erichsen:* Höchstrichterliche Rechtsprechung zum Verwaltungsrecht, in: VerwArch 59 (1968) S. 275 bis 290

Mennacher, Hubert: Begriffsmerkmale und Rechtsstellung der mit öffentlicher Gewalt beliehenen Hoheitsträger des Privatrechts (Beliehene Private), Diss. jur. München 1963

Menzel, Eberhard: Staatliche Parteifinanzierung und moderner Parteienstaat, in: DÖV 1966, S. 585—608

Merk, Walther: Der Gedanke des gemeinen Besten in der deutschen Staats- und Rechtsentwicklung, 2. Aufl., Darmstadt 1968

Messner, Johannes: Das Naturrecht, 5. Aufl., Innsbruck-Wien-München 1966

Meyer-Cording, Ulrich: Betriebsstrafe und Vereinsstrafe im Rechtsstaat, in: NJW 1966, S. 225—231

Mikat, Paul: Das Verhängnis von Kirche und Staat in der Bundesrepublik, Berlin 1964

Mitteis, Heinrich und Heinz *Lieberich:* Deutsche Rechtsgeschichte, 7. Aufl., München und Berlin 1961

Möller, Alex: Kommentar zum Gesetz zur Förderung der Stabilität und des Wachstums der Wirtschaft, Hannover 1968

Molt, Peter: Renzension, in: PVS 9 (1968) S. 626—628

Müller, Adam Heinrich: Die Elemente der Staatskunst (1809), Neudruck, Bd. 1, Hg. Jakob Baxa, Jena 1922

Müller, Friedrich: Korporation und Assoziation, Berlin 1965

Neumann, Dirk: Die Rechtsgrundlage von Betriebsstrafenordnungen, in: RdA 1968, S. 250—254

Nicklisch, Fritz: Gesetzgebung und Verwaltung durch Verbände?, in: ZRP 1968, S. 36—38

Obermayer, Klaus und Udo *Steiner:* Die Monopole der öffentlichen Sachversicherung und das Grundrecht der Berufsfreiheit, in: NJW 1969, S. 1457 bis 1463

Ossenbühl, Fritz: Der öffentliche Status der Gewerkschaften, in: NJW 1965, S. 1561—1564

Pernthaler, Peter: Die Grundrechtsreform in Österreich, in: AöR 94 (1969) S. 31—84

Petermann, Martin: Die Grenzen der Mitwirkung der privaten Verbände bei der Durchführung öffentlicher Aufgaben, Winterthur 1960

Peters, Hans: Lehrbuch des Verwaltungsrechts, Berlin-Göttingen-Heidelberg 1949

— Die Gegenwartslage des Staatskirchenrechts, in: VVDStRL Heft 11, Berlin 1954, S. 177—214

— Art. Staat, in: Staatslexikon, Hg. Görres-Gesellschaft, 6. Aufl., Bd. 7, Freiburg 1962, Sp. 520—539

— Öffentliche und staatliche Aufgaben, in: Festschrift für H. C. Nipperdey, Bd. II, München und Berlin 1965, S. 877—895

Peters, Hans und Fritz *Ossenbühl:* Die Übertragung von öffentlich-rechtlichen Befugnissen auf die Sozialpartner unter besonderer Berücksichtigung des Arbeitszeitschutzes, Berlin-Frankfurt a. M. 1967

Pflaumer, Hans: Öffentlichkeit und Verwaltung in einem demokratisierten Planungsprozeß, München 1970

Pirson, Dietrich: Die freie Kirche in der freiheitlichen Verfassungsordnung des Grundgesetzes, in: Demokratische Traditionen im Protestantismus, Hg. Hans Pflaumer, München-Wien 1969, S. 83—107

Preuß, Ullrich K.: Zum staatsrechtlichen Begriff des Öffentlichen, Stuttgart 1969

— Das politische Mandat der Studentenschaft, Neuwied-Berlin 1969

Pufendorf, Samuel: De Iure Naturae et Gentium libri octo, Frankfurt 1715

Radbruch, Gustav: Der Mensch im Recht, 2. Aufl., Göttingen 1961

Rehbinder, Manfred: Die öffentliche Aufgabe und rechtliche Verantwortlichkeit der Presse, Berlin 1961

— Die Rechtsnatur des Tarifvertrages, in: JZ 1968, S. 167—171

Reuß, Wilhelm: Die Organisation der Wirtschaft, in: Die Grundrechte, Bd. III/1, Hg. Bettermann-Nipperdey-Scheuner, Berlin 1958, S. 91—153

Richardi, Reinhard: Rezension, in: RdA 1969, S. 147—150

Ridder, Helmut: Zur verfassungsrechtlichen Stellung der Gewerkschaften im Sozialstaat nach dem Grundgesetz für die Bundesrepublik Deutschland, Stuttgart 1960

— Diskussionsbeitrag, in: VVDStRL Heft 17, Berlin 1959, S. 110

Riedel, Jost: Gemeinwohl und Person, in: PVS 2 (1961) S. 222—241

Rinck, Hans Justus: Der verfassungsrechtliche Status der politischen Parteien in der Bundesrepublik, in: Festschrift für Gerhard Leibholz, Bd. II, Tübingen 1966, S. 305—330

Rittstieg, Helmut: Verbände und repräsentative Demokratie, in: JZ 1968, S. 411—414

Röper, Burkhardt: Zur Frage nach den Trägern der Wirtschaftspolitik, in: ZgesStw 1968, S. 741—762

Rumpf, Helmut: Regierungsakte im Rechtsstaat, Bonn 1955

Rupp, Hans Heinrich: Privateigentum an Staatsfunktionen?, Tübingen 1963

— Das Grundrecht der Berufsfreiheit, in: NJW 1965, S. 993—996

— Das Grundrecht der Berufsfreiheit in der Rechtsprechung des Bundesverfassungsgerichts, in: AöR 92 (1967) S. 212—242

— Wohl der Allgemeinheit und öffentliche Interessen — Bedeutung der Begriffe im Verwaltungsrecht, in: Wohl der Allgemeinheit und öffentliche Interessen, Schriftenreihen der Hochschule Speyer Bd. 39, Berlin 1968, S. 116—124

— Zum politischen Mandat der Studentenschaften, in: ZRP 1969, S. 288

Ryffel, Hans: Art. Unparteilichkeit, in: Verwaltung, Hg. Fritz Morstein Marx, Berlin 1965, S. 264—281

— Öffentliche Interessen und Gemeinwohl — Reflexionen über Inhalt und Funktion, in: Wohl der Allgemeinheit und öffentliche Interessen, Schriftreihe der Hochschule Speyer, Bd. 39, Berlin 1968, S. 13—31

Salzwedel, Jürgen: Staatsaufsicht in der Verwaltung, in: VVDStRL Heft 22, Berlin 1965, S. 206—263

Sanders, Daniel: Handwörterbuch der deutschen Sprache, umbearbeitet von Ernst Wülfing, 8. Aufl., Leipzig 1910

Schambeck, Herbert: Ist der moderne Staat ein Ständestaat?, in: Gesellschaft und Politik NF, Bd. 1 (1965) H. 3, S. 48—66

Scheffler, Gerhard: Zum öffentlichen Status der Gewerkschaften, in: NJW 1965, S. 849—852

Scheuner, Ulrich: Der Bereich der Regierung, in: Festschrift für Rudolf Smend, Göttingen 1952, S. 253—301

— in: Der Staat und die Verbände, Hg. Beutler-Stein-Wagner, Heidelberg 1957, S. 10—18

Scheuner, Ulrich: Die neuere Entwicklung des Rechtsstaats in Deutschland (1960), auch in: Rechtsstaatlichkeit und Sozialstaatlichkeit, Hg. Ernst Forsthoff, Darmstadt 1968, S. 461—508

— Das Wesen des Staates und der Begriff des Politischen in der neueren Staatslehre, in: Festgabe für Rudolf Smend, Tübingen 1962, S. 225—260

— Pressefreiheit, in: VVDStRL Heft 22, Berlin 1965, S. 1—100

— Voraussetzungen und Form der Errichtung öffentlicher Körperschaften (außerhalb des Kommunalrechts), in: Gedächtnisschrift Hans Peters, Heidelberg 1967, S. 797—821

— Kirchensteuer und Verfassung, in: ZRP 1969, S. 195—197

Schmitt, Carl: Verfassungslehre, Berlin 1928

— Der Hüter der Verfassung, Tübingen 1931

— Positionen und Begriffe, Hamburg 1940

— Freiheitsrechte und institutionelle Garantien der Reichsverfassung (1931), in: Verfassungsrechtliche Aufsätze, Berlin 1958, S. 140—173

— Die geistesgeschichtliche Lage des heutigen Parlamentarismus, 3. Aufl., Berlin 1961

— Der Begriff des Politischen, Berlin 1963

Schneider, Hans: Gerichtsfreie Hoheitsakte, Tübingen 1951

Schnur, Roman: Gemeinwohl und öffentliche Interessen in den Verfassungen und den Gesetzen des sozialen Rechtsstaates, in: Wohl der Allgemeinheit und öffentliche Interessen, Schriftenreihe der Hochschule Speyer Bd. 39, Berlin 1968, S. 57—72

Scholler, Heinrich: Person und Öffentlichkeit, München 1967

Schreeb, Gerhard: Staat und Politik in katholischer Sicht, in: Politische Bewegungen in Deutschland, Bonn 1964, S. 255—289

Schulz-Schaeffer, Helmut: Die Staatsform der Bundesrepublik Deutschland, Berlin 1966

Schuster, Rudolf: Über die Grenzen der „abwehrbereiten Demokratie", in: JZ 1968, S. 152—159

Scupin, Hans Ulrich: Der Begriff der Souveränität bei Johannes Althusius und Jean Bodin, in: Der Staat 4 (1965) S. 1—26

Siebert, Wolfgang: Rechtsstellung und Haftung der Technischen Überwachungs-Vereine im Kraftfahrzeugprüfungswesen, Heidelberg 1957

Smend, Rudolf: Verfassung und Verfassungsrecht (1928), in: Staatsrechtliche Abhandlungen und andere Aufsätze, Berlin 1955, S. 119—276

— Staat und Kirche nach dem Bonner Grundgesetz, in: ZevKR 1 (1951) S. 4 bis 14

— Zur Gewährung der Rechte einer Körperschaft des öffentlichen Rechts an Religionsgesellschaften gemäß Art. 137 WRV, in: ZevKR 2 (1952/53) S. 374 bis 381

— Zum Problem des Öffentlichen und der Öffentlichkeit, in: Gedächtnisschrift für Walter Jellinek, München 1955, S. 11—20

Spann, Othmar: Der wahre Staat, 3. Aufl., Jena 1931

Steffani, Winfried: Gewaltenteilung im demokratisch-pluralistischen Rechtsstaat, in: PVS 3 (1962) S. 256—282

Steiger, Heinhard: Staatlichkeit und Überstaatlichkeit, Berlin 1966 *v. Stein*, Lorenz: Geschichte der sozialen Bewegung in Frankreich von 1789 bis auf unsere Tage. 1. Bd.: Der Begriff der Gesellschaft und die soziale Geschichte der französischen Revolution bis zum Jahre 1830. Hg. Gottfried Salomon, München 1921

Steindorff, Ernst: Wirtschaftsrechtliche Maßstäbe im Arbeitsrecht, in: RdA 1965, S. 253—259

Steiner, Udo: Der „beliehene Unternehmer" — VG Münster, NJW 1967, 171, in: JuS 1969, S. 69—75

— Revision der Bayerischen Verfassung ohne Volksentscheid?, in: BayVBl. 1969, S. 333—337

Stern, Klaus: Entscheidungsanmerkung, in: JZ 1962, S. 181 f.

Talmon, J. L.: Die Ursprünge der totalitären Demokratie, Köln und Opladen 1961

Thieme, Werner: Für eine Totalrevision des Grundgesetzes, in: ZRP 1969, S. 32—33

Tomandl, Theodor: Der Einbau der sozialen Grundrechte in das positive Recht, Tübingen 1967

Trappe, Paul: Zur Situation der Rechtssoziologie, Tübingen 1968

Triepel, Heinrich: Delegation und Mandat im öffentlichen Recht, Stuttgart und Berlin 1942

— Streitigkeiten zwischen Reich und Ländern, Bad Homburg v. d. H. 1965

Trübners Deutsches Wörterbuch, Bd. I, Hg. Alfred Götze, Berlin 1939

Tsatsos, Themistokles: Zur Problematik des Rechtspositivismus, Stuttgart 1964

Ultmann, Karl Josef: Institutionelle Formen der Zusammenarbeit zwischen Staat und Wirtschaftsverbänden im Ausland, in: Der Staat und die Verbände, Hg. Beutler-Stein-Wagner, Heidelberg 1957, S. 56—84

Voegelin, Eric: Die neue Wissenschaft der Politik, München 1959

Vogel, Klaus: Öffentliche Wirtschaftseinheiten in privater Hand, Hamburg 1959

Wacke, Gerhard: Diskussionsbeitrag, in: VVDStRL Heft 24, Berlin 1966, S. 106—112

Wade, E. C. S. und G. Godfrey *Phillips*: Constitutional Law, 6. Aufl. (Neudruck), London-New York-Toronto 1961

Wagner, Heinz: Öffentlicher Haushalt und Wirtschaft, in: VVDStRL Heft 27, Berlin 1969, S. 47—81

Weber, Hermann: Die Religionsgemeinschaften als Körperschaften des öffentlichen Rechts im System des Grundgesetzes, Berlin 1966

— Subventionierungspflicht des Staates zugunsten privater Schulen?, in: NJW 1966, S. 1798 f.

— Grundprobleme des Staatskirchenrechts, in: JuS 1967, S. 433—444

— Noch einmal: Grundgesetzlicher Anspruch auf Privatschulsubvention?, in: JZ 1968, S. 779—783

Weber, Max: Politik als Beruf, 3. Aufl., Berlin 1958

Weber, Werner: Spannungen und Kräfte im westdeutschen Verfassungssystem, 2. Aufl., Stuttgart 1958

Weber, Werner: Die Teilung der Gewalten als Gegenwartsproblem, in: Festschrift für Carl Schmitt, Berlin 1959, S. 253—272

— Die Sozialpartner in der Verfassungsordnung (1961), auch in: Rechtsstaatlichkeit und Sozialstaatlichkeit, Hg. Ernst Forsthoff, Darmstadt 1968, S. 526—556

Welzel, Hans: Die Naturrechtslehre Samuel Pufendorfs, Berlin 1958

Werner, Fritz: Wandelt sich die Funktion des Rechtes im sozialen Rechtsstaat?, in: Festschrift für Gerhard Leibholz, Bd. II, Tübingen 1966, S. 153 bis 166

Wertenbruch, Wilhelm: Die rechtliche Einordnung wirtschaftlicher Verbände in den Staat, in: Gedächtnisschrift Hans Peters, Berlin-Heidelberg-New York 1967, S. 614—641

Wheare, K. C.: Government by Committee, Oxford 1955

Winkler, Günther: Staat und Verbände, in: VVDStRL Heft 24, Berlin 1966, S. 34—78

Wittkämper, Gerhard W.: Grundgesetz und Interessenverbände, Köln und Opladen 1963

Wolf, Erik: Große Rechtsdenker der deutschen Geistesgeschichte, 4. Aufl., Tübingen 1963

Wolff, Hans Julius: Verwaltungsrecht I, 7. Aufl. 1968; Verwaltungsrecht II, 2. Aufl. 1967; Verwaltungsrecht III, 2. Aufl. 1967, alle München-Berlin

Zacher, Hans F.: Verwaltung durch Subventionen, in: VVDStRL Heft 25, Berlin 1967, S. 308—400

Zeidler, Karl: Schranken nichthoheitlicher Verwaltung, in: VVDStRL Heft 19, Berlin 1961, S. 208—241

Zierold, Kurt: Die Deutsche Forschungsgemeinschaft als Selbstverwaltungsorganisation der Wissenschaft, in: DÖV 1960, S. 481—485

— Selbstverwaltungsorganisationen der Wissenschaft in der Bundesrepublik, in: DÖV 1961, S. 686—695

Zippelius, Reinhold: Kirche und Staat und die Einheit der Staatsgewalt (1962/63), auch in: Staat und Kirchen in der Bundesrepublik. Staatskirchenrechtliche Aufsätze 1950—1967, Hg. Helmut Quaritsch und Hermann Weber, Bad Homburg v. d. H.-Berlin-Zürich 1967, S. 311—333

— Das Wesen des Rechts, München 1965

— Allgemeine Staatslehre, München 1969

Personen- und Sachwortregister

FSC
www.fsc.org
MIX
Papier | Fördert gute Waldnutzung
FSC® C083411

Kolibri 360 GmbH
Ferdinand-Jühlke-Straße 7
99095 Erfurt, Deutschland
produktsicherheit@kolibri360.de

Druck:
CPI Druckdienstleistungen GmbH
im Auftrag der
Kolibri 360 GmbH
Ferdinand-Jühlke-Str. 7
99095 Erfurt